光霁丛书　戴逸 主编　陈斐 执行主编

中国哲学的精神与境界

陈来 著
翟奎凤 编选 导读

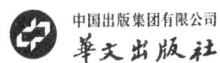
中国出版集团有限公司
华文出版社

图书在版编目（CIP）数据

中国哲学的精神与境界 / 陈来著；翟奎凤编选、导读. -- 北京：华文出版社，2024.7. -- ISBN 978-7-5075-5830-2

Ⅰ. B2

中国国家版本馆CIP数据核字第2024NJ9594号

中国哲学的精神与境界

著　　者：陈　来　　编选 导读：翟奎凤
责任编辑：吴文娟
出版发行：华文出版社
地　　址：北京市西城区广安门外大街305号8区2号楼
电　　话：总 编 室 010-58336239　发 行 部 010-58336267
责任编辑 010-58336192
邮政编码：100055
网　　址：http://www.hwcbs.cn
经　　销：新华书店
印　　刷：三河市航远印刷有限公司
开　　本：880mm×1230mm　1/32
印　　张：11.625
字　　数：340千字
版　　次：2024年7月第1版
印　　次：2024年7月第1次印刷
标准书号：ISBN 978-7-5075-5830-2
定　　价：68.00元

版权所有，侵权必究

总 序

人文学科的春天将与智能时代同步到来。有人认为,未来取决于STEM学科(科学、技术、工程、数学)。但社会需要的AI开发者,只是极少数。对于绝大多数使用者而言,AI产品的门槛会非常低,几乎不用额外培训,就像电脑、手机那样。相反,如何使用AI产品而不被其"异化"——降低认知和审美能力,倒是人人都要考虑的。而文学、历史、哲学、艺术、宗教等聚焦人生价值与意义的人文学科,恰好为人类驾驭AI产品,实现全面、自由、和谐发展提供了丰富的养料和启示。它们是"智能之魂",是我们在智能时代葆持人性、提升境界、获得幸福的星光大道和诗意家园。

智能时代的排空而至,使人文学科显得空前重要。人类需要在数千年积累的人文智慧指引下,立法定规,防范AI可能带来的安全隐患、伦理危机和认知偏见。正如联合国教科文组织所倡导的,我们需要的是"以人为本的人工智能",要"以秉持人类价值观的人工智能助力可持续发展",通过制定政策和监管,确保其能够为作为一个共同体的全人类谋取福利。

"光霁"丛书的推出，即是为这个智能时代提供人文启示与滋养。我们打算做点沟通学界和公众的工作：选取人文学界有所建树的名家泰斗，邀请对其学术颇为了解的领军学者或中青年新秀，从其论著中择取代表性和普及性兼顾的篇章，分别按专题汇为一书，并撰一"导读"置于卷首。这样做，既保证了内容的权威性、前沿性和系统性，也兼顾了读者的阅读、接受需要。

丛书名曰"光霁"，源于宋人对"圣贤气象"的品鉴。黄庭坚《濂溪诗序》曰："舂陵周茂叔，人品甚高，胸中洒落如光风霁月。"周茂叔即写过《爱莲说》的北宋理学家周敦颐。"光风霁月"原指雨过天晴后的明净景象，后用来借喻人品，形容人胸怀洒落、品格高洁，也用来描绘政治清明、时世太平。这样的气象，正是人文学科所致力涵育的理想人格和理想社会，正如《孟子·尽心上》所云："仁义礼智根于心，其生色也睟然，见于面，盎于背，施于四体，四体不言而喻。"《毛诗大序》也说，先王以诗"经夫妇，成孝敬，厚人伦，美教化，移风俗"。

《周易·贲》云："观乎天文以察时变，观乎人文以化成天下。"时代的快速变革，要求每个人都树立终身学习的意识。相信这套书有助于智能时代的国人和社会提升人文素养，让其与时俱进，享受AI带来便利的同时，不为物役，不带机心，永远葆有"光风霁月"般的美好境界。

目 录

导读：民族精神的时代展开
　　——陈来先生学术研究略记　　001

中华文明的哲学基础　　001
中华文明的价值观与世界观　　028
儒家的政治思想与美德政治观　　053
孔子思想的道德力量　　080
孟子政治思想的现代价值和意义　　088
宋明儒学的"天地之心"论及其意义　　106
心学传统中的神秘主义问题　　134
朱子学与阳明学及其现代意义　　167
梁启超的道德思想
　　——以其孔孟立教论为中心　　189
梁漱溟《人心与人生》的人心论　　215

此心即万物之本体：熊十力论实体与仁 　249
境界伦理学的典范及其改善
　　——有关冯友兰《新原人》的思考 　263
价值、权威、传统与中国哲学 　307
仁统四德
　　——论仁与现代价值的关系 　322

导 读

民族精神的时代展开
——陈来先生学术研究略记

一

陈来先生，1952年生于北京，祖籍浙江温州。1969年春天，离开母校北京三十五中学，奔赴内蒙古西部的乌兰布和沙漠，参加刚刚组建的内蒙古生产建设兵团。1973年，先生入中南矿冶学院（现中南大学）地质系。1978年，先生被录取为北京大学"文化大革命"后首届研究生，进入北京大学著名的中国哲学史专业学习。1981年，研究生毕业留校任教。1982年，考取北京大学首届文科博士生，师从张岱年先生。1985年获哲学博士学位。同年开始任冯友兰先生助手。1986年破格升任北京大学哲学系副教授，1990年破格升任北京大学哲学系教授。1991年被国务院学位委员会、国家教委授予"有突出贡献的中国博士学位获得者"。1992年被国家授予"有突出贡献的中青年专家"并获发"政府特殊津贴"。

1993年被国务院学位办评定为博士生导师。曾任北京大学儒学研究中心主任、北京大学哲学系学术委员会主任、中国哲学教研室主任。2009年转任清华大学,现任清华大学国学研究院院长,清华大学哲学系教授、博士生导师、校学术委员会副主任。

四十年来,先生著作等身,著有论著四十多部,论文四百多篇,而这些研究和成果都是围绕一个主题展开的,那就是儒学的过去、现在与未来。先生的著述始终代表了本学科的前沿,因其卓越的学术成就,近年来先后获思勉原创奖(2015)、孔子文化奖(2015)、张世英美学哲学学术奖(2017)、汤用彤学术奖(2020)、教育部人文社科一等奖(2020)、全球华人国学终身成就奖(2020),等等。四十年来,先生自觉地、始终不渝地以儒者的人文情怀和价值关怀从事儒学研究,其人其学,沉潜、刚健、中正、平和、直率、明达。据说,先生早年电脑上贴有八字,一侧曰"刚健不陷",另一侧曰"敬慎不败"。这两句话分别出自《周易》需卦象辞、九三爻小象辞。这可谓先生独到的修养工夫。我们知道程朱特别强调"敬"的工夫,先生之主"敬慎",于程朱有承焉。近代以来,熊十力对"刚健"一词的本体论意义有特别发挥,而先生于熊氏哲学也深有契焉。先生明通粹和,中立不倚,不将不迎,为而不争,可谓一代儒宗!

本书节选即突显了先生对以儒学为主干的中国哲学精神与境界的阐释。开篇所论中华文明的哲学基础、世界观、价值观,主要是依于儒家思想所作的展开。之后论孔孟、宋明理学、近现代儒学和依于仁学谈论的儒学之现代价值,基本上按照时间顺序来展开,从中可以窥探先生对儒学与中国哲学内在价值的传承和发展，先生的这些探索也有力推动了中华优秀传统文化的创造性转化、创新性发展。

二

1978年，改革开放的大门逐步打开，思想大解放，正常的学术活动与学术研究得以展开，儒学与中华文化固有的生命力开始复苏。冯友兰、张岱年等学界前辈也开始反思自己在极左意识形态下的学术研究，重新延续自己内心固有的学术思考。先生于20世纪70年代后期入北大，就得以承接冯先生、张先生20世纪三四十年代以来的学脉真精神。先生的学术研究开始于1978年，政治上、思想上、文化上都是一个"一元复始"、生意盎然、充满力量的年代。先生的学术研究从治朱子学始。朱子是宋明以来影响最大的思想家，近代以来其思想又遭到猛烈抨击。如何认识评价朱子，这在当时显然是一个非常具有挑战性的学术研究。近代以来的儒学大家，主要任务是在思想上回应西学，提炼儒学的哲学思想与普遍性价值，激发儒学常新之道。由于当时的民族危机、思想危机，故而现代新儒家有着一种普遍性的孤愤、沉痛、紧迫之情，同时也有着一种承续民族文化慧命的强烈使命感，要使儒学与中华文化在思想上重新发光出彩。与现代新儒家相比，先生治学时所处的年代虽在大背景上，政治上、思想上、学术上都是"拨乱反正"的时代，但中华民族早已坚挺地屹立在世界的东方，而且在政治格局上总体上是稳定的，精神风气上是勃勃向上的。这就提供了一个非常从容的学术大环境，先生治朱子学，很突出的一个特征就是扎实的文献根基,先生对朱子书信作通盘考证系年(《朱子书信编年考证》),朱子重要著作语录了然在胸。就对朱子文献的全面了解与熟悉程度而言,近代以来,罕见其匹。当然,这并不是目的,先生要以这些文献来呈现、构建朱子理学思想的演变脉络,显然这又需要很强的思想分析与逻辑思辨能力。达到这些也还只是一般的专家学者。先生还同时是一位自觉的儒者,故在朱子研究中,在文献梳理、思想辨析中最为重要的还是要呈现出朱子思想的价值世界。故而先生的朱子学研究是文献、思想与价值的统一,因此其《朱子哲学研究》赢得了广泛称誉,使先生一出道,即蜚声海内外汉学界。

与现代新儒家一样,先生是有使命与担当精神的,一方面不断拓展自己的学术研究,另一方面同时思考儒学的现代价值。学术上,先生一直努力对儒学有个通贯的了解与全面的认知,儒学不能限于朱子学。故而其后来的学术研究,上通三代东周,溯源儒学之根与魂;下贯阳明、船山,一直到现代新儒家。近代以来的儒学发展,在两个维度上同时展开,一是要返本开新,一是要综合创新,不同的学者虽在这两个方面可能有所侧重,但实际上这两个方面是不可分离的,创新离不开综合,也离不开返本。先生的儒学研究正是在这两个维度上同时展开。在返本开新上,先生对儒学的根源及其形成有非常深刻的考察,而这种考察同时又融入了现代多学科的视域与方法。在思想上,儒学研究固然以哲学的方式为主,但儒学同时又有综合性,需要社会学、政治学、宗教学、人类学等多学科的融入,特别是对早期儒学的起源问题上,上溯三代文化,又离不开考古。先生综合运用这些学科视域对早期儒学的起源与形成，特别是其思想价值系统，作了立体而且非常富有说服力的呈现，廓清了晚清近代以来一些"原儒"研究的迷雾与迷思，可以说以坚实、开阔的现代学术精神，真正树立了儒学的大本大源（见先生之《古代宗教与伦理——儒家思想的根源》《古代思想文化的世界》）。20世纪70年代以来，随着许多珍贵简帛文献的不断出土，简帛学兴起，先生与李学勤、庞朴等先生一道深度参与了早期的简帛学研究与相关讨论。先生以其独到的儒学视野与眼光，借助简帛文献，对先秦儒学，特别是战国时期儒学的发展作了深入刻画，与相关同行一道推进了对战国儒学的叙述与研究（见先生之《竹帛五行与简帛研究》）。先生无论在先秦儒学的整体刻画上，还是在孔子、孟子、荀子等最为重要的标志新人物的个案研究上（参见先生之《孔子·孟子·荀子》），都有独到的把握与突出的学术贡献。欲开新，必返其本，"问渠那得清如许，为有源头活水来"，只有把握了大本大源、源头活水，才能谈得上进行真正的创造性转化、创新性发展。先生的先秦儒学研究就代表了一种返本开新的维度，当然这种返本开新，同时也是一种有综合性的创新。

宋明理学是中国哲学的研究重镇，也是儒学发展最具哲学性的时代。先生的儒学研究在宋明理学研究领域最具功力。朱子、阳明、船山是宋明理学领域最具代表性的三位大儒，而先生关于他们的研究与代表著作（《朱子哲学研究》《有无之境》《诠释与重建》等）在这一领域有着不可绕过的权威性。除朱子、阳明、船山三大家外，先生对宋明理学的所有重要人物皆有涉猎和重要论述，这些体现在《宋明理学》《宋元明哲学史教程》《中国近世思想史》《宋明儒学论》等著述及系列学术论文中。《宋明理学》作为研究生专业课程教材广为使用。先生与日本、韩国的儒学研究者接触也较早,作为宋明理学的延伸,先生对东亚儒学也早有关注和较为深入的研究,并撰写了系列论文,这些集中体现在《东亚儒学九论》《近世东亚儒学研究》等书中。现代新儒家冯友兰、牟宗三、唐君毅等人的宋明理学研究都有着明显的以论带史的色彩,他们或偏向理学,或偏向心学。与他们的研究有所不同的是,先生是本着张岱年先生"好学深思,心知其意"的治学精神,顺着宋明理学本然的精神与思想脉络作了内在化、客观化的立体呈现,对宋明理学的各派各系总体上均能予以相应的同情的理解。先生虽在朱子哲学研究上用力最深,而且在精神上倾心朱子;但先生又说《有无之境:王阳明的哲学精神》是他最喜欢的一本书。如果说《朱子哲学研究》体现了学术研究的厚重性,那么《有无之境》应该说又透出了一种精神境界,两书皆能深契朱子、阳明哲学之精神。《有无之境》一定程度上借助了一些西方哲学的资源,可以帮助我们在现代思想文化的视野里更好地理解阳明学的精神,但这些西方资源只是一种"镜鉴",是"客",并未喧宾夺主,先生非常审慎地使用这些资源,绝非随意或刻意比附,因此不至于模糊掉阳明学作为东方哲学的独特魅力。与《朱子哲学研究》的厚重性、《有无之境》的灵动性相比,《诠释与重建:王船山的哲学精神》则更多体现出一种思想的深邃性。《诠释与重建》略人之所详、详人之所略,探赜索隐,发微显幽,深入船山思想世界的根与魂,特别是对其神化论与生死论的阐发,刷新了近代以来的船山学研究。

先生儒学学术研究的第三个重镇就是关于现代新儒家的研究。一定意义上来说，先生即是现代新儒家的传人，先生亲炙于冯友兰先生，是冯先生晚年的重要学术助手，先生之学识、见地深得冯先生称许。冯先生基于程朱理学创建新理学，陈先生的学术也是由朱子学起家，深得朱子学之精髓，这大概是晚年冯先生欣赏陈先生的一个重要原因。然而，陈先生既治朱子学，也攻阳明学，有综合贯通之气象。先生虽与冯先生有"法缘"，但对熊十力、梁漱溟也非常推崇，对两人均有深入的研究；先生在文章中多次表现出对两人智慧的钦佩。先生这方面的研究集中体现在《现代中国哲学的追寻：新理学与新心学》一书中，当然，在《仁学本体论》中对熊十力的仁学思想也多有讨论、称赞。在现代新儒家中，先生特尊熊十力、梁漱溟、冯友兰，对马一浮也有相当深入的了解。先生与牟宗三的不少弟子也很有交情。这些都显示出先生的开放胸怀。

先生三为"祭酒"（连任三届中国哲学史学会会长），先生之中国哲学研究是自觉地以儒学为主体、主线，上通下贯，把儒学作为一个整体来考察，不限于一宗一派，以孔子为宗，会通孟荀，综合程、朱、陆、王，整合现代新儒家之理学、心学，结合新时代，以开儒学新慧明。先生之儒学研究以文献为基础，以思想为血脉，以价值为灵魂，注重历史，着眼未来，坚持中国主体，又不失世界眼光，可谓推陈出新，继往开来！先生为张岱年先生之嫡传，深得张先生治学精神，那就是"好学深思，心知其意"，先生也曾自称为张先生门下之"心知其意"派；张先生主张综合创新，实际上在综合创新上，也取得了突出成就。同时，先生在传统文化之转化创新上，也做出了很大的推动工作。从"心知其意"，到"综合创新"，再到"转化创新"，就是儒学与传统文化传承发展之路。冯友兰先生为先生命字"又新"，对先生寄予殷切希望。先生四十年来的学术成就与贡献，可谓不负冯先生之厚望！

三

20世纪80年代中后期，先生站在儒学与传统文化价值立场上，就传统与现代、儒学与现代社会等相关主题持续发声，先生立言旗帜鲜明，铿锵有力，是坚守中华文化立场的重要代表。先生的总体意思是，在现代多元社会中，特别是在中华民族走向伟大复兴的征程中，儒学有其不可忽视的重要意义。我们无须像传统社会那样，要求儒学为社会发展提供全方位的价值支撑，儒学也不应该有这样的诉求。我们今天不需要用儒学去开出什么科学、民主等现代价值，这些都是现代社会已经很成熟的普遍共识和强大力量，我们只需要说明儒学与这些现代价值不矛盾，可以有机结合即可。现代社会如果只有经济繁荣、科技发达、政治民主、人民自由等也是不够的，还需要伦理道德、思想文化、礼俗信仰等精神与心灵价值系统的支撑。这些正是儒学可以发挥其长处的领域。特别是对中华民族这样有着五千年文明传统的古老而又常新的伟大民族，虽然在历史上也有外来宗教与思想文化对中华文化与中国人的心灵世界有着一定或较大的影响，但就总体而言，中国社会的礼俗文化、做人准则、伦理秩序、道德修养、精神信仰等主体上是由儒家的价值系统在支撑。再者,外来宗教与思想文化在中国发生影响,甚至有的也融入了中华文明的有机体,也不同程度地受到了儒学的影响。当然,儒学在历史发展中,也或被动或主动地吸收了外来宗教与思想文化的合理因素,从而保持了其生生不息的思想活力。孔子儒学是中国之所以为中国的重要标识。如果中国人的人生哲学、精神生活、心灵信仰,中国社会的伦理规范、风俗礼仪、价值秩序,总体上由一种非儒学或与儒学对立的另一种价值系统来指导,这是不可想象的。完全抛弃传统、背离传统的现代只能是无源之水、无根之木,这在实际上也是不可能的。当然,儒学为中国社会提供精神价值支撑时,其本身也需要自我调适、自我革新、吐故纳新,扬弃其非本质的不合时宜的价值因素,同时积极广纳一切思想的合理因素来丰富自己的价值内涵,有能力较为广泛地回应现代社会中一些新问题和困境,并积极开出化解之方,提供解决方案,以资社会参考。应该说,先生在这些方向上作出了很多富有建设性意义的思考,在《传统与现代:人文主义的视界》一书中有集中体现。

进入21世纪,特别是党的十八大以来,党和国家在政治上越来越重视传统文化的现代意义,儒学与传统文化的发展也迎来一个新的历史机遇。在20世纪八九十年代,反传统的势力还是比较大的,那时先生为传统文化的价值进行辩护,还是面临着较大的思想压力。在新的历史时期,传统文化的重要意义无论是在民间还是在官方都得到越来越多的肯定与认可。先生在这一时期也更加活跃,有学者用大陆新儒学来叙述改革开放以来儒学的发展,那么,在这一时期,先生无疑成为大陆新儒学的重要代表人物和中坚力量。先生不激不随,持论中正,既深谙儒学与传统文化的内在义理价值,又以宽阔的学术视野与开放的现代意识,对儒学与传统文化进行了很好的再诠释,有力地推动了以儒学为代表的中华优秀传统文化的创造性转化与创新性发展。先生生长于北京,长期在北京大学学习工作,身处思想文化的中心与重镇,有着强烈的爱国主义与民族文化情结,民族自尊、文化自信、文化自觉的意识在先生心里根深蒂固,有着很强的振兴民族文化的使命感与责任感。儒学有着很强的民族性、社会性与政治性,特殊的处境与身份也使得先生自然而然地从政治文化的角度思考儒学在当下中国的建构,推动儒家话语参与马克思主义中国化、新时代中国特色社会主义的理论建构。同时,先生也站在民族文化的整体性角度,对以儒学为中心的国学、中华文明的核心价值与现代意义有深入思考。这些探索也集中体现在《孔夫子与现代中国》《中华文明的核心价值》《国学散论》等书中。

在四十年来儒学与中华文化艰难曲折的复兴历程中,梁漱溟、冯友兰、张岱年等前辈都是突出的代表性人物,这些前辈先后在20世纪末或21世纪初谢世。他们一方面在儒学与传统文化领域有自己专精的专业研究,另一方面有坚定的传统文化价值信念,以自己的学术专长在社会文化层面为传统文化发声、呐喊,并努力推动传统文化的传播推广与现代转化。先生承前启后,与这些前辈相比,先生的儒家色彩、儒家精神、儒家立场要更强,四十年来的研究总体上不离一个"儒"字,在对两千多年儒学发展的全面理解与深入把握上,先生也有超越前辈之处。当然,这四十里,与先生同辈的学人,也有不少在儒学研究与传播方面做了很大贡献,近些年来以"儒生"自称的新生代知识分子或民间学人也蔚然成林。总体上来看,先生是四十年来儒学发展的中坚力量,发挥了重要引领作用。

在通贯而深厚的儒学研究基础上,进入21世纪,先生也在努力探索儒学理论的建构,2014年出版的《仁学本体论》和2019年出版的《儒学美德论》,代表了这方面的突出成就。"仁"是孔子思想的核心概念和最具标志性的范畴,一部儒学发展史,一定意义上可以说就是仁学的发展史。先生抓住儒学这一根本范畴,通古贯今,回应时代,在世界哲学与思想文化视野中为儒学的再发展植根立本,为新时代儒学发展奠定理论基础。如果说,《仁学本体论》有着儒家哲学的本体论意义,是道体,那么,《儒学美德论》就有着实践应用向度的现实意义,两书也可谓体现了道为体、德为用的思想。儒家的社会性突出体现在伦理性上,这也是儒学影响中国社会至今最为深刻的地方,近代以来,儒家伦理在遭遇批判中也在自我反思、自我调适。先生在近三十年世界范围内美德伦理运动的背景下,对儒家的美德论作了现代性阐释,强调了私德、品格、人格乃至境界论在儒家美德修养中的重要意义。对比冯友兰先生的"贞元六书",先生关于儒学发展理论性创作也有六部:"新原儒":《古代宗教与伦理——儒家思想的根源》;"新原统":《传统与现代》;"新明道":《现代中国哲学的追寻:新理学和新心学》;"新世论":《孔夫子与现代世界》;"新原仁":《仁学本体论》;"新原德":《儒学美德论》。我曾经认为先生此六书为"元亨六书",为儒学从"元"走向"亨"的阶段的重要标志性成果。现在我可能更倾向于用"乾元六书"来表述先生的这六部具有时代标识意义的代表作,也代表了这一时期民族精神的新展开。

翟奎凤

2023年8月20日

中华文明的哲学基础[1]

中华文明的哲学基础是什么？这个问题在中华文明当代复兴并走向世界的时代，是我们必须回答的问题。"哲学基础"或"哲学背景"的含义包含较广，可以从两个方面加以回答，一个是哲学思维与宇宙观的方面，另一个是价值观和世界观的方面。本文专就前一个方面，即哲学思维与宇宙观的方面来论述。

以黄河流域和长江流域为中心，农业在华北和华中两地最先发展，成为中国文明的基础。在新石器时代后期，不同文化区域的多元发展，逐渐形成了以中原为核心，以黄河长江文化为主体，联结周围区域文化的格局。故中国文明由多元的区系文明不断融合而成，其整合的模式是以中原华夏地区和华夏族的文明为核心，与周边互相吸收、互相融合而形成多元一体的文明格局。商代的文明已经是多元一体的格局，形成华夏文明中心的结构，并显示出文化的中国性。从夏商周三代文明来看，中国文明地域的广阔和整体规模的巨大，是与其他古文明很不相同的一个特色。在这个过程中，民族的融合也达到很高的程度，黄河流域的居民形成了华夏族，并与四方的夷狄蛮戎集团不断融合，到秦代

---

[1] 原载于《中国高校社会科学》，2013年第1期。

时已达到6 000万人口而成为汉族。①中国文明的连续与扩大有多种原因,其中有内部的文化因素,如祖先崇拜,宗族、国家的同构等。

已有汉学家指出,要了解中国文明,就必须理解这一文明的思想根基。②他们的做法是追溯到中国文明形成之初,寻找当时建立的思维和观念对中国文明发展的重要影响,从而呈现中国文明的核心要素。在这些核心要素中,被认为最重要的,是理解中国人的宇宙观和世界观,了解中国人对时间、空间、因果性、人性的最基础的假定。这些世界观被认为与中国文明历史的各个方面都密切相关。

这种重视中国文明形成初期基本观念的看法,隐含着对于中国文明整体长久连续性的肯定,因为,如果这个文明是断裂的、异变的,仅仅关注文明形成初期就没有意义了。史华慈(Benjamin I. Schwartz)指出,过分重视早期文明时代往往受到批评,因为轴心时代以后到近代中国之间,中国历史发展中各领域都一直发生着重大变化。然而,他强调,中国历史的那些变化确实需要置于一种文明框架来看待,因为中国文明的框架并没有出现过西方式的全盘的质的决裂。③也就是说,中国文明的总体框架是持久地连续的。这里所说的文明框架不仅包括外在的制度文化形式,也包含制度文化形式背后的观念特性。那么显然,这意

---

① 袁行霈、严文明主编:《中华文明史》第1卷,北京大学出版社,2006年,第4—5页。
② [美]牟复礼:《中国思想之渊源》序言,王立刚译,北京大学出版社,2009年,第1页。
③ [美]史华慈:《古代中国的思想世界》导言,程钢译,江苏人民出版社,2004年,第2页。

味着作为中国文明的根基,其基本思维观念也是长久稳定和连续的。不过,应当指出,西方汉学追溯到中国文明形成之初,去寻找当时建立的思维和观念对后世中国文明发展的重要影响,这种做法并不全面,因为文明的特色不仅要看其形成初期,还要看轴心时代,更要看这一文明成熟期的综合完整特色,成熟期文明更能彰显其全部内涵和特色。

很明显,与西方近代以来机械论的宇宙观相比,古代中国文明的哲学宇宙观强调连续、动态、关联、关系、整体的观点,而不是重视静止、孤立、实体、主客二分的自我中心的哲学。从这种有机整体主义出发,宇宙的一切都是相互依存、相互联系的,每一事物都是在与他者的关系中显现自己的存在和价值,故人与自然、人与人、文化与文化应当建立共生和谐的关系。这种宇宙观体现在中国文化、文明的方方面面。

一、关联思维

法国社会人类学家葛兰言(Marcel Granet)20世纪30年代在《中国的思维》一书中指出,中国人的思维把各种事物看成关联性的存在,并认为这是中国人思维的主要特性。[①]70年代美国汉学家牟复礼(Frederick W. Mote)则从另一个方向表达他对中国人世界观的看法。他认为,欧美民族认为宇宙和人是外在的造物主创造的,世界上大多数民族也都如此主张,然而只有中国文明早期形成期没有创世神话,"这在所有民族中,不论是

---

① [美]安乐哲:《和而不同:中西哲学的会通》,北京大学出版社,2009年,第202页。

古代的还是现代的，原始的还是开化的，中国人是唯一的"①。这意味着，中国是唯一没有早期创世神话的文明，中国人认为世界和人类不是出自造物主之手，而是自生自化的。与此相对，牟复礼提出，中国的宇宙生成论主张的是一个有机的过程，宇宙各个部分都从属于一个有机的整体，它们都参与到这个自生的生命过程的相互作用之中。②也就是说，有机主义的自生论宇宙观和思维方式可以用来说明中国早期文明为何没有产生创世神话。这种相互作用有机整体的说法和葛兰言关联思维的说法是相通的。不过，这种关联宇宙论形成于战国后期至汉代，并不能用来说明文明初期创世神话未出现，神话的发生应当早于哲学的宇宙观。牟复礼还认为，西方创造的上帝来自"因果性"观念，而中国的有机的大化流行的观念是对"同时性"的重视，这是两种对世界和事物关系的解释。③因此，"上古中国人构想的宇宙运作机制只须用内在的和谐与世界有机体各部分的平衡来解释就足以了"④，不需要创世的上帝。他承认中国与西方的这种分别。李约瑟（Joseph Needham）也曾以另外形式作过说明。他把中国古代思想比作怀特海式的（Whitehesdian）对网状关系的偏好、对过程的偏好，而认为受牛顿影响的西方偏好个别和因果链；前者把宇宙过程描述为相互交织的事件之网，后者把宇宙构想为一系列事件串成的因果之链。⑤

---

① [美]牟复礼：《中国思想之渊源》，王立刚译，北京大学出版社，2009年，第19页。
② 同上，第21页。
③ 同上，第23页。
④ 同上，第26页。
⑤ 同上，第30—31页。

与此不同，史华慈认为，中国宇宙论多以出生、繁殖隐喻起源，而不采取创造（创世）的隐喻，这可能与农业文明的表达有关，但更可能是受祖先崇拜的影响。[1] 也就是说，他认为中国早期文明没有创世神话，却有很多繁殖隐喻，但这不是由于关联思维，而是由于祖先崇拜。其实，史华慈认为祖先崇拜是中国宇宙论的隐喻起源，只能说明中国宇宙论与农业文明的作物生殖有关，还不能否定关联思维的作用。与此相联系，史华慈不认为关联思维对初期中国文明有作用，认为关联性宇宙论出现较晚，战国阴阳家的思想理论才表达了这一宇宙论，甲骨文、金文及五经典籍都不能提供有力证据说明此前曾存在关联性宇宙论。先秦古书中只有在成书较晚的《左传》中才能找到这种思维的早期证据，即人类实践与天体运行相关。他认为，老子思想中出现了整体主义的世界观，但这种整体主义的基本发展走向与关联性宇宙论截然不同。[2] 所以，史华慈不太强调关联思维的重要性，他所理解的关联性思维似乎较为狭窄，专指事物相互感应的一类。

针对牟复礼的中国文明没有创世神话的论断，杜维明展开了他的"存有的连续"的讨论。他承认一般来说中国人的宇宙论是一个有机体过程的理论，即整个宇宙中的万物是一个整体，其组成部分既相互作用，又同时参与同一个生命过程的自我产生和发展。他指出，中国并非没有创世神话，只是中国思维更执着于存有的连续和自然的和谐；中国人的宇宙是动态的有机体，宇宙

---

[1] [美]史华慈：《古代中国的思想世界》，程钢译，江苏人民出版社，2004年，第25页。
[2] 同上，第367页。

的实体是生命力——气,气是空间连续的物质力量,也是生命力量。杜维明强调连续性、动态性、整体性是把握中国宇宙观的三个要点,这是非常正确的。但他肯定中国宇宙论可以承认宇宙起源于太虚,则存有的连续性本身就仍无法回应牟复礼有关中国缺少创世神话的疑问。① 再者,与史华慈立场相近,杜维明也没有提及关联性宇宙观的重要性。其实,既然杜维明承认中国宇宙观是有机体过程的宇宙观,而有机性与关联性相通,则注重关联性应成为中国宇宙论的第四个要点。

就关联性思维而言,李约瑟无疑是此说的主要提倡者。他认为至少在汉代,阴阳、五行、天人感应这些思想不是迷信,也不是原始思维,而是中国文明的某种特性,即有机主义。所谓有机主义是指这样的看法:一方面,事物各部分相互关联、协调,进而具有不可分的统一性。汉代思维的特点是,象征的相互联系或对应组成一个巨大模式,事物的运行并不必然是由于其他在先的事物的推动,而是在永恒运动循环的宇宙中被赋予内在运动本性,运动对它们而言是不可避免的。另一方面,事物都是有赖于整个世界有机体而存在的一部分,它们相互反应与其说是由于机械的推动或作用,毋宁说是由于一种自然的共鸣。② 李约瑟认为这是一种特有的思想方式,在这种协调的思维中,各种概念不是相互对立、分别,而是相互影响、作用,这种相互的影响、作用不是由于机械的原因,而是由于相互的

---

① 郭齐勇、郑文龙编:《杜维明文集》第5卷,武汉出版社,2002年,第4页。
② [英]李约瑟:《中国科学技术史》第2卷,科学出版社、上海古籍出版社,1990年,第305页。

感应。在这样一种世界观里,和谐被认为是自发的世界秩序的基本原则,宇宙整体是一个没有外来主宰者的各种意志的有序和谐。全宇宙各个组成部分都自发而协调地合作,没有任何机械的强制。所以在这种世界观中线性相继的观念从属于相互依赖的观念。① 李约瑟的说法是对葛兰言的阐释,既然线性相继的观念不重要,创造神话自然不发达。

把欧洲汉学和美国汉学加以比较,我们似乎可以说,欧洲的汉学家强调关联性思维的意义,而美国汉学家更注重社会文化(如孝与祖先崇拜)的意义。在宇宙论上,李约瑟强调存在的动态性、整体性,杜维明强调存在的连续性,而实际上中国的宇宙论思维既强调连续性、动态性,又强调整体性、关联性。

就文明初期的文化形式而言,卡西尔(Ernst Cassier)注重的是神话思维,认为神话表达的是一种"生命一体化"的信念,生命的一体化沟通了各种各样的个别生命形式,使所有生命形式都具有亲族关系。② 生命的一体性与不间断的统一性这个原则适用于同时性秩序,也适用于连续性秩序,一代代的人形成一个不间断的链条,上一阶段的生命被新的生命所保存,现在、过去、未来没有明确的分界线。原始神话的交感联系注重情感,而希腊多神论开始用理性来研究人,成为"伦理交感"的形式,它战胜了"生命一体化的原始感情"③。可见,关联性

---

① [英]李约瑟:《中国科学技术史》第2卷,科学出版社、上海古籍出版社,1990年,第308、531、304页。
② [德]卡西尔:《人论》,甘阳译,上海译文出版社,1986年,第105页。
③ [德]卡西尔:《人论》,甘阳译,上海译文出版社,1986年,第130页。

有两种，一种是神话思维的原始的关联性，包括巫术式的联想；另一种是哲学思维的关联性，是更高一级的关联性。我们关注的正是后者，即哲学的关联性思维。与历史的维新路径相似，中国的思维发展也包含了这个方面，即思维的发展不是一个战胜一个，而是原始的生命的一体化的原则被保存在轴心时代以后思想的发展中成为其一部分；但生命交感升华为伦理交感，宗教或神话的交感转变为哲学的感通，在更高的层次上持久地保留了交感互动的特性。因此，神话思维中生命一体化的母题，在一定条件下，可以在文明的后续发展中、在更高的文化形式中得以保留，并进而成为一种哲学的宇宙观。关联思维在其他文明中也存在过，但在中国的战国后期把神话时代的关联思维发展为哲学的关联性宇宙建构，这是不同于其他文明的。汉代的关联性宇宙建构，在思维上正是承继了神话时代生命一体化的思维而在更高层次的发展，成为中国宇宙观的一个特色。

二、一气充塞

中国哲学思维发展甚早，并且连续两千多年不曾间断。就其对宇宙、世界的总体理解及其所反映的思维方式而言，具有一些突出的特色，其中最突出的是，中国宇宙论的结构特色与"气"的观念密不可分。

关于存在世界的把握，在中国哲学中，气论是一个基本的形态。气的哲学是中国古代存在论的主要形态。气在本源的意义上是物质性的元素，宇宙论的气论代表了中国哲学从物质性的范畴解释世界构成的努力。在中国哲学中，"物"指个体的实物，"质"指具有固定形体的东西，有固定形体的"质"是由"气"构成的，未成形的"气"则是构成物体的材料。[①]中国哲学中所说的"气"，是指最微细而且流动的存在物。西方哲学的原子论认为一切事物都是由微小固体组成的，原子是一种最后的不可分割的物质微粒；中国哲学的气论则认为一切物体都是气的聚结与消散。气论与原子论的一个基本不同是，原子论必须假设在原子外另有虚空，虚空给原子提供了运动的可能；而气论反对有空无的虚空，认为任何虚空都充满了气。中国思想的气论与西方思想的原子论成为一种有意义的对照。在这个问题上，张岱年先生指出："中国古代哲学中讲气，强调气的运动变化，肯定气的连续性存在，肯定气与虚空的统一，这些都是与西方物质观念的不同。"[②]

中国古代的"气"概念来源于烟气、蒸汽、雾气、云气等，如东汉的《说文解字》称："气，云气也。"气的观念是在对那些具体物气加以一般化后所得到的一个自然哲学概念，就自然哲学的意义而言，它仍然与平常所谓空气、大气的意义相近。把中国气论和西方原子论对照的一个明显结论，就是原子论表达的是物质的不连续的性质，而气论所反映的是物质的连续的性质。应当说，注重气的连续性从哲学上反映了中国文明对事物连续性的重视。这与中国文明被称为"连续性文明"的特点也有密切的关系。考古人类学家张光直也正是在这个意义上强调：中国古代文

---

① 程宜山：《中国古代元气学说》序，湖北人民出版社，1986年，第1页。
② 张岱年：《开展中国哲学固有概念范畴的研究》，《中国哲学史研究》，1982年第1期。

明之所以是一个连续性的文明与中国文明中重视"存有的连续"有关，也与早期文明的整体性宇宙观有关。①

气作为一种连续性的存在，在中国哲学中有许多表达。如荀子说"充盈大宇而不窕"②，意即云气充满宇宙而无间断，指示出气是连续的存在。宋代张载说"太虚不能无气""知太虚即气，则无无"③，强调虚空充满气，或虚空是气的一种存在形式。王廷相说"天地未判，元气混涵，清虚无间，造化之元机也"④。这里虽然是就天地未分化时而言，而"无间"即是表达连续、无间断之意。方以智说"气无间隙"⑤，王夫之更明确说明"阴阳二气充满太虚，此外更无他物，亦无间隙"⑥。这些都是对古代关于气是连续性存在这一观念的继续发展。朱子也说过"此气流行充塞""充塞周遍""充塞天地"，充塞宇宙，"无一息之间断，无一毫之空阙"，主张天地之间一气流行充塞，这种连续性是强调气的空间的连续充满和时间的连续不断。⑦

由于气是连续的存在，而不是原子式的独立个体，因而中国哲学的主流世界观倾向是强调对于气的存在要从整体上把握；不是强调还原到原子式的个体，而是注重整体的存在、系统的存在。因此，中国哲学中常常有所谓"一气流行""一气

---

① 张光直：《连续与破裂：一个文明起源新说的草稿》，《中国青铜时代》，生活·读书·新知三联书店，1999年。
② 《荀子·赋篇》。
③ 张载：《正蒙·太和》。
④ 王廷相：《慎言·道体》。
⑤ 方以智：《物理小识·光论》。
⑥ 王夫之：《张子正蒙注·太和》。
⑦ 《朱文公文集·答吕子约》等。

未分"的说法,"一气"既表示未分化,也表示整体性,而"流行"则表示气总是处在一种流动的状态之中。朱子言"如一气之周乎天地之间,万物散殊虽或不同,而未始离乎气之一"①,罗钦顺说"盖通天地,亘古今,无非一气而已。气本一也,而一动一静,一往一来,一阖一辟,一升一降,循环无已"②,刘宗周说"盈天地间,一气而已"③,黄宗羲说"天地之间,只有一气充周,生人生物"④。一气即整个世界为一连续、整全、流动之实在。这种宇宙论为儒家、道家等各派哲学所共有,是中国哲学宇宙观的基本立场。存在的整体即是人与世界的统一,即是人与宇宙的统一。近代哲学的二元分裂破坏了这种原始的统一性,在现代之后的时代,人类应当返回作为人与宇宙统一性的存在整体。同时,在中国文化中,个人不是原子,是社会关系连续体中的关联性存在一方,这种理解得到了气论哲学的有力支持。

三、阴阳互补

阴阳的观念比气的观念出现得更早。阴与阳的观念在西周初年已经出现,最初是指日光照射的向背,向日为阳,背日为阴。《易经》中则把阴阳作为整个世界的两种基本势力或事物之中对立的两个方面。最著名的古代阴阳论的论断见于《易传》之《系

---

① 《朱子语类》卷二七。
② 罗钦顺:《困知记》。
③ 《刘宗周全集·语录》。
④ 黄宗羲:《孟子师说》。

辞》。《系辞上》说"一阴一阳之谓道",指阴阳的对立分别与交互作用是宇宙存在变化的普遍法则。《说卦》把阴阳普遍化:"立天之道曰阴与阳,立地之道曰柔与刚,立人之道曰仁与义",认为阴阳的对立和互补是天道,地道和人道都受此原理支配。《庄子》中已经有阴阳生成论:"至阴肃肃,至阳赫赫。肃肃出乎天,赫赫发乎地,两者交通成和而物生焉"。①

在西周末期,不仅以阴阳为宇宙的两种普遍的基本对立,也把阴阳的观念和气的观念结合起来。战国时代如庄子说"阴阳者,气之大者也"②,把阴作为阴气,阳作为阳气,产生了"二气"的观念。《易传》中发挥了这一思想,不仅提出气分为阴阳,同时强调二气相感。如《彖传》说"二气感应以相与……天地感而万物化生"③,荀子也认为:"天地合而万物生,阴阳接而变化起。"④阴阳二气作为宇宙最基本的构成性要素,不仅相互对立,而且相互作用、相互感应,阴阳二者的相互配合使万物得以生成,使变化成为可能。阴阳的对立互补是世界存在与变化的根源。用关联的语言来说,阴阳是最基本的关联要素。

汉代以后,阴阳的观念成为中国哲学根深蒂固的基本特征。董仲舒说,"天地之气,合而为一,分为阴阳,判为四时,列为五行"⑤。在汉代思想当中,阴阳、五行、四时都是天地之气的不

---

① 《庄子·田子方》。
② 《庄子·则阳》。
③ 《彖传·咸卦》。
④ 《荀子·礼论》。
⑤ 董仲舒:《春秋繁露·五行相生》。

同分化形式形态，同时阴阳与五行、四时、五方、五色、五味等有高度的关联性，由此发展出一套关联宇宙图示的建构。除了阴阳之间的相互作用和相互补充，五行之间也被理解为相生相克，既相互促进又相互制约。宋代周敦颐依然如此主张："分阴分阳，两仪立焉。阳变阴合，而生水火木金土"①，"二气五行，化生万物；五殊二实，二本则一"②。宋代以来，没有一个哲学家不受阴阳观念影响，新儒学哲学家尤依赖于《易传》的阴阳哲学而不断发展阴阳的世界观。如邵雍言："动之始则阳生焉，动之极则阴生焉，一阴一阳交而天之用尽之矣。"③又说："阳下交于阴，阴上交于阳，四象生矣。阳交于阴、阴交于阳而生天之四象。"④无论阴阳的"接"，还是阴阳的"交"，哲学上都是指阴阳的相互作用。这种作用不是冲突对立，而是感合、相互吸引和配合。当然，就阴阳二者的本来规定而言，一般来说阳居主动，阴居被动，但"二气"哲学的宇宙生成论中并不强调这种差别。如朱子论阴阳二气云："天地只是一气，便自分阴阳，缘有阴阳二气相感，化生万物，故事物未尝无对。"⑤再如张载的名言："一物两体，气也。一故神，两在故不测。两故化，推行于一。"⑥一物两体即是说一气之中包含阴阳两个方面；一故神是说阴阳结合为整体才能实现运动的妙用；两故化是说一气中包含阴阳互动，所以

---

① 周敦颐：《太极图说》。
② 周敦颐：《通书·理性命第二十三》。
③ 邵雍：《观物内篇》。
④ 同上。
⑤ 《朱子语类》卷五三。
⑥ 张载：《正蒙·参两》。

气有化生的功能。而清代的戴震说:"一阴一阳,流行不已,夫是之谓道而已。"①干脆把"道"理解为阴阳二气流行不已的过程。

在先秦《管子》中早有对阴阳作用的认识:"春夏秋冬,阴阳之推移也;时之短长,阴阳之利用也;日夜之易,阴阳之化也。"②阴阳被视为自然世界各种现象变化推移的动力和根源。张载说"气有阴阳,推行有渐为化,合一不测为神",他还说"阴阳之气,则循环迭至,聚散相荡,升降相求,氤氲相揉,盖相兼相制,欲一之而不能。此其所以屈伸无方,运行不息,莫或使之一"③。朱子云:"阳中有阴,阴中有阳;阳极生阴,阴极生阳,所以神化无穷。"④所以,阴阳相互联结、相互作用、相互转化,由此构成的动态的整体变化是中国人宇宙观的普遍意识,影响到中国文明的各个方面。如中医是最充分地运用阴阳五行学说构建人体生命和疾病的理论说明,明代中医张景岳就指出:"盖阳不独立,必得阴而后成。……阴不自专,必得阳而后行。……此于对待之中,而复有互藏之道。"⑤阴阳互相包含、相互作用,阴阳的平衡构成整体的健康。从这个意义上讲,中医是整体主义和关联思维的集中体现的代表。

宇宙是各种物体相互联系的总体,更简单地说,是包含阴阳互补互动的整体。阴阳彼此为对方提供存在条件,阴阳的相互结合构成了世界及其运动。葛瑞汉(A. C. Graham)指出:"正如

---

① 戴震:《孟子字义疏证》。
② 《管子·乘马第五》。
③ 张载:《正蒙·参两》。
④ 《朱子语类》卷98。
⑤ 张景岳:《类经》阴阳类。

人们早已知道的那样,中国人倾向于把对立双方看做是互补的,而西方人则强调二者的冲突。"① 人类世界的一切问题都根源于如何处理各种对立面的关系,中国文明古老的阴阳平衡思维是古代中国的基本思维方式,在现代仍然有其普遍的意义。

四、变化生生

中国哲学的宇宙观与西方机械论宇宙观的另一最大不同在于,它是强调"生生"的宇宙观。以《易经》为代表的宇宙观始终把宇宙看成一个生生不息的运动过程。把宇宙看成一个变易不息的大流,孔子已经予以揭示:"逝者如斯夫,不舍昼夜!"②逝逝不已就是运动变化不已,我们所在的世界是一个如同大河奔流一般的运动总体,一切都在流动变化之中,流动、变化是普遍的。庄子也说:"物之生也,若骤若驰,无动而不变,无时而不移。"③"万物化作,萌区有状,盛衰之杀,变化之流也。"④

解释《易经》的《易传》十翼,以《系辞传》最为突出。《系辞传》全力强调变易的意义:"易穷则变,变则通,通则久""为道也屡迁。变动不居,周流六虚,上下无常,刚柔相易,不可为典要,唯变所适"⑤。世界不断变化、转化,永不静止。对于这样一个变动不已的宇宙,人不可以订立死板的公式去对待它,一切

---

① [英]葛瑞汉:《论道者》,张海晏译,中国社会科学出版社,2003年,第379页。
② 《论语·子罕》。
③ 《庄子·秋水》。
④ 《庄子·天道》。
⑤ 《易传·系辞下》。

必须随变化而适应。《易经》为中国文明确立了这样的宇宙观：整个世界，从最小的东西到最大的东西，都处于永恒的产生和转化之中，处于不断的流动变易之中，处于无休止的运动和变化之中。整个世界，特别是自然界，被看作在永恒的流动和循环中变动着的。在这种总观点下，世界绝对不变的见解是不可理解的。事物不是常住不变的，变易是存在的基本方式，存在就是流动和变化。正是这种变易的哲学支持着中国文明不断"与时俱进"的发展，与时俱进就是适应变化、与变化俱进。

以《周易》的宇宙观为代表，中国哲学越来越强调变化是绝对的而变化包含有确定的倾向。《易传》中包含的哲学观点认为，变化不是没有内容的，变化的重要内容是"生生"。换言之，在宇宙的大化流行中，不断有新的东西生成，这是变易的本质。宇宙不是死一般的寂静，而是充满着创造的活力。这一点《系辞》说得最清楚："天地之大德曰生"[1]"富有之谓大业，日新之谓盛德。生生之谓易"[2]。因此，变化包含创新，永久的变易包含永远的革新，日新就是不断地创新，生生赋予了变易以更深刻的东西，变易是生命的不断充实、成长、更新和展开。"天行健"是生生不已之大易流行，这种宇宙观是中国文化精神"自强不息"的基础。

生生的观念同样渗透在宋以后的新儒家思想中，如周敦颐说："二气交感化生万物，万物生生而变化无穷焉。"[3]程颢说：

---

[1]《易传·系辞下》。
[2] 同上。
[3] 周敦颐：《太极图说》。

"'生生之谓易',是天之所以为道也。天只是以生为道。"[1]这是以生生为宇宙最根本的法则,以生生为天道、天理的内容。程颐也重视生生,他说"天地之化,自然生生不穷"[2],把生生化育看作自然的、无休止的过程。

可见,在中国哲学中,变化之流即是生命之流,而这一生命之流是以气的连续统一为载体的。宋明理学的宇宙观特别重视"大化流行",大化流行也往往说成"气化流行",如戴震说:"一阴一阳,其生生乎"[3],"在天地,则气化流行,生生不息,是谓道"[4]。气本身就是能动的流体,气的运行过程就是道。大化流行是一完整的连续体的活动,而万物是此连续体的不可分割的组成部分。这里显示出中国哲学宇宙观的生成论特征。按照《周易》系统的哲学,天地万物是在时间的进程中逐渐生成并变易着的,它可能是从某种混沌中产生出来的东西,是某种发展起来的东西,某种逐渐生成的东西,生成就是 becoming。所以,不是 being,而是 becoming 才是中国哲学的基本问题意识,《周易》的哲学才是中国文明的哲学之根。从这个观点来看,生成是自己的生成,阴阳、五行的相互作用就是生成的基本机制,而不是由自然界之外的主宰者的创造或外来推动力一下子造成的东西。绝对不变的实体是不存在的。

从这里,我们能更深刻地理解牟复礼提出的中国文明缺少

---

[1] 《二程遗书》卷二上。
[2] 《二程遗书》卷一五。
[3] 戴震:《原善》。
[4] 戴震:《孟子字义疏证》。

早期创世神话的问题,这确实在本质上是一个关乎思维方式的问题。只不过,缺少创世神话的原因主要还不是像杜维明所说的存在的连续的问题,而是生成论思维主导的问题。没有创世神话表示不重视外在力量,表示更重视生成、生化和它的内在动因。世界是它自己的根源,自生自化的生成论成为中国世界观的主流,《周易》的原理本身就包含了这一倾向。正如安乐哲(Roger Ames)所指出的,希腊更偏重静止,所以需要借助因果关系解释变化;中国则主张世界本来自然地就是过程和变化,自然地生成,因而不需要外在原则去解释变化。① "天行健,君子以自强不息",如果《周易》的这句话是中国文化精神的体现,那么生生日新的宇宙观正是这个精神的哲学写照。

五、自然天理

牟复礼认为中国直到进入文明初期都没有出现过创世神话,并以此作为中国文明思维方式的一个路径依赖。其实,尽管他指出中国缺少创世神话这一点是对的,但这并不意味着中国没有宇宙发生说,也不意味着中国古代认为宇宙是一永恒的存在。天地万物如何产生、存在,也是古代中国哲学家思考的问题,屈原的《天问》最明显地表达出中国古代哲学对宇宙起源、构成的兴趣:

---

① [美]安乐哲:《和而不同:比较哲学与中西会通》,北京大学出版社,2002年,第45页。

> 遂古之初,谁传道之?
> 上下未形,何由考之?
> 冥昭瞢暗,谁能极之?
> 冯翼惟像,何以识之?
> 明明暗暗,惟时何为?
> 阴阳参合,何本何化?
> 圜则九重,孰营度之?
> 惟兹何功,孰初作之?

当然,中国哲学的主流看法虽然认为天地万物不是永恒存在着,而是有其发生历史的,但天地万物的发生不是由一个外在于宇宙的人格力量所创造的。在中国哲学家看来,天地万物如果有一个开始,这个开始也是自生、自然的。的确,在中国思想中,一般来说不认为天地是被创造出来的,不认为人是被创造出来的,不认为宇宙时空是被创造出来的,尤其不认为存在着外在于宇宙的创造者——上帝。主张天地不是被创造出来的,不等于主张天地是永恒的。例如,汉代道家的宇宙论并不认为天地是永恒存在的,而认为是从虚空中逐渐生成气,又由气的凝聚而生成天地。所以,我们所在的这个世界,不是被创造出来的,而是化生出来的。

那么,存在着宇宙之内的主宰者吗?回答不是否定的。商周时代承认帝或天为宇宙之内的至上神,但早期中国文明中的"上帝"不是创造宇宙和人的神,而是宇宙之内的主宰者,中国上古的"上帝"和"天"也没有被赋予创造宇宙的能力。不管是原因，还是结果，西周以人为中心的立场的兴起必然消弱发明创世神话的冲动。所以，早期中国文明的"帝"不是宇宙之外的创造之神，而是宇宙之内的事务主宰。就人不是上帝所创造的这一点来说，中国文明中"人"的地位必然高于基督教文明中"人"的地位。"人受天地之中以生"[1]的古老观念，表示在气论的背景之下，人可以获得高于宇宙内其他一切事物和生命形式的地位，"人最为天下贵"[2]。至少，如中国哲学中易学哲学所主张的，人是与天、地并立的"三才"之一。天人相感、天人相通，所有中国哲学中"天—人"的说法，都是指人的理性、人性、价值使人可以超出万物，与天构成一对关系。中国哲学本来就有"与天地参"的传统，人能参与天地化育，参与大化流行，故"参与"论是十分"中国"的。人既能参与天的生成，又能与天相感相通，这在西方人看来是多么奇特的思想啊。

理学中也出现了一种主张，代表者如邵雍和朱熹，认为我们所在的这个宇宙或天地不是永恒的，它在消灭之后会有一个新的宇宙或天地代替它；同样，在它之前也曾经有一个旧的宇宙或天地存在。这意味着，一切生成的东西都会走向消亡，而这种生成与消亡借助"气"的聚散来说明，是非常自然的。古人所说的天地可以是今天所说的太阳系或宇宙，它是按照自然的途径生成的，而在它消亡之后，也一定会有另一个天地按照自然的途径再生成出来，这个循环是没有穷尽的，在这里也不需要造物主的概

---

[1] 见《左传》成公十三年刘康公所说。
[2] 《荀子·王制》。

念。在这个意义上,李约瑟称中国的世界观和宇宙模式"没有主宰却和谐有序"是有理由的,却又是不准确的。从新儒学的观点来看,首先,主宰是有的,但主宰是宇宙内的主宰,不是创造宇宙的主宰。对于宇宙来说,主宰不是超越的,而是内在的。其次,这个主宰,商周时为"帝"为"天",但宋代以来宇宙内的主宰已经被理性化,这就是"理"或"天理"。对"理"的推崇成为一千年来成熟的中国文明的主导性观念,理被视为宇宙、社会的普适原理和法则。

众所周知,朱熹是肯定"理"的最有代表性的哲学家。朱熹说过:"所谓主宰者,即是理也。"[1]与朱熹一样,元代的吴澄也是以太极为"道",为"至极之理"。他说:"太极与此气非有两物,只是主宰此气者便是,非别有一物在气中而主宰之也。"[2]吴澄仍然用"主宰"一词界定理,这一方面是由于理气论与人性论的牵连,另一方面也是理学形上学词汇的误用。无论如何,这种主宰说只是功能意义上的,没有任何实体的意义。明代罗钦顺指出,朱熹的理气观有严重失误,断言理并不是形而上的实体,而是气之运动的条理。他说:"理只是气之理,当于气之转折处观之。往而来,来而往,便是转折处也。夫往而不能不来,来而不能不往,有莫知其所以然而然,若有一物主宰乎其间而使之然者,此理之所以名也。"[3]罗钦顺认为,气是不断变化运动的,气之往复变易,有其内在的根据。从程颐到朱熹都认为,理对于气的作用

---

[1]《朱子语类》卷一。
[2]《吴文正集》卷二。
[3] 罗钦顺:《困知记》。

正像一个作往复运动物体的操纵者,支配着气的往而复、复而往的变化运行。罗钦顺提出,从功能上看,理虽然支配着气的运动,但理并不是神,也不是气之中的另一实体。更重要的是,他提出"若有一物主宰乎其间",即理的这种支配作用类似主宰的作用,但实际上并非真的有一主宰者。

所以,在成熟的中国文明时期,哲学已经越来越显示出一种立场,即宇宙虽然不是由外在主宰者创生的,是无始无终的,所谓"动静无端、阴阳无始",但受到一种主宰性力量的引导和制约,这种力量是宇宙之内的主宰,但此主宰不是神,而是道或理。李约瑟认为中国的宇宙观是"没有主宰的秩序",这种说法并不确切。在宋明新儒家的哲学中,宇宙之外没有主宰,宇宙之内也没有人格主宰,但"道"或"理"被理解为宇宙之内的一种主宰、调控力量,天地万物、人类社会的存在和运动都受到它的支配。理不仅是天地的本源、事物的规律,也是最高的价值。这种类似自然法的普遍性理论使得理学能够成为近古时代中国社会文明价值的有力的支撑。同时,这种物理普遍存在于事物之中的观念以及在此基础上发展出来的格物穷理思想,也是中国科技文明得以在近代以前长期发达的理性基础。

理的作用是关系的调控,因此理与其说是实体,毋宁说是关系的体现。中国哲学的特点之一是注重关系,而非注重实体。实体思维倾向于把宇宙万物还原为某种原初状态,还原为某种最小实体单位。这种思维注重结果的既定实体状态,或者追求一个永无变化的实体,一个与其他事物没有关系的绝对实体,而不关注生成化育的过程。关系思维则把事物理解为动态的关系,每一具体的存在都处在一种不可分离的关系之中，都以与其发生关系的他者为根据。在理学中，天理即天道，天道的生生之理以"感通"为其实现方式。《周易》咸卦"天地感而万物化生"，感通是万物相互关系的状态，是比感应更为哲学化的概念。感应可以是甲感彼应，没有直接的相互作用，而感通是直接的相互作用。因此，在社会伦理上，注重关系的立场必然不是个人本位的立场。它主张在个人与其他对象结成的关系中，不是以自我为中心，而是以自我为出发点，互以对方为重。

从这种有机整体主义出发，宇宙的一切都是相互依存、相互联系的，每一事物在与他者的关系中显现自己的存在和价值，故人与自然、人与人、文化与文化应当建立共生和谐的关系。

六、天人合一

一方面，天人合一的观念认为天与人不是仅仅对待的，一方面天与人有分别有对待，另一方面，从更高的观点来看，天与人构成了统一的整体，二者息息相关，没有间隔，这就是"天人合一"。这种天人合一的思想虽然可以看作神话时代生命一体化思维的哲学升华，但更具有排除主体—客体对立的意义。

从道的角度看，天是人道的根源。人伦人道出于天与天道，人性来自天命的赋予，这个意义上的天人贯通一致的关系被称作"天人相通"。天人相通是广义的天人合一的一种表达方式。张载是最重视天人合一思想的，他说："天人异用，不足以言诚；天人异知，不足以尽明。所谓诚明者，性与天道不见乎大小之别也。"①这是说天之用与人之用没有差异，只有认识到这一点才能言"诚"。诚就是宇宙的真实。天之知与人之知也没有分别，不了解这一点就不能发挥"明"。明就是人的理性。所以，他主张人性与天道没有大小的差别，是一致的。他进一步说："儒者则因明致诚，因诚致明，故天人合一，致学而可以成圣，得天而未始遗人。"又说："性者万物之一源。"②

天道与人道的同一性、天道与人性的同一性，是张载阐发的天人合一思想。这种思想在北宋已经十分普遍，二程兄弟也都分享了这样的思想，如程明道说："人与天地一物也，而人特自小之，何耶？"③"天人本无二，不必言合。"④程伊川也说："道未始有天人之别"⑤，"天地人只一道也，才通其一，则余皆通"⑥。这都是强调天人合一、天人相通。如程颢所见，天与人是直接统一的，如果说人不能认识这一点，那主要是由于人在天地面前降低了自己的地位。这种哲学与绝对二分的形上学不同，人与自然、天道的一致，表达了统一整体的智慧，在这种智慧中，天地万物共同构成一个不可分割的统一的整体。同时，在这种思想的支配下，哲学不认为本体和现象世界是割裂的，不认为本体和生活世界是割裂的，本体即在现象中显现，不离开生活现象。

张载的《西铭》主张，天地的交合生成了世界，赋予了人的

---

① 张载：《正蒙·诚明》。
② 同上。
③ 《二程遗书》卷一一。
④ 《二程遗书》卷六。
⑤ 《二程遗书》卷二二上。
⑥ 《二程遗书》卷一八。

身体和本性，所有人都是天地生育的子女；不仅如此，万物和人类一样，也是天地所生。因此，他人都是自己的同胞，万物都是自己的朋友，人与人、人与万物、人与自然应成为共生和谐的整体。事实和价值不是对立，而是一致的。这又涉及"万物一体"的思想。张载认为，人和物都是由气构成的，宇宙中的一切都与自己有直接的关系，故从个人的角度来看，天地就是我的父母，民众即是我的同胞，万物都是我的朋友，等等。这种思想以气为基础的高度的关联性论证了儒家伦理，指出尊敬高年长者，抚育孤幼弱小，都是自己对这个宇宙大家庭和这个家庭的亲属的义务。《西铭》的这种思想可以说就是"万物一体"的思想。因而在古代思想中可以明显看到一定的宇宙观倾向于一定的价值观，或者一定的宇宙观基于一定的价值观，二者往往是相互联系的，关联性宇宙观和关联性价值正是这样的关系。

程颢的这段语录把这个意思说得更简明，而且把它与仁结合起来："医书言手足痿痹为不仁，此言最善名状。仁者，以天地万物为一体，莫非己也。认得为己，何所不至？若不有诸己，自不与己相干，如手足不仁，气已不贯，皆不属己。……如是观仁，可以得仁之体。"[①] 在程颢看来，仁就是一种精神境界，是一种以万物为一体的精神境界；不仅是一体，而且是以"己"为基点，要把天地万物都看成是与"己"息息相通的，正如人能感受手、足是属于"己"的一部分一样。"万物一体"的思想是宇宙关联性的最高的伦理的体现，它既指示出个人对关联整体的义务，也指示出追求整体的和谐是人的根本目标。

---

① 《二程遗书》卷二上。

这种仁的一体境界与纯粹的存在论的万物一体观之不同，在于此种境界并非指示一种实在，而指向一种慈悯的情怀，即亲亲、仁民、爱物，以此境界实现人的社会义务。但程颢的这个境界思想与其存在论和宇宙论仍有密切关系，他说："万物之生意最可观，此元者善之长也，斯所谓仁也。"[①]这表示，宇宙观的"生生"是他的一体境界和人格精神的基础。

　　这种对一体和谐的追求在中国古代宇宙论中就已经表达出来，如西周的史伯说："夫和实生物，同则不继。以他平他谓之和，故能丰长而物归之。"[②]不同事物的调和、融合才能生成繁盛的、新的事物。差别性、多样性、他性的存在是事物生长的前提，多样性的调和是生生的根本条件。《系辞》"阴阳合德"的说法包含了阴阳的融合。《庄子》说阴阳"两者交通成和，而万物生焉"，以和为生成的根本。荀子说"阴阳大化，风雨博施，万物各得其和以生"，"和"被认为是事物生成的必要条件；又说"天地合而万物生，阴阳接而变化起"，其意亦即"阴阳和而万物生"。阴阳的调和是中国古代宇宙论最普遍的理想。

　　以上所说的这些哲学的思维渗透在中国文化的各个方面，对中国文明的整体起到了支撑作用，可谓是中国文明的哲学背景。在本文结束的时候，我想就关联思维到关联价值再说几句。关联思维即普遍联系的思维，其特点就是对一般人只看到分别、分立、无关的事物能看到其相互联系，特别是把天、地、人、万事万物看成关联的整体。关联是互动、和谐的基础，互动、和谐是

[①]《二程遗书》卷一一。
[②]《国语·郑语》。

关联的本质要求。葛瑞汉认为关联思维是汉代思维的突出特色，宋代理学兴起后中国哲学的宇宙观发生了巨大的范式转换。这个转换就是，对天地万物的观察和思考，用性理的主宰决定代替了元气的自然感通。其实，汉代和宋代的思想不是对立的，汉代的关联宇宙论建构作为统一的宇宙观，具有支持天下政治统一的意义；宋代的理学是在新的佛教挑战面前和隋唐以来新的制度变革下强化儒家思想的体系，它的理性化体系使中华文明在更成熟的高度上获得了一体化的统一。应当说，尽管以"天人感应"为特色的关联宇宙建构的高峰是在汉代，但关注事物的普遍联系，关注事物的相互依存、相互关系、相互作用、相互影响、相互感通，关注整体与部分间的相互包含，早已成为中国思维的重要特性。因此，虽然汉代的元气论后来被宋明的理气论所取代，但中国人注重关联性的思维并没有改变，改变的只是关联性表达的理论形态和关联性所体现的领域和形式。而且注重关联性不仅是中国文明的思维方式，也反映了中国文明的价值取向。轴心时代以后中国文明的基本价值，可以说都是以此种宇宙观为基础发展起来的。今天，面对西方现代性的问题，我们提倡东西方思想的多元互补，提倡对交互伦理、关联社群、合作政治、共生和谐的追求，必须珍视多元文明的价值，扩大人类解决困境的选择。① 从这个意义上来说，重温中华文明的世界观是有益的。

---

① 强调关联性价值，并不是要整体替代近代个人主义、权利意识，而是发扬关联性价值，与个人主义和权利意识形成良性的互补。

中华文明的价值观与世界观[1]

无论是北方，还是南方，中国早在距今七八千年前的新石器中期，就已经形成了较为稳定的农业经济。七八千年前的中国黄河、长江流域的史前农业已经不是所谓刀耕火种的原始农业，由于黄土自肥的特点和作物耐旱的特性，在中原和北方，在主要使用石制农具、不依赖大河灌溉的情况下，已发展出集约化农业。因此，与美索不达米亚和古代埃及相比，中国早期文明虽然也发生在黄河和长江两大流域的中下游地区，但中国农业经济的特点决定了中国的早期文明不属于大河灌溉的文明，中国农业缓慢、稳定地积累的成长道路，也影响到其文明的整个发展。考古学家认为，中国文明是"万年前的文明起步，从五千年前后氏族国家到国家的发展，再到早期古国发展为多个方国，最终发展为多源一统的帝国"[2]。

一、早期中国文明的精神气质

在世界上有过宗族性的血缘组织的民族不乏其例，但像中

---

[1] 原载于《中华文化论坛》，2013年第2期。
[2] 苏秉琦：《中国文明起源新探》，商务印书馆（香港），1997年，第142页。

国早期文明社会中所见的宗族组织与政治权利同构的情形，却属罕见。古代中国文明中，宗庙所在地成为聚落的中心，政治身份的世袭和宗主身份的传递相合，成为商周文明社会国家的突出特点。政治身份与宗法身份的合一，或政治身份依赖于宗法身份，发展出一种治家与治国融为一体的政治形态和传统。在文化上，礼乐文化成为这一时代的总体特征。

中国古代从西周到春秋的社会，其基本特点就是宗法性社会。这里所说的"宗法性社会"是一个描述性的概念，并无褒贬之义，乃是指以亲属关系为其结构、以亲属关系的原理和准则调节社会的一种社会类型。宗法社会是这样一种社会，在这个社会中，一切社会关系都家族化了，宗法关系即是政治关系，政治关系即是宗法关系。故政治关系以及其他社会关系，都依照宗法的亲属关系来规范和调节。这样一种社会，在性质上，近于梁漱溟所说的"伦理本位的社会"。伦理关系的特点是在伦理关系中有等差，有秩序，同时有情义，有情分。因此，在这种关系的社会中，主导的原则不是法律，而是情义，重义务，而不重权利。梁漱溟认为中国伦理本位的社会是脱胎于古宗法社会而来，是不错的。① 春秋后期以降，政治领域的宗法关系已经解体，但社会层面的宗法关系依然存在，宗法社会养育的文明气质和文化精神被复制下来。

从早期中国文化的演进来看，夏、商、周的文化模式有所差别，但三代以来也发展着一种连续性的气质，这种气质以黄河中

---

① 梁漱溟的说法见其《中国文化要义》，台北里仁书局，1982年，第81页。

下游文化为总体背景，在历史进程中经由王朝对周边方国的统合力增强而逐渐形成。而这种气质在西周文化开始定型，经过轴心时代的发展，演变成中国文化的基本气质。这种文化气质在周代集中表现为重孝、亲人、贵民、崇德。重孝不仅体现为殷商的繁盛的祖先祭祀，在周代礼乐文化中更强烈地表现出对宗族成员的亲和情感，对人间生活和人际关系的热爱，对家族家庭的义务和依赖。这种强调家族向心性而被人类学家称为亲族连带的表现，都体现出古代中国人对自己和所处世界的一种价值态度。从而，这种气质与那些重视来生和神界，视人世与人生为纯粹幻觉，追求超自然的满足的取向有很大不同，更倾向于积极的、社会性的、热忱而人道的价值取向。一方面，中国人谋求建立积极的人际关系及其内在的需要和取向，与古代印度文化寻求与神建立积极关系及其内在需要和取向；中国文化对民和民的需要的重视，与印度文化对神的赞美和对与超自然的同一的追求，二者间确有很大不同。另一方面，印度教虽然对人的一生中的家庭祭很重视，在成年礼等一些方面甚至可与西周的礼仪相比，但印度教徒死者通常没有坟墓，在印度所有地方，与祖先崇拜相联系的现象极少见。中国殷周文化对死去亲属的葬礼、祭祀礼的发达，与古代印度对葬祭的这种轻视恰成对比。这不只是宗教观念的不同，而且也体现出价值取向的不同。

早期中国文化体现的另一特点是对德的重视。近代以来已有学者提出中国文化是一种伦理类型的文化，就其主导的精神气质而言，中华文明最突出的成就与最明显的局限都与它的作为主导倾向的伦理品格有关。在中国上古时代已经显露出文化的这种偏好,正是基于这种偏好而发展为文化精神。中国文化在西周时期已形成"德感"的基因,在大传统的形态上,对事物的道德评价格外重视,显示出德感文化的醒目色彩。而早期德感的表现,常常集中在政治领域的"民"的问题上,民意即人民的要求被规定为一切政治的终极合法性,对民意的关注极大影响了西周的天命观,使得民意成了西周人的"天"的主要内涵。西周文化所造就的中国文化的精神气质是后来儒家思想得以产生的源泉和基体。

深度理解夏商周三代的文化发展历程,我们将得到一种相当明晰的印象,这就是,在孔子和早期儒家思想中所发展的那些内容,不是与西周文化及其发展方向对抗、断裂而产生的,在孔子与早期儒家的思想和文化气质方面,与西周文化及其走向有着一脉相承的连续性关系。没有周公,就不会有传世的礼乐文明,没有周公,就没有儒家的历史渊源,[1]孔子对周公的倾心敬仰,荀子以周公为第一代大儒,都早已明确指明儒家思想的根源。可以说,西周礼乐文化是儒家产生的土壤,西周思想为孔子和早期儒家提供了重要的世界观、政治哲学、伦理德性的基础。同时,西周文化又是三代文化漫长演进的产物,经历了巫觋文化、祭祀文化而发展为礼乐文化,从原始宗教到自然宗教,又发展为伦理宗教,形成了孔子和早期儒家思想产生的深厚根基。更向前溯,龙山文化以降,经历了中原不同区域文化的融合发展,在政治文化、宗教信仰、道德情感等不同领域逐渐地发展出,并在西周开始定型成比较稳定的精神气质,这种气质体现为崇德贵民的政治

---

[1] 杨向奎:《宗周制度与礼乐文明》,人民出版社,1992年,第136页。

文化、孝悌和亲的伦理文化、文质彬彬的礼乐文化、天民合一的存在信仰、远神近人的人本取向。因此，儒家思想及其人文精神是中国文明时代初期以来文化自身连续发展的产物，体现了三代传衍的传统及其养育的精神气质，儒家思想与中国古代文化发展的进程具有一种内在的联系。儒家的价值观也成为中华文明价值体系的主流。[①]

二、中国文明的基本价值

一个既定文明的认知的、存在的方面属于世界观，而一个既定文化的道德的价值的评价原理则代表他们生活的基本方式和文化气质，表现了对他们自己和他们所处世界的根本态度。如果我们要阐述中国文明的哲学基础，将侧重于认知的、存在的方面，尤其是突出宇宙观的特性。这是因为，人对自己所在世界的总看法，一般来说是通过宇宙观来表现的。它主要体现在认识宇宙、世界是怎样存在、运动的，宇宙、世界是怎样构成的这些方面。也就是说，一般所说的世界观主要是指对世界的认识。但是世界观同样包含或表现为另一个方面，那就是人对世界所抱持的态度。人对世界的认识和人对世界的态度，两者不是不相关联的，而是相互联系，相互贯通的。对世界的认识往往反映或影响了对世界的态度，或者造成了一定的态度；反过来也是一样，人对世界的态度来源于对世界的认识，或影响了他们对世界的认识。在另一个讲演中，我们将重点陈述中国哲学对宇宙世界的认识作

[①] 陈来：《古代宗教与伦理·导言》，生活·读书·新知三联书店，1996年，第7—8页。

为中国文明世界观的意义,在这次讲演中我们集中在中国文明对所处世界的态度,突出中国文明的价值观态度作为中国文明世界观的意义。我们将从几个方面来论述,一是人对他人、社群的态度,二是中国对外部世界或世界的其他部分的态度,三是中国文明对世界秩序的追求。态度也就是价值,因此本讲演更多陈述有关中国文明的价值追求。

中国文明的价值偏好是与其宇宙观相联系的。一方面,古典中国文明的哲学宇宙观是强调连续、动态、关联、关系、整体的观点,而不是重视静止、孤立、实体、主客二分的自我中心的哲学。从这种有机整体主义出发,宇宙的一切都是相互依存、相互联系的,每一事物都是在与他者的关系中显现自己的存在和价值,故人与自然、人与人、文化与文化应当建立共生和谐的关系。另一方面,中国文明的价值偏好又与中国文明的历史路径相关。许多历史学家都认为,中国古代是在基本没有改变氏族结构的情况下进入文明社会的,因此政治社会制度架构保留了氏族社会的许多特点,三代以来一脉相传。这就是说,文明的政治和文化发展是连续性的,这是中国文明成为"连续性文明"的历史基础。这种进入文明社会的转变方式有人称之为古代的维新制度,维新即不是断裂式的革命,而是包容性的改良、连续性的变化和发展。[①]根据这种立场,中国文明初期的氏族及宗法社会的文化与价值在中国文明连续性传承中延续、升华到了后来的思想世界。

从这个角度来看,轴心时代的中国文明延续了早期文明与

---

① 侯外庐:《中国思想通史》第一卷,人民出版社,1992年,第8—9页。

西周人文思潮的发展，系统提出了文明的价值、德性，其中最主要的价值与德性都是针对人与他人、人与社群的关系而言。就其偏好而言，轴心时代中国文明，以儒家为突出代表，显示出对仁爱、礼教、责任、社群价值的重视，这些价值经过后世哲学的阐发更显示出普遍的意义。

首先是仁爱。众所周知，轴心时代的中国儒家思想，最重要的道德观念是"仁"。一方面，仁是自我对于他人的态度，对他人的关怀爱护，或对他人施以恩惠，故《国语》有所谓"言仁必及人"[1]。从文字来说，中国东汉时期的字典《说文解字》解释仁字说："仁，亲也。从人二。"说明仁的基本字义是亲爱。清代学者阮元特别强调，仁字左边是人，右边是二，表示二人之间的亲爱关系，所以一定有两个以上的人才能谈到仁，一个人独居闭户，是谈不到仁的，仁是人与人之间的相互关系。阮元的这一讲法是对仁的交互性特质的阐明。[2] 从文献来说，"仁"的概念在孔子以前指对双亲的亲爱，所谓"爱亲之谓仁"[3]。孔子以仁为最高的道德观念，孔子和孟子都强调仁者爱人，仁渐渐变为普遍的仁爱，不再专指对双亲的亲爱或对某些人的亲爱。孔颖达解释《中庸》言："仁谓仁爱相亲偶也。"当然，仁是爱，但爱不必是仁，因为爱如果是偏私的，则不是仁，仁爱是普遍的、公正无私的博爱。事实上，孟子更把仁扩大为"亲亲—仁民—爱物"[4]，仁爱的对象

---

[1]《国语·周语下》。
[2] 阮元:《揅经室集》一集·卷八，论语论仁论。
[3]《国语·晋语一》。
[4]《孟子·尽心上》。

已经从社会伦理进一步扩展到人对自然的爱护。中国的儒学,始终把仁德置于道德体系和价值体系的首位。有些学者认为,仁的提出是对血缘关系和氏族民主的自觉转化,是中国文明连续性的一个体现。[1]

另一方面,仁的原始精神是要求双方皆以对方为重而互相礼敬关爱,即相互以待人之道来互相对待,以待人接物所应有的礼貌和情感来表达敬意和亲爱之情,展现了"仁"字中所包含的古老的人道主义观念。儒家则将之扩大为博爱仁慈的人道伦理,但"仁"并不主张单方面主观地表达自己的感受,而必须尊重对方。现代新儒家的代表梁漱溟,把中国文化的伦理概括为"互以对方为重",正是发挥了儒家传统仁学伦理的精神。[2]

因而,仁的实践有其推广原则,解决如何推己及人,这就是忠恕之道,特别是恕。恕即是孔子所说的"己所不欲,勿施于人"(《论语·卫灵公》),它可以保证因尊重对方而不会把自己的爱、好强加于他人,这在当今时代已经成为全球伦理的普遍原则。

第二为礼教。古代中国文明被称为"礼乐文明",礼在古代儒家文化中占有重要的地位。孔子强调,礼的实践是行仁的基本方式。儒家思想是东亚轴心文明的代表,而轴心时代的儒家思想可以说与"礼"的文明有极为密切的关系。西周的礼乐文明是儒家思想的母体,轴心时代的儒家以重视"礼"为其特色,

---

[1] 最早提出这一点的是李泽厚,见其《中国古代思想史论》,人民出版社,1985年,第22、25页。
[2]《梁漱溟全集》第五卷,山东人民出版社,1990年,第706页。

充满了礼性的精神。礼性就是对礼教的本性、精神、价值的理性肯定。

在儒家看来,道德是在人与人交往的具体行为中实现的,这些行为的共同模式则为礼。礼是相互尊重的表达,也是人际关系的人性化形式。当然,古代历史文化的"礼"包含多种意义,古代礼书所载,更多的是属于士以上贵族社会的生活礼仪,规定着贵族生活与交往关系的形式,具有极为发达的形式表现和形式仪节。"礼尚往来"的古语正是指明古礼从祭祀仪式脱胎而发展为西周的交往关系的形式化规范体系。比较而言,古老的《仪礼》体系更多属于古代贵族生活的庆典、节日、人生旅程、人际交往的仪式与行为的规定。而后来的《礼记》则强调"礼义之始,在于正容体,齐颜色,顺辞令"(《礼记·冠义》篇),把礼作为行为规范体系,强调容貌辞气的规范和修饰是这一规范体系的基础,也是礼仪训练的初始入手处。古礼包含大量行为细节的规定,礼仪举止的规定,人在一定场景下的进退揖让,语词应答、程式次序、手足举措皆须按礼仪举止的规定而行,显示出发达的行为形式化的特色。这些规定在一个人孩提时起开始学习,养成为一种自律的艺术,而这种行为的艺术在那个时代是一种文明和教养。子夏甚至说"君子敬而无失,与人恭而有礼,四海之内,皆兄弟也"(《论语·颜渊》篇)。做到了恭敬有礼,才能四海之内皆兄弟,达到人际关系的和谐。

历史表明,礼之"文"作为形式节目,是可变的,随时代环境而改变;礼之"体"则是不变的基本精神原则。可以说,几千年来,中国文化培养了一种"礼教精神",它起源于祭祀礼仪,而渐渐从宗教实践中独立出来成为人世的社会交往之礼；它通过包括上古以来各个时代的各种礼俗表达，但又是超越了那些具体仪节的普遍精神，这是一种人文主义的礼性精神。礼的文化包括三个层面，礼的精神、礼的态度、礼的规定。我们可以说，中华文明的"礼"是以"敬让他人"为其精神，以"温良恭俭让"为其态度，以对行为举止的全面礼仪化修饰与约束为其节目的文明体系。无论如何，礼不仅对个人修身有其意义，对社会更有提升社会精神文明的移风易俗的作用。在国与国的关系上，"好礼"则体现了尊重其他国家和人民的行为方式。

第三为责任。古代儒家的德行论非常发达，忠信仁义孝惠让敬，都是个人与他人、社会直接关联的德行，这些社会性德行的价值取向，都是要人承担对于他人、对于社会的责任，如孝是突出对父母的责任，忠是突出尽己为人的责任，信是突出对朋友的责任等。责任是相对权利而言，责任取向的德行不是声张个人的权利，而是努力实现对他人的义务、履行自己身上所负的责任。中国古代的道德概念"义"往往包含着责任的要求。由于在儒家思想看来个人与他人、与群体是一个连续的而不是断裂的关联，人在这种关系之中必须积极承担自己对对方的责任，以自觉承担对对方的责任为美德，以此来维护和巩固这种关系。责任之心是儒家文化养成的人的普遍心理意识。

在中国文化中，个人不是原子，是社会关系连续体中的关联性存在一方，因此，注重关系的立场必然不是个人本位的立场。它主张在个人与其他对象结成的关系中，人不是以权利之心与对象结成关系，而是以责任之心与对象结成关系。个人与他方构成关系时,不是以自我为中心,而是以自我为出发点,以对方为重,个人的利益要服从责任的要求。人常常为责任的实现而忘我,忘记其个人,责任往往成为个人的社会实践的重要动力。这样的立场就是在人际关系之中的责任本位的立场。由于个人是在社会关系网中的个人,个人与多种对象结成各种关系,因此个人的责任是多重的,而不是单一的,个人有多少角色,就相应地有多少责任。儒家思想始终表达了担当责任的严肃性。

第四为社群。人在世界上的生存不是个体的独立生存,一定是在群体之中的生存生活。人的道德的实现也一定要在社群生活中实现。社群的超出个人的最基本单位是家庭,扩大而为家族、社区及各级行政范围,如乡、县、市、省,直至国家。中国文明特别重视家庭价值,家庭是第一个走出个人向社会发展的层级。[1]显然,中国文化的主流思想不强调个人性的权利或利益,认为个人价值不能高于社群价值,社会远比个人重要,而强调个人与群体的交融,个人对群体的义务,强调社群整体的利益的重要性。虽然中国思想在古代并没有抽象地讨论社群,更多地用"家""国""社稷""天下"等概念具体地表达社群的意义和价值,其所有论述,如"能群""保家""报国"等都明确体现了社群安宁、和谐与繁荣的重要性,强调个人对社群团体和社会的义务,强调社群和社会对个人的优先性和重要性。"以天下为己任""天下兴亡匹夫有责""苟利国家生死以",都是中国文化中常见的士大夫责任语言,并深入影响到社会民

---

[1] 金耀基:《个人与社会》,《金耀基自选集》,上海教育出版社,2002年,第157页。

间。在表现形式上，对社会优先的强调还往往通过"公—私"的对立而加以突出，"公"是超出私人的、指向更大社群的利益的价值。如个人是私、家庭是公；家庭是私，国家是公等。社群的公、国家社稷的公是更大的公，最大的公是天下的公道公平公益，故说"天下为公"。

总之，儒家伦理不是个人本位的，而是在一个向着社群开放的、连续的同心圆结构中展现的，即个人—家庭—国家—世界—自然，从内向外不断拓展，从而使得儒家伦理包含多个向度，确认了人对不同层级的社群所负有的责任。应该指出，中华文明的价值观的结构是多元的，道教、佛教都提供了他们的价值观，成为中华文明价值观的组成部分。但儒家的价值观构成了中华文明价值观的主流，这是无疑的。同时，由于我们的视野关注在全球化时代的东西文化关系，集中于政治和道德价值，这也是我们在这里的讨论往往以儒家为代表而不及其他的理由。

三、与现代西方价值的差异与互补

中国文明的价值与现代西方价值有很大差异。如现代西方自由主义的道德的中心原则是个人的权利优先，人人有权根据自己的价值观从事活动，认为把一种共同的善的观念要求所有的公民，将违背基本的个人自由。而儒家和世界各大宗教伦理则都强调社会共同的善、社会责任、有益公益的美德。"社群"与"个人"、"责任"与"权利"是两种不同的伦理学语言，反映着两种不同的伦理学立场，适用于不同的价值领域。伦理学的社群—责任中心的立场必须明确自己的态度,即它应当在表明赞同自由、人权的同时,不含糊地申明它不赞成权利话语和个人优先的伦理立场。

毫无疑问,我们应当坚持和守护人权宣言中的所有要求,并努力使之实现。但是,这不意味着自由人权是最重要的价值,或伦理仅仅是为个人人权提供支持。应当指出,在伦理问题上,权利话语和权利思维是有局限的,是远远不够的,权利中心的思维的泛化甚至是当今众多问题的根源之一。权利话语又往往联系着个人主义。个人主义的权利优先态度,其基本假定是把个人权利放在第一位,认为个人权利必须优先于集体目标和社会共善。在这样的立场上,个人的义务、责任、美德都很难建立起来。权利优先类型的主张只是强调保障人的消极自由,而不能促进个人对社会公益的重视,不能正视社会公益与个人利益的冲突。社群和责任立场要推进的是建设有积极意义的价值态度。20世纪的中国新儒家梁漱溟以中国文化的代表自任,以"互以对方为重"的责任立场反对以个人主义和权利观念作为人生根本态度,这在本质上也可以说是反对以自由主义作为人生的根本态度和根本的伦理原则。他所主张的是一种儒家的态度,可视为现代中国文明价值观对于权利伦理的一种态度。梁漱溟"以对方为重"的伦理观,或者说由梁漱溟所阐释的儒家伦理,确实具有与突出主体的意识不同,也与"交互主体性"观念不同的意义,是一种以"他者"优先为特征的伦理。在这种伦理中,不仅突出了对他者的承认,也强调了对他者的情谊、义务和尊重,这种尊重不是交换意义上的,而是不讲前提条件的"以对方为重"。

在西方文化的主流理解中，人权是个人面对国家而要求的一种权利。它是每个人都需要的、对其政府提出的道德的和政治的要求。在这里，个人的权利要求即是政府的责任和义务，故人权观念只涉及了政府的责任和应当，却无法界定个人对社会、家庭、他人的义务和责任。这样的权利观念是西方近代以来的自由主义哲学的核心，是近代市场经济和政治民主进程的产物。但由于把焦点集中在个人对社会的要求，往往忽视个人对社会的责任，集中在个人对自己权利的保护，而忽视了个人也具有尊重他人权利的责任。

作为中国文明的核心，儒家伦理的价值，在现代东亚社会有不同的表达形式。例如，新加坡"亚洲价值"的说法即是其中之一。新加坡亚洲价值的提法虽然可能受到有关亚洲文化包括西亚、南亚文化的质疑，不过，按李光耀的解释，他所谓亚洲价值主要是指东亚受儒家文化影响的价值体现。这些"亚洲价值"是东亚传统性与现代性的视界融合中所发展出来的价值态度和原则。这些原则根于东亚文化、宗教和精神传统的历史发展，这些原则又是亚洲在现代化过程中因应世界的挑战，淘除传统不合理的要素，适应亚洲现代性经验所形成的。他所说的亚洲价值被概括为五大原则：一、社会、国家比个人重要；二、国家之本在于家庭；三、国家要尊重个人；四、和谐比冲突有利于维持秩序；五、宗教间应互补、和平共处。[1]

这五项原则中不仅有东亚的传统价值，也有百年来吸收西

---

[1] 吕元礼：《亚洲价值观：新加坡政治的诠释》，江西人民出版社，2002年，第59页。

方文明和建立市场经济、民主政治过程中生长起来的新的价值,如尊重个人。因此,所谓"亚洲价值"并不是说它的价值体系中的所有要素只有亚洲性。现代亚洲的价值与现代西方的价值的不同,不是所有的价值要素都不同,而是价值的结构、序列不同,价值的重心不同。质言之,这是一套非个人主义优先的价值观,是新加坡版本亚洲现代性的价值观,也是新加坡版的现代儒家文明的价值观。其核心,不是个人的自由权利优先,而是族群、社会的利益优先。不是关联各方冲突优先,而是关联各方和谐优先。这种社群利益优先的价值态度,不能用来作压制人权的借口,它要靠民主制度和尊重个人的价值实现人权的保护。与现代西方价值的不同在于,这种价值态度要求个人具有对他人、社群的义务与责任心,这种义务与责任心是与社群的基本共识和共享价值是一致的。当然,新加坡的伦理还不是现代儒家伦理的全部,现代儒家伦理除了强调社群价值和责任,还注重要求人保持传统的美德,认为这种美德既是人性的体现,又是社会普遍利益的升华。这种价值致力于社会和谐之外,也致力于人与人、人与社会、文化与文化、人与自然的共生和谐等。

仁爱原则、礼教精神、责任意识、社群本位都是与个人主义相反的价值立场。由此发展的协同社群、礼教文化、合作政治、王道世界,是当今世界的需要。协同社群突出社群的意义,以对治个人主义;礼教文化突出道德意识,以区别律法主义;合作政治突出合作的政治沟通,以有异于冲突的政治;最后,王道世界是一种与帝国主义强力霸权不同的天下秩序。这四点都以仁为核心,仁是以相互关联、共生和谐为内容的基本原理,是与西方近代主流价值不同的普遍性文化原理。在当今社会它可以与西方现代性价值形成互补。

数年前，我提出了关于价值的"多元普遍性"的问题。我认为，我们必须尝试建立起"多元的普遍性"的观念。美国社会学家罗伯森（Roland Robertson）在其《全球化：社会理论和全球文化》中提出，"普遍主义的特殊化"和"特殊主义的普遍化"是全球化的互补性的双重进程。[①]普遍主义的特殊化，其普遍主义指的是西方首先发展起来的现代经济、政治体制、管理体系和基本价值，这又可称为"全球地方化"。"特殊主义的普遍化"则是指对特殊性的价值和认同越来越具有全球普遍性，只要各民族群体或本土群体放弃各种特殊形式的本质主义，开放地融入全球化过程，其族群文化或地方性知识同样可以获得全球化的普遍意义，这是"地方全球化"。罗伯森的这一说法很有意义，但这种说法对东方文明价值的普遍性意义肯定不足。在我们看来，西方较早地把自己的实现为普遍的，东方则尚处在把自己的地方性实现为普遍性的开始，而精神价值的内在普遍性并不决定于外在实现的程度。东西方精神文明与价值都内在地具有普遍性，这可称为"内在的普遍性"，而内在的普遍性能否实现出来，需要很多外在的、历史的条件，实现出来的则可称为"实现的普遍性"。因此，真正说来，在精神、价值层面，必须承认东西方各文明都具有普遍性，都是普遍主义，只是它们之间互有差别，在不同历史时代实现的程度不同，这就是多元的普遍性。正义、自由、权利、理性个性是普遍

---

① 程光泉主编：《全球化理论谱系》，湖南人民出版社，2002年，第126页。

主义的价值，仁爱、礼教、责任、社群、内心安宁也是普遍主义的价值。梁漱溟早期的《东西文化及其哲学》所致力揭示的正是这个道理。今天，只有建立全球化中的多元普遍性观念，才能使全球所有文化形态都相对化，并使他们平等化。在这个意义上，如果说，在全球化的第一阶段，文化的变迁具有西方化的特征，那么在其第二阶段，则可能是使西方回到西方，使西方文化回到与东方文化相同的相对化地位。在此意义上，相对于西方多元主义立场注重的"承认的政治"（the politics of recognition），在全球化文化关系上我们则强调"承认的文化"，这就是承认文化与文明的多元普遍性，用这样的原则处理不同文化和不同文明的关系。这样的立场自然是世界性的文化多元主义的立场，主张全球文化关系的去中心化和多中心化，即世界性的多元文化主义。

四、对外部世界的想象与态度

中国文明对世界的态度不仅是个人对他人、对身之所在的社群的伦理态度，还包括对于外部世界的文化—政治态度，其中"中华""天下""王道""怀柔"都是其中典型的观念或话语。其中体现的基本观念是，文化高于种族，天下高于国家，大同是世界理想。

在古代中国，"中华"作为一个观念，不是一个国家或一个地域的名称，也不是就族裔血缘而言。"中华"之名指向一文化的集团，因此中国可以退化为夷狄，夷狄可以进化为中国。西周时期，周之同姓鲁国是中华，异姓的齐国也是中华，其标准是以华夏文化之礼乐文化为标准。此后几千年,南北各种族集团混合华夏族,皆称为中华。所以,"中华"的意义是文化的,不是种族的。这表现出,在中国文明中,一般来说,文化的价值远远高于种族意识。

至于"天下"一词,在历史上的使用包含有三种意义。理论上,天下是"普天之下"的地理空间,没有界限,天下即今天所讲的世界,这是第一种。而在实际上,天下一词的使用往往有其界限,如在中国人的使用中,亦常见用来指古代中国天子实际统治、支配的范围,这个意义上的天下即指中国,这是第二种。最后,天下也用来指以中国为中心的同心圆世界与其结构体系,这是第三种。[1] 第一种可见于儒家经典的文献,表达中国人对世界的认知与理想;第二种多见于中国政治的文献,用以处理中国内部的政治管理;第三种多见于中国涉及外部世界的文献,包含了中国关于世界结构秩序的想象。

就第二种而言,天下即中国本部,其地理范围即"九州",这个意义上的天下近于近代的国家。就第三种而言,天下是九州—四海—四荒的结构空间,九州是中心,四海是周边国家所居,四荒是更为辽远的远方世界,这个意义的天下近于世界的秩序。古代的中国,以文明中心自居,认为中心、四海、四荒的文明程度依次递减,而构想并实践了这样一种差序的世界秩序格局。[2] 以明清时代的朝贡体系为例,在这种格局中,中国和周边世界的关系不是对等的,但中国对周边国家只实行"册封的统

---

[1] 渡边信一郎:《中国古代的王权与天下秩序》,中华书局,2008年,第2—9页。
[2] 高明士:《天下秩序与文化圈的探索》,上海古籍出版社,2008年,第23页。

治"和"朝贡的规则",而不干涉当地自主统治者的世系,也不要求直接统治其人民,其人民对中国皇帝没有租税的义务。在这种关系中,中国对周边世界,礼制的形式要求是最重要的,而中国天子不会贪图其土地财富。①

近代中国遭受帝国主义压迫,知识分子有感而发,有人说中国人只知有天下,不知有国家,认为中国人只有世界意识而没有国家意识,希望用这种说法促进人们的国家意识,以建立近代民族国家。还有人说中国人一贯以为在中国之外没有世界,中国即是世界,世界即是中国,认为中国人只有中国意识而没有世界意识。这些说法都不确切,早在中国转型为近代国家以前很久,已经建立了自己的国家认同,只不过这种国家认同与近代民族的国家认同形式有区别。就历史而言,秦汉以来,中国人清楚地了解自己的边界是有限的,《史记》中就已经多处以"中国"和"外国"对举,汉代的人们已清楚认识到中国只是世界之中的一个国家。②

中国文明对外部世界秩序的政治想象和处置态度是以礼治—德治为中心的,这是从其本部事务"道之以德,齐之以礼"延伸出来的。儒家思想指导的对外政策,一般不主张扩土拓边,是以安边为本,和睦邻为贵。③因而其对外部世界的态度,与近代意识形态取向的,或帝国主义的暴力的、反人道的霸权主义国际政

---

① 高明士:《天下秩序与文化圈的探索》,上海古籍出版社,2008年,第26页。
② 姚大力:《变化中的国家认同:对中国国家观念史的研究述评》,《读史的智慧》,复旦大学出版社,2010年,第260页。
③ 虞云国:《古代中国人的周边国族观》,《中华文史论丛》,2009年第1期。

策不同，总体上其宗旨不是武力取向的，而是和睦取向的，这与近代帝国主义以武力占领土地、侵夺财富是根本不同的。自然，在经验事实上，中国历史上也有个别皇帝曾经违背了儒家思想的指导，采取过武力攻伐周边国家的行为，但这是不符合中华文明的主流价值观的，在中国内部也受到批判和反省。

这种世界想象和政策的不同，直接来源于儒家文化对远人世界的态度。《论语·季氏》言："丘也闻有国有家者，不患寡而患不均，不患贫而患不安。盖均无贫，和无寡，安无倾。夫如是，远人不服，则修文德以来之。既来之，则安之。"就是用道德文明和文化吸引远人，并加以安抚。《礼记·中庸》："送往迎来，嘉善而矜不能，所以柔远人也。继绝世，举废国，治乱持危，朝聘以时，厚往而薄来，所以怀诸侯也。"还说："凡为天下国家有九经，曰：修身也，尊贤也，亲亲也，敬大臣也，体群臣也，子庶民也，来百工也，柔远人也，怀诸侯也。修身则道立，尊贤则不惑，亲亲则诸父昆弟不怨，敬大臣则不眩，体群臣则士之报礼重，子庶民则百姓劝，来百工则财用足，柔远人则四方归之，怀诸侯则天下畏之。"怀柔就是用德教的方式对待远人，吸引他们来归服。

事实上，中国文明在西周时代已经奉行这一态度。《左传》襄公十一年："夫乐以安德，义以处之，礼以行之，信以守之，仁以厉之，而后可以殿邦国，同福禄，来远人，所谓乐也。"《周礼·春官宗伯》："以和邦国，以谐万民，以安宾客，以说远人。"这种"宣德化以柔远人"的对外观念在中国文明中是根深蒂固的。古代的中国文明虽然在当时是先进而强势的文明，而傲慢从来不是中国文明崇尚的德行。富而不骄，强而好礼，是中国文明崇尚的德行；强不胁弱，强不犯弱，强而行礼是中国人看重的文明，"众而无义，强而无礼"则不是文明，是不及于文明。

如果把天下作为世界的观念，对于这样一个世界秩序的合理性思考，可见于孟子阐发的有关"王道"世界的思想。孟子对"王道"和"霸道"的区分是："以力假仁者霸，霸必有大国；以德行仁者王，王不待大。"（《孟子·公孙丑上》）"以力服人者，非心服也，力不赡也；以德服人者，中心悦而诚服也。"（《孟子·公孙丑上》）在这样的思想指导之下，"王天下"的仁政和"天下为公""天下大同"的理想打开了在政治—地理结构之外的"天下"的道德向度。

关于中国人的世界意识，需要指出的是，在秦以前，天下作为周王朝的代名词，是高于诸侯国之国的概念，"天下"也代表比"国"更高一级的统一性价值。两周的诸侯国虽然各自为政，但都承认周为封建天下的共主，也都以周文化为共同文化的典范。春秋五霸迭兴，周所代表的超越诸侯国的更大领域的政治边界仍是各国政治意识的重要部分。尽管春秋末期至战国时代周的那种高于"国"的一统性已经渐渐流为形式上的一统性，但这种高于"国"的"天下"观念仍影响着这个时代以及后世的政治想象，如孔子时代礼崩乐坏，但孔子仍坚持"礼乐征伐自天子出"，即应自周天子出；孟子的时代，士的政治视野始终并不限止在诸侯国内，而以王天下为政治目标，"天下"即超越各诸侯国的更大世界。《大学》所代表的观念，也是在"治国"之上还有"平天下"的追求。秦汉时代的中国实行郡县制，在政治体制上天下即国家，国与天下合一，不会追求超过中国的更大政治一统性。

但是，由于在事实上中国之外还有外国，特别是在儒家经典中"天下"大于、高于"国家"，使得人们的政治意识不会终止于"国家"。国家并不是最高的概念，这已经成为中国人的天下观或世界观。[1]在这个意义上，"天下"表达了中国人的世界意识，《礼记·礼运》说"以天下为一家，以中国为一人"，大同的世界是互助友爱、安居乐业、社会平等、国际和平的世界。天下大同的理想即世界大同的理想依然是儒家的理想。

五、追求多样性的和谐

《国语·郑语》记载春秋时代史伯的话："夫和实生物，同则不继。以他平他谓之和，故能丰长而物归之；若以同裨同，尽乃弃矣。故先王以土与金木水火杂，以成百物。是以和五味以调口，刚四支以卫体，和六律以聪耳，正七体以役心，平八索以成人，建九纪以立纯德，合十数以训百体。……夫如是，和之至也。于是乎先王聘后于异姓，求财于有方，择臣取谏工而讲以多物，务和同也。声一无听，物一无文，味一无果，物一不讲。"这种思想认为，不同事物的调和是事物得以产生的根本，相同事物的单纯重复或相加却不能生成。在这个意义上，他者的存在是生成新事物的前提，如五行被认为是五种最基本的元素或材料，五种不同的元素或材料相互结合而生成一切事物，其道理就在于此，这就是"和而不同"的原理。这种反对单一性，认为多元性是繁盛发展的根本的思想，是一种真正的智慧。这种观点强调

---

[1] 赵汀阳：《天下体系》，江苏教育出版社，2005年，第44页。

多元要素的配合、调和、均衡、和谐远远优越于单一性,认为单一性只能阻遏生成发展。《左传·昭公二十年》也记载了春秋后期晏婴关于"和"的思想:"若以水济水,谁能食之?若琴瑟之专一,谁能听之?同之不可也如是。""和如羹焉,水火醯醢盐梅以烹鱼肉,燀之以薪。宰夫和之,齐之以味,济其不及,以泄其过。"不同事物的调和、互补、融合才能生成繁盛的、新的事物。差别性、多样性、他性的存在是事物生长的前提,差别的、多样性的调和才是生生的根本条件。这种辩证的思维在孔子以前已经发展,成为中国哲学固有的崇尚多样性的思想资源,应用于政治、社会、宇宙生成等领域。

至于"和"所具有的和谐的意义,更在中国文明早期便开始发展。《尚书·舜典》记载,帝舜命其乐官要通过诗歌音乐,达到"八音克谐,无相夺伦,神人以和"。这说明古人已了解音乐的和谐作用,并期望歌乐的和谐使人与神能达到一种和谐的关系。春秋时代的人继承了这种思想,也主张通过各种乐声之"和",扩大到了超越人间的"和",即"以和神人"(《国语·周语下》),体现了早期智者对宇宙和谐的向往。古代中国人反复地以声乐之和比喻世界各种事物之间的和谐,从而成为一种普遍的追求,又如《左传·襄公十一年》载晋侯曰:"子教寡人和诸戎狄以正诸华,八年之中,九合诸侯,如乐之和,无所不谐。"中国古人将音乐的和谐作为处理人与人、人与社会、族群与族群、人与天地等关系的模型,对"和"的追求也成为中国文化思想的普遍理想,塑造了中华文明的思维方式、价值取向、审美追求。

这一思想对孔子也产生了重要影响,孔子延续了西周文化对乐的重视,他也主张乐的功能在于"和",认为乐所体现的和谐精神可促进礼的实践和补充礼的作用。孔门弟子所作的《礼记·乐记》说:"乐者,天地之和也;礼者,天地之序也。和故百物皆化,序故群物皆别。"这清楚地显示,人类的和谐在根本上来源于天地的和谐,即自然的和谐。和谐是一切事物的生成原理,没有和谐就没有万物化生,和谐的实现有着深刻的宇宙论的根源。孔子的孙子子思在《礼记·中庸》中提出:"中也者,天下之大本也;和也者,天下之达道也。致中和,天地位焉,万物育焉。"中是中道平衡原理,和是和谐原理,平衡与和谐不仅仅具有人类的意义,更是宇宙普遍的法则,人必须与宇宙一致,奉行平衡与和谐的原则,其结果将不仅是人类社会的繁荣,也必将促进宇宙的发育和秩序。这正是一种所谓关联思维的体现。

把追求永久和谐作为对待外部世界的态度,在中国文明中也是源远流长。《尚书·尧典》提出:"克明俊德,以亲九族。九族既睦,平章百姓。百姓昭明,协和万邦。"以后"协和万邦"便成为中国文明世界观的典范。类似的说法还有"以和邦国,以统百官,以谐万民"(《周礼·天官冢宰》)。孔子早就用"和"作为对外部世界的交往原则,"'柔远能迩,以定我王',平之以和也"(《左传·昭公二十年》)。《周易·乾卦彖辞》说:"首出庶物,万国咸宁。"这也是与协和万邦思想一致的,一个和平共处的世界,是中国文明几千年来持久不断的理想。

汉代以前,受交往的限制,中国还不能明确提出一个无中心的、多文明的、共同体世界的概念。魏晋以后,印度文明与中国文明的交流,特别是佛教从古代印度的东传,使得中国文化不仅吸收了佛教文化，而且在意识中明确了解到在中国文明之外存在着其他的高级文明，这种文明在一些地方甚至高于中国文明。这使得中国人开辟了多元的文明视野，而且中国文明与古代印度文明的交流始终是和平的。由于佛教的传入和发展，各个王朝大都同时支持三教，在中国后来的思想界也流行所谓"三教合一"的口号，表明不同宗教有可能互相融合，从而使宗教战争在中国与外部世界之间不可能发生。这样一个不同文明、多元宗教融合的传统，是古代中国"和而不同"观念的文化实践，也是中国文明至少自唐代以来的重要的处理宗教文化的资源。这都表明，中国文化所追求的和谐是以多样性共存互补为前提的和谐观。

全球化已经使全世界在经济、技术和市场、金融、贸易各个方面密切了相互关联，世界比以往任何时候都更增加了各个领域的相互联系，而人类的处境却并没有因此变得更为美好。冷战结束以后局部的战争并没有停止，巴尔干、非洲、伊拉克、阿富汗，在西方的介入下，战争与混乱交织。全球化潮流所往，南北的差距并没有缩小，发展中国家在全球化中得到的不仅是机会，还有灾难。全球的或地域的共同体建构，虽然迫切，但困难重重。美国的金融海啸显示出市场资本主义的内在危机，而欧洲的财政危机愈演愈烈，使得这一危机更加深重。面对这些问题，使我们相信，仅仅依靠西方现代性价值——自由、民主、法律、权利、市场、个人主义去解决，是不可能的。我们必须开放各种探求，包括重新发掘东亚文明的价值观和世界观，发挥着关联性、交互性伦理，发挥道德和礼意识，使当今这个令人不满意的世界得以改善。

儒家的政治思想与美德政治观①

近来，在历史研究和政治思想史研究中，美德政治（Virtue Politics）与贤能政治（Meritocracy）的话题受到关注，如何从这个角度认识儒学的政治观，值得作进一步的讨论。

一、孔子的美德政治理想

孙中山先生早说过，"政就是众人的事，治就是管理，管理众人的事，便是政治"②。中国古代早在《左传》中就提出"政以治民"（《左传·隐公十一年》），故中山先生的理解与中国传统是有一致处的，也可以说是对古代讲法的一种新的诠释和发展。不过，古代的"治民"往往被理解为管理民人，而不是管理人民的事；不是把人民的事治好，而是把人民治服（民服）。所以，虽然《尚书》中的天民合一、天德合一的思想成为后来儒家政治思想的基础，但商周以来的实际政治运作和施行也习惯地形成了自己的传统，此即"政以治民"。如何治民即是如何为政，它不仅指涉政治运作施行的方法，也包含着对政治本质的理解。简而

---

① 原载于《中国哲学史》，2020年第1期。
② 孙中山：《孙中山选集》，人民出版社，1981年，第692—693页。

言之，政治是对一国之事务的管理，而政治哲学是用哲学的方法论述政治价值及其基础、根源。政治哲学研究何种政治价值值得追求[1]，并以此为标准推动现实政治、进行政治评价，以及以此探寻理想政治生活。政治哲学的观念不仅可以独立地阐述出来，也往往通过政治讨论表现出来。

政治哲学即对政治及其活动的本质进行道德的、价值的反省和界定。儒家政治哲学是中国古代哲学的政治思考的主要部分。儒家政治哲学的这种地位，不仅是因为其作品的数量占了多数，更是因为儒家政治哲学直接影响了，关联着两千年来的中国古代的政治实践，并由此成为中国政治思想主要的规范性传统。

在《论语》中涉及政治的地方不少，尤其是孔子答人"问政"的例子很多。一般来说，"问政"是涉及政治实践和行政举措的提问。自然，问政于孔子，在多数情形之下，是执政者（如季康子或准备从政者子路）对于"如何为政"向孔子提出的发问，而为政即是施政，即从事治理国家人群的事务。在春秋时代，"政"是多层级的，有天子治天下之政，有诸侯国一国之政，有卿大夫一家之政等，随封君等级之不同而异。而为政者可以是封君本人，也可以是协助封君从事于治理民人的卿大夫士。对于这类问政，根据对象的不同，孔子的回答是多样的，即根据问者的特点而给以为政方法的指点。从孔子的这些答"问政"的言辞，可以看出他对政治实践之重点的认知，从中也可以看出他对政治问题的基本思考，以及这些思考后面的根本预设。

---

[1] 燕继荣：《政治学十五讲》，北京大学出版社，2004年，第11页。

孔子政治思想中以下几个论点最具代表性：

第一，"为政以德"：

> 为政以德，譬如北辰居其所而众星拱之。（《论语·为政》）

为政即从事政治的治理与领导，"以德"在字面上可能有两种意义，即道德教化和道德表率。而从整个句子来看，为政以德并不是泛指以道德治理国家，而是特指为政者以自己的道德作为人民的表率，故后句说"譬如北辰居其所而众星拱之"，即为政者能作道德表率，人民自然都会归向为政者，如众星环绕北极星一样。这一句是讲政治德行的意义。

第二，"道之以德"：

> 道之以德，齐之以礼，有耻且格。（《论语·为政》）

道即引导、领导，政治的基本功能就是实现领导，而领导社会和人民的方式是"德"，规范人民的方法是诉诸"礼"。就"道之以德"来说，其宗旨也就是后人所说的"以德治国"。以德治国，主张以道德实现政治领导，在当时有其针对性，那就是反对以刑治国。以政治命令和刑法来治国，势必对人民实行横征暴敛、严刑酷罚，因此以德治国不仅表达了儒家对治国方略的深刻睿见，其背后包含着儒家对人民的关切和爱护，预设了政治要以保障人民的生活温饱、社会的安定平和为目标。有耻且格，则表明孔子对政治的理解中，政治的目标不仅是追求一个有秩序的社会，更重要的是实现一个善的、有道德心的社会。道之以德，应当指推行道德教化，提升人民的道德意识水平，以引导人民的良善行为。这一句是讲道德教化的意义。

第三，以政为正：

> 季康子问政于孔子，孔子对曰："政者，正也。子帅以正，孰敢不正？"（《论语·颜渊》）

首先，"正"是对行为的规范，"政者，正也"是说政治的本质就是规范、管理社会的行为；其次，社会行为的规范，要从君身做起，君帅以正，则民无不正。因此，如果说，"政者，正也"可能是春秋时卿大夫对政治的一般认识，那么孔子则是在此基础上强调君帅以正，进行了创造性的转化。所以，对于"政者，正也"，孔子的理解与以往执政者不同，强调的重点在执政者的正身，于是孔子的"正身"观念在其政治思想显出其突出的重要性。正身是对政治领导者而言，"正其身"比"正其民"更为重要。这一句是强调修身为本的重要。

"政者，正也"，这可以说是以定义形式表达的孔子对"政治"的理解和主张，在孔子思想的表述中并不多见。用"正"来界说"政"，不是定义"政治"的辞典意义，而是一方面体现了他对政治活动本质的认识，另一方面是指点政治实践的关键；一方面是他对西周以来主流政治观念的总结和概括，另一方面是对西周春秋政治理解的发展和转进。《左传》已经有"政以正民"

（《左传·桓公二年》）的提法，代表了当时的主流政治观点，这个说法点出政治是执政者的活动，重视政治与正民的关联，但对如何正民，并未说明。一般认为，此"正"亦即规范、纠正之意，因此，"政以正民"很容易混同于后来法家的命题，法家主张用刑法来管理社会、规范人民，在法家的正民思想里，道德没有任何的地位。早期法家，如《管子》，便认为："以正治国"，甚至也说"政者，正也"（《管子·法法》）。而孔子认为，"正"是指领导者身之正，领导者德行之正，在孔子看来，政治的要点，是执政者发挥其道德表率的作用，以实现和促进整个社会的"正"。所以，在孔子这里，"正"从单纯的政治规范意义，转为道德德行的意义，既代表社会正当的秩序（包括政治秩序），又代表从天子到士大夫的端正德行。孔子把"正"的重点，从"民"转移到执政者之身，这是古代政治思想的重要转变，其中在思想上、观念上预设了孔子对道德领率作用的根本信任，也建立起了政治与道德的根本关联。

众所周知，孔子明确表示反对"道之以政，齐之以刑"的治道，而春秋时代普遍流行的"政以正民"的思想接近于"道之以政"的思想，"政以治民"之"治"也近于这样的意思。把"道之以政"，转变为"道之以德"，这种转变，一方面要求从政治的政令主导转为政治的教化主导，另一方面则要求领导者德行作为表率。故孔子在另一个地方说"其身正，不令而行"，"苟正其身矣，于从政乎何有？不能正其身，如正人何？"（《论语·子路》），通过正身来正民，通过正己来实现正人的目的，正是体现出孔子对"政者，正也"的独特理解和具体说明。因此，这种对政的理解，不是仅仅追求"何为则民服"①，即人民对执政者的简单服从，它实际所追求、所欲实现的，是道德美德对于整个社会的引导作用。"身"在这里是指行为，所以古代也强调"修身"，正是在这个意义上，儒家认为政治应"以修身为本"。"尧舜帅天下以仁，而民从之""君子之德风，小人之德草"。政治的实践，最后要归结到政治领导的美德。

第四，政治美德：

《论语》记载孔子论政治美德的话不少，以下几则有代表性：

曰："恭、宽、信、敏、惠。恭则不侮，宽则得众，信则人任焉，敏则有功，惠则足以使人。"（《论语·阳货》）

子谓子产"有君子之道四焉：其行己也恭，其事上也敬，其养民也惠，其使民也义"。（《论语·公冶长》）

子曰："恭而无礼则劳，慎而无礼则葸，勇而无礼则乱，直而无礼则绞。君子笃于亲，则民兴于仁；故旧不遗，则民不偷。"（《论语·泰伯》）

子张问于孔子曰："何如斯可以从政矣？"子曰："尊五美，屏四恶，斯可以从政矣。"子张曰："何谓五美？"子曰："君子惠而不费，劳而不怨，欲而不贪，泰而不骄，威而不猛。"子张曰："何谓惠而不费？"子曰："因民之所利而利之，斯不亦惠而不费乎！择可劳而劳之，又谁怨？欲仁而得仁，又焉贪？君子无众寡，无小大，无敢慢，斯不亦泰而不

---

① 《论语·为政篇》讲：哀公问曰："何为则民服？"孔子对曰："举直错诸枉，则民服；举枉错诸直，则民不服。"

骄乎！君子正其衣冠，尊其瞻视，俨然人望而畏之，斯不亦威而不猛乎！"（《论语·尧曰》）

这四条，虽然回应的问者不同，但其内容应该是就君主与卿大夫的政治美德而言。春秋时代的卿大夫也是封君，只是其政治等级和占有范围在国君之下。在这个意义上说，这些德行都是统治者的德行。孔子认为，践行这些美德是参加政治的前提，也是取得治理效果的根本。这些主张显示出，孔子的政治观确乎是美德的政治。这种政治观预设了君主的德行对臣下乃至民众的单向感动与模范影响。

由前面所说可见，儒家不强调政治权力的分配和实现，不强调政治制度安排的创新。儒家理想的政治是以美德为基础的政治，强调政治事务不能脱离美德。从西周以来不断强调的政治领导必须务德、宽民的思想，到春秋末期已经渐渐成为政治传统的重要一支，而由儒家自觉地加以发扬。观察孔子在《论语》中对政治问题的意见与评论，可以看出他的政治理解的根本预设，其中重要的核心之点即是"政不离德"。

在孔子看来，对务德的强调，不仅是行政的方法，而且关系到对政治的根本理解，虽然孔子对政治的理解有些是在明言层面上表达出来的，也有一些未在明言层面上表达出来。从政治与道德的关系来看，孔子认为政治是不能脱离道德的，故在这里不存在政治的中立：政治必须以伦理原则为其自身的基础，脱离了伦理，脱离了道德概念，政治将不复为政治，政治必须放在价值的善恶中予以掌握。

政治不仅不能独立于善恶，而且政治是最可能造就大恶的活动。古代中国政治思想以历史经验为基础，特别注重历史世界对暴政、虐政的批判，从而政治的善恶成为最重要的善恶，其标准端在于政府给人民带来什么。国家给人民带来的是痛苦饥寒，则为恶，国家带给人民的是温饱有教，则为善。相对地，君主、政府之骄奢淫逸为恶，克勤克俭为善。此外，还涉及政府能否维护传统和信仰。古代中国特别是儒家的观念中，"政"的概念与欧洲古代"政治是有关国家的事务"相比，更强调政治是与"民"相关的事务。政治是围绕人民生活安排进行的。因此，与马基雅维利"非道德的政治观"相反，在古代儒家则持"道德的政治观"，始终认为政治是有善恶属性的，必须以善恶作为评价的准则，以不断改进政治。政治不能超越道德价值，独立于善恶之外的政治是不存在的，政治社会必须以社会主流的道德信念为依据为基础为保证。如前所说，这种对政治的理解里面有深刻的天道自然法的背景。

总结起来，"道之以德"和"为政以德"是孔子对古代"政以治民"和"政以正民"的重大改造。古代儒家强调政治德行对于政治过程的重要性，认为政治的本质就是道德教化，坚持以美德为政治的基础，以善为政治的目的，以仁贯通于政治的实践，这些在现代社会的政治制度条件下，仍然有其不可忽略的意义。

二、孟子和朱子的批评政治观

孔子的"政者，正也"，只强调了统治者"自正"的一面，只关注君主的德行对臣下的单向感动；而没有正视古代"他正"的一面。所谓他正，即孟子所谓"格君心之非"以正君心，主要是指臣下通过批评帮助君主正心正身。我把这称为与美德政治不同的"批评政治"。

孟子曰："人不足与适也，政不足与间也，惟大人为能格君心之非。君仁莫不仁，君义莫不义，君正莫不正，一正君而国定矣。"（《孟子·离娄上》）这里讲的"一正君"强调的并不是孔子所说的君主的自正，应当是"大人格君心之非"的结果。相比于孔子的美德政治观，孟子很少讲恭宽信敏惠的政治美德，这似乎表明孟子已经对君主的自我正身失去了信心。他所希望的，是君主能够尊重像他这样的贤明臣下的行为劝诫和政策主张。从这一点来看，子思的时代已经出现了这种政治观的转变，如《五行》篇强调闻君子道而知君子道，强调尊贤，都已显示了早期儒家政治观的变化，即不再像孔子一样寄希望于君主的德性修身和正身，而更加关注君主如何尊重并听取贤明臣下提出的君子道，认真尊贤，礼贤下士，这当然也是适应战国时代游士活动大量增加的情势。《五行》篇说："闻君子道，聪也；闻而知之，圣也。……见贤人，明也；见而知之，智也。"我曾指出："这种政治哲学是以闻君子道和见贤人为中心，亦即以闻道和尊贤为中心。《五行》这里所说的闻君子道，更多地指王公的治道，即君子作为统治者的治国之道。尊贤就是要尊敬有德有见的大夫士。圣智说的主要实际意义就是要求国君知贤尊贤敬贤。"[①]《五行》篇的思想虽然也讲了仁义礼智德行的内化，但更在政治上表达了尊贤的主张。尊

---

① 陈来：《竹帛五行与简帛研究》，生活·读书·新知三联书店，2009年，第153—154页。

贤在先秦时代既是对宗法贵族制的否定，也是对它的补充，其中的"贤"也主要是就能力而言。当然，若全面地说，"贤"是美德与能力的结合，"贤人"是美德精英和能力精英的混合。

孔子的主张是美德政治，孟子除了继承了孔子思想，更强调批评政治。孟子到了晚年，已经不再关注、强调君主德行的内化，而全力要求君主接纳他的政策主张和行为劝诫。在这个意义上，可以说，孟子的政治观已经不是狭义的美德政治，而是偏重于士大夫立场的批评政治。虽然孟子也讲过"其身正天下归之"，"家之本在身"（《孟子·离娄上》），"有大人者，正己而物正者也"（《孟子·尽心上》），但其前提已经加入了"惟大人能格君心之非"的批评谏正。如果就君主和百官的互动关系而不是中央决策执行机制而言，后世君主政体的中枢权力结构，正是美德政治和批评政治的双存结构。

古代《大学》在教育上提出以士人修身为先的（理论上包括庶人）"修身、齐家、治国、平天下"的发展顺序，这一顺序也可以说反映了美德政治的逻辑。而汉以后在现实政治中，则不是强调士人修身为先，而是强调君主修身为先。这一君主修身为先原则的应用与其说是美德政治的体现，更不如说是批评政治的基础。所以，董仲舒说："故为人君者，正心以正朝廷，正朝廷以正百官，正百官以正万民，正万民以正四方。"（《春秋繁露·玉英》）这个说法就与《大学》的说法相距甚远了。与孟子一样，董仲舒所言，不再如孔子那样提出君主应当具备的诸项政治美德，而统之以"正心"，这里的正心不是士人的修身，而是君主的正心。虽然正心说看起来仍然是美德政治的要求，但在实际政治中也成为士大夫对君主的合理要求，成为士大夫批评君主的合法权利。而不畏君主发怒、帮助君主正心，乃成为儒家臣子的首要政治义务，成为儒家士大夫的政治美德。这比起孔子的美德政治，在两千年的政治生活中似乎影响更大。

在古代，如孔子，很重视美德政治，但美德政治指向政治统治者，如君主。汉代以后，君主美德的保持或提升，不仅要依靠君主个人的道德修身努力，也需要一种批评约束的政治机制。如宋代的士大夫秉持"正君心"的观念，在奏疏中直接批评君主修身的不力，成为中枢政治不可缺少的环节。宋代大儒的经筵讲书同样起着类似的作用，台谏的政治批评也往往包含这一方面，即美德的劝诫。宋代政治精英具有区别性的结构，此即君主集团和士大夫集团。当然，这是理想型的分析，不代表现实中士大夫是铁板一块，如道德理想派和务实官僚派的区别。无论如何，在一定的制度支撑下，敢于负责地批评政治成为后世士大夫的主要美德，对君主的任性必须形成约束也是儒家政治的基本理念，并落实为一套制度的约束机制。

给予臣下充分的议论国是的批评权利，虽然不能保证君主个人会接受所有批评，但保障了一种政治风气，而士大夫之间对于批评性奏札的交流也加强了士大夫的政治意识，从而发扬了政治主体性。从这个角度来看，儒家的政治观，不仅是美德政治和贤能政治，而且要加上批评政治，前者重自正，后者重他正。孔子强调自正，孟子强调他正。孟子的政治思想显然已经不再主要强调对君主的美德要求，像孔子那样，而是更多地要求君主听取贤者的政策意见。这既是"尊贤"在战国时代特有的政治含义，也是汉唐政治实践中越来越明显的要求。

宋代儒家士大夫上书言事及其体现的政治观，可以朱熹为例。朱熹33岁开始投身政治活动，他给宋孝宗写了奏书，即《壬午封事》，发挥《大学》中所讲"格物、致知、正心、诚意"，认为三纲领八条目不仅是士人的为学方案，也应当是君主的首要要求。他强调，帝王之学，必先格物致知，彻底了解事物的变化，才能精细地辨义理是非，这样才能够意诚心正，才能够应付天下大事（《朱子文集·壬午封事》）。

朱熹34岁时第一次到朝中面见孝宗奏对，对孝宗说，"大学之道，格物以致其知"。他说孝宗有两件事没做到，一是随事以观理，二是即理以应事。随事观理就是格物穷理，格物就是要随事随物，穷理就是观理。即理以应事，就是要了解事物的变化，才能够应付天下的大事。他认为，孝宗没有做好这两件事，所以收不到治国平天下的效果（《朱子文集·癸未奏折》）。宋孝宗听了当然会不高兴。

朱熹50岁时做南康知军，皇帝又诏求直言。朱熹应诏上书奏事，因为这一年是庚子年，所以其封事称为《庚子应诏封事》：

> 臣伏睹三月九日陛下可议臣之奏，申敕监司郡守条具民间利病悉以上闻，无有所隐。臣以布衣诸生蒙被圣恩，待罪偏垒，乃获遭值仁圣求言愿治、不间疏远如此，其敢不悉心竭虑，以塞诏旨？然臣尝病献言者不惟天下国家之大体而毛举细故以为忠，听言者不察天下国家之至计而抉摘隐伏以为明，是以献言虽多，而实无所益于人之国，听言虽广，而

实无以尽天下之美。臣诚不佞，然不敢专以浅意小言仰奉明诏，惟陛下幸于其大者垂听而审行之，则天下幸甚。

臣尝谓天下国家之大务莫大于恤民，而恤民之实在省赋，省赋之实在治军。若夫治军省赋以为恤民之本，则又在夫人君正其心术以立纪纲而已矣。董子所谓"正心以正朝廷，正朝廷以正百官，正百官以正万民，正万民以正四方"，盖谓此也。

……

至于所谓其本在于正心术以立纪纲者，则非臣职之所当及。然天下万事之根本源流有在于是，虽欲避而不言，有不可得者。且臣顷于隆兴初元误蒙召对，盖已略陈其梗概矣。今请昧死复为陛下毕其说焉。

夫所谓纲者，犹网之有纲也；谓纪者，犹丝之有纪也。网无纲，则不能以自张；丝无纪，则不能以自理。故一家则有一家之纲纪，一国则有一国之纲纪。若乃乡总于县，县总于州，州总于诸路，诸路总于台省，台省总于宰相，而宰相兼统众职，以与天子相可否而出政令，此则天下之纲纪也。然而纲纪不能以自立，必人主之心术公平正大、无偏党反侧之私，然后纲纪有所系而立。君心不能以自正，必亲贤臣，远小人，讲明义理之归，闭塞私邪之路，然后乃可得而正也。古先圣王所以立师傅之官，设宾友之位，置谏诤之职，凡以先后纵臾、左右维持，惟恐此心顷刻之间或失其正而已。原其所以然者，诚以天下之本在是，一有不正，则天下万事将无一物得其正者，故不得而不谨也。（《朱子文集·庚子封事》）

在这封上书中，朱熹引用董仲舒的话，又一次讲到了君主正心的重要性，说爱民之本在于皇帝能够正心，皇帝怎样才能爱民呢？先要正心，正了心才能够确立道德和法纪。他还说现在皇帝只亲近一两个小人，受他们的蛊惑，安于私利，所以造成不好的社会局面。他特别引用了董仲舒关于人君正心的话，强调人君正心的根本重要性。他的批评就是要指出君主的问题，来帮助君主正心。

朱熹指出，开放直言的批评建议，在政策上是好的，但在实践中却可能常常出现两种弊病：一个是批评者集中在细节小事上，另一个是被批评者只关注揭发臣下的隐私，这样的情况下，献言虽多，听言虽广，却无益于治国理政。他认为，政治批评应该集中在"人君正其心术以立纪纲"，这才是政治的根本。人君正其心主要是"心术公平正大"，人君立纲纪的关键是"必亲贤臣，远小人"。

淳熙戊申朱熹59岁的时候，皇帝又让他来入都奏事。有人劝朱熹说，"正心诚意"是皇上最不爱听的，这次千万别提这四个字了。朱熹很严肃地说，我平生所学就这四个字，我怎么能不说？我不说就是欺君！他面见孝宗后当面指出：

> 臣诚愚贱，窃为陛下惑之。故尝反覆而思之，无乃燕闲蠖濩之中、虚明应物之地所谓天理者有未纯、所谓人欲者有未尽而然欤？天理有未纯，是以为善常不能充其量，人欲有未尽，是以除恶常不能去其根。为善而不能充其量、除恶而不能去其根，是以虽以一念之顷，而公私邪正、是非得失

之几未尝不朋分角立而交战于其中。故所以体貌大臣者非不厚，而便嬖侧媚之私顾得以深被腹心之寄；所以寤寐豪英者非不切，而柔邪庸缪之辈顾得以久窃廊庙之权；非不乐闻天下之公议正论，而亦有时而不容；非不欲圣天下之谗说殄行，而亦未免于误听；非不欲报复陵庙之仇耻，而或不免于畏怯苟安之计；非不欲爱养生灵之财力，而或未免于叹息愁怨之声。凡若此类，不一而足。是以所用虽不至尽非其人，而亦不能尽得其人；所由虽不至尽非其道，而亦不能尽合其道；规模盖尝小定，而卒至于不定；志气盖尝小立，而卒至于不立。虚度岁月，以至于今，非独不足以致治，而或反足以召乱；非独不可以谋人，而实不足以自守；非独天下之人为陛下惜之，臣知陛下之心亦不能不以此为恨也。(《朱子文集·戊申延和奏札五》)

夏天奏事之后，当年冬天他再上封事，说为人君者心不正的话，天下事无一得正；"道心惟微，人心惟危"；皇帝应该以天理之公战胜人欲之私，进贤退奸、端正纲纪。在《戊申封事》中，他说：

臣之辄以陛下之心为天下之大本者何也？天下之事，千变万化，其端无穷，而无一不本于人主之心者，此自然之理也。故人主之心正，则天下之事无一不出于正；人主之心不正，则天下之事无一得由于正。盖不惟其赏之所劝、刑之所威各随所向，势有不能已者，而其观感之间，风动神速，又有甚焉。是以人主以眇然之身居深宫之中，其心之邪正若不可得而窥者，而其符验之著于外者，常若十目所视、十手所指而不可掩。此大舜所以有"惟精惟一"之戒、孔子所以有"克己复礼"之云，皆所以正吾此心而为天下万事之本也。此心既正，则视明听聪、周旋中礼而身无不正，是以所行无过不及而能执其中，虽以天下之大，而无一人不归吾之仁者。（《朱子文集·戊申封事》）

他认为政治的根本在于"人主之心正"，人主之心正与不正，表面上好像难以证见，但实际上在政治和社会生活中的效验，昭著明显而不可掩盖。人主的一举一动，风动神速，都会立即产生政治的影响和后果。

淳熙己酉60岁时朱熹又准备上封事，后来政情变化，虽然没有寄送出去，但其中仍然表达了他的一贯思想。其《己酉拟上封事》：

> 其一所谓讲学以正心者。臣闻天下之事，其本在于一人，而一人之身，其主在于一心。故人主之心一正，则天下之事无有不正；人主之心一邪，则天下之事无有不邪。如表端而影直，源浊而流污，其理有必然者。是以古先哲王欲明其德于天下者，莫不壹以正心为本。（《朱子文集·己酉拟上封事》）

所以，这个思想在政治上说，与《大学》的"壹是皆以修身为本"不同，政治的根本是人主的修身和正心。儒家士大夫以此为依据，对于君主提出道德的批评，这是古代中国政治的常态。这不仅是一种政治文化，也有着制度的支持。故朱子赞成这样的说法："士大夫以面折廷争为职。"(《朱子语类》卷一三二)

中古以后的美德修身和美德教化，更多指向个人和社会，而不是仅指向君主统治者，这在现代中国也仍然被继续和实践。

古代的政治美德要求甚高，除了它与人生整体追求有关，更主要的是因为当时没有制度依凭来产生这些可欲的政治行为，故只能从美德的修养提出来。而现代社会的一个基本思路就是从政治制度的转型入手，使得在新的制度下可以用制度自身的力量并不费力地导出古代美德所期待的政治行为。如开放各种监督方式和批评方式，朝内大臣和地方官员均可直接对皇帝本人与朝政提出批评。批评成为臣下的主要美德和政治实践的基本操作。虽然批评不等于善政本身，批评也可以成为党同伐异的工具，但掌握得当，的确可以发挥积极作用，特别是臣下对皇帝的异议和对朝政的批评，在这种制度和文化中被保障为政治批评的自由。

应当指出，古代的政治美德未包括近代以来公认的政治价值要素，如作为美德的民主，不一意孤行，注意了解下民之情，不突出个人专断，善于听取不同意见，尊重知识专家。在这个意义上，在当代政治生活中，仅仅传承古典的美德政治和政治美德是不够的，还必须发展新的政治美德。

三、近代西方的两种政治观

为了认识儒家的政治观，我们还可以对比了解西方政治思想史的相关形态。在政治思想史上，文艺复兴时期的意大利被认为以"美德政治"为主导，亦称为政治人文主义，或称公民人文主义或共和人文主义。古典共和思想的一个突出特色是强调"公民美德"，即关心公共事务和公共目标，克制私欲以服从公益。意大利共和人文主义的思想根源于西塞罗，代表人物为拉蒂尼。这种思想主张通过提高政治精英的德性和品质来提高政治治理的质量，鼓励精英进行人文主义的研究，特别是对道德和道德哲学的研究，在诗歌和历史文本中赞扬德性与好统治者，以强调美德的重要性。这些与儒家文化思想相当接近。文艺复兴时期的人文主义承认法律的重要性，但与注重通过法律制度措施来改变治理的思想有很大的分歧。不仅人文主义的政治观与儒家相接近，人文主义与立宪主义的斗争也类似于先秦时期的儒法之争。

近代欧洲政治思想的变化集中体现在文艺复兴时期的意大利。16—17世纪的意大利，政治话语经历了一个巨大转变。在此以前，古典的主张、观念认为政治是建立好政府的高尚艺术，即依赖正义和理性统治共和国的艺术；而17世纪以后，国家理由占了上风，政治被认为只是建立好政府的手段，政治意味着国家理由和法律统治的技巧和手段。[1]在早期近代的意大利，共和国的艺术是维护全体公民的共和国，而国家的技巧是维护某个人或某些人的国家。拉蒂尼主张"政治之善"，他主张，政治的目标必须通过正义和理性来实现，而在拉特若的《论国家理由》中，"国家理由"的目的可以通过任何手段来实现。前者是传统

---

[1] ［意］莫瑞兹奥·维罗里：《从善的政治到国家理由》，吉林人民出版社，2011年，第1页。

政治话语的核心,后者后来成为新政治话语的核心。[①]"理性"指西塞罗的理性,体现公正的普适原则,而在国家理由中,理性是从工具意义而言,意味着权衡各种保卫国家的手段的能力。[②]圭恰蒂尼、马基雅维利皆步此种国家理由说的后尘。自然,共和国也是国家,在处理与其他国家关系时,也需要使用国家理由及其手段,用非正义的手段应对非正义的战争以及镇压叛乱。马基雅维利和圭恰蒂尼明确阐述统治者必须具备"政治之善"和"国家理由"两方面。[③]政治理由为全体人民的城市共和国服务,国家理由为某个君主服务。在早期近代的意大利进程中,自由的城市共和国被君主国和暴政所取代,政治之善的话语被国家理由的话语所排挤。

在13世纪亚里士多德的《政治学》扩散之前,西塞罗的政治美德传统和古罗马人的公民智慧已经成了一套广被认可的政治话语。直到15世纪,西塞罗的传统和古罗马的公民智慧仍然是传统政治观的主要部分。[④]当圭恰蒂尼在《佛罗伦萨政体的对话》中引入"国家理由"这个概念时,其意图是告诫西塞罗学说的信奉者:正义不足以维护共和国的存在,而通过国家理由这一理性观念,使得发动非正义战争、不公正地对待公民、将公共制度用于个人目的,都获得某种合法性。而在政治之善的话语中,这些都

---

① [意] 莫瑞兹奥·维罗里:《从善的政治到国家理由》,吉林人民出版社,2011年,第2页。
② 同上,第3页。
③ [意] 莫瑞兹奥·维罗里:《从善的政治到国家理由》,第5页。
④ 同上,第6页。

是与理性背道而驰的。①

对比儒家来看，《孟子》中有：

> 鲁欲使乐正子为政。孟子曰："吾闻之，喜而不寐。"公孙丑曰："乐正子强乎？"曰："否。""有知虑乎？"曰："否。""多闻识乎？"曰："否。""然则奚为喜而不寐。"曰："其为人也好善。""好善足乎？"曰："好善优于天下，而况鲁国乎？夫苟好善，则四海之内，皆将轻千里而来告之以善。夫苟不好善，则人将曰：'訑訑，予既已知之矣。'訑訑之声音颜色，距人于千里之外。士止于千里之外，则谗谄面谀之人至矣。与谗谄面谀之人居，国欲治，可得乎？"（《孟子·告子下》）

孟子所欣赏的"为政"是"好善优于天下"之政，可见孟子的政治思想也属于"政治之善"。政治人文主义所主张的正义和理性，在孟子则称为"道"，合于仁义与人性为"得道"，不合于仁义与人性为"失道"。在这个意义上说，孔孟的政治思想都属于政治人文主义。《大学》所说的"至善"，明显是包含着追求治国平天下的至善。《大学》说："国无以为宝，惟善以为宝。""国不以利为利，以义为利也。""未有好义其事不终者也。"治国以善为宝，以义为利，以善义为治理国家的根本原则。按其逻辑，国与国的关系亦应以"絜矩之道"为处理原则。可见，儒家也讲国家目标，但不是从实际利益来讲国家目标与理由，而是主张国家以道义至

---

① ［意］莫瑞兹奥·维罗里：《从善的政治到国家理由》，第7页。

善的价值为目标为理由,这与意大利现实主义政治观是相反的。

如果就"美德"作为问题意识而言,除了西塞罗的传统,罗马帝国的波爱修斯,以"美德"与"命运"相对抗,也留给后世深远的影响。希腊的arete和罗马的virtus经过发展都有了优秀品德的意义,[①]美德于是成为核心的概念话语。德性用来抵抗命运,即人不能预测也不能控制的环境,[②]对波爱修斯传统的思想家来说,"德性"是好人用来型塑自身的"命运",公民人文主义将好人等同于好公民,把德行政治化,使之不能离开别人的美德。[③]即使到了马基雅维利仍然在这两极中运作。相比之下,同样重视美德,孔子的思想具有德性与命运一致之意,如《论语》记载,孔子曰:

"天生德于予,桓魋其如予何?"(《论语·述而》)

子畏于匡。曰:"文王既没,文不在兹乎?天之将丧斯文也,后死者不得与于斯文也;天之未丧斯文也,匡人其如予何?"(《论语·子罕》)

孟子对美德与命运关系的处理有所不同。孟子认为,美德的追求根于人的本性,这种追求的意志不受命运即环境的影响。顺命知命与美德的追求没有冲突。对孟子而言,命更多关联的是外在幸福,而外在幸福能否得到,不是君子所关注的,君子将顺命之自然,这就是"求之有道,得之有命"。

[①] [英] J. G. A. 波考克:《马基雅维利时刻》,译林出版社,2013年,第40页。
[②] 同上,第95页。
[③] 同上,第167页。

中世纪的意大利，政治美德传统的复兴是和11—12世纪自由城市共和国为经验和历史背景的，而西塞罗关于政治美德的传统是意大利城市共和国思想的基本组成部分。① 如马克布乌斯发扬了西塞罗共和国的诠释，认为城市共和国的统治者必须具有政治美德"谨慎""节制""正义"，具有政治美德才能使普通人成为统治城市的政治人，这是古代西塞罗的传统。他还提出了对美德的四重划分：政治美德、自省的美德、纯洁思想的美德、榜样的美德。政治美德的传统在中世纪发挥了巨大的影响。② 先秦儒学提出的政治美德也很多，与西塞罗的传统有可比之处，西塞罗传统对政治美德和政治人的关系的看法也与儒家接近。

通过中世纪对亚里士多德尼各马可伦理学的诠释，阿奎那接纳了亚里士多德的观念"政治学追求道德"③，在他看来，亚里士多德正确地将政治从审慎（prudence）中区别出来，审慎是统治自己的艺术，而政治学研究如何统治众人。儒家则认为，统治自己和统治众人虽然不同，但二者有一致性，修己和治人是连接一体的。中世纪的学者认为，君主必须有完美的德性，并且显示出所有这些美德，而不是其中的一部分。如吉尔强调，他像塞内卡一样，把审慎放在首位，认为正义比虔诚和节制更重要。他详尽叙述了君主必须拥有的美德，审慎、正义、虔诚、节制、宽宏、闲适、温顺、诚实、慈祥、和蔼。④ 西塞罗传统中君主仅凭政治

---

① ［意］莫瑞兹奥·维罗里：《从善的政治到国家理由》，第11页。
② 同上，第16页。
③ 同上，第28页。
④ 同上，第32页。

美德就可以获得永久幸福，而经院哲学家认为君主必须在内心皈依上帝、献身上帝，才能获得永久幸福，[1]他不仅要审慎，还必须培养仁慈的美德，像上帝那样。无论如何，增加了仁慈的美德表更加接近于儒家的美德表了。

关于意大利人文主义者美德思想的人论基础，斯金纳的《近代政治思想的基础》也作了很多论述。其书第四章"佛罗伦萨文艺复兴"第一节"古典价值的回复"中，叙述了14世纪初佛罗伦萨人文主义者在修道院图书馆查找古典作家的著作，发现了古代最伟大天才的西塞罗的一些著作和讲演集，彼特拉克等人文主义者成为西塞罗思想的热烈拥护者，从而改变了人们对教育的宗旨和内容、人的特征、能力、生活目标的看法，确立了西塞罗式的"美德"观念。[2]然后，他又在第四章的下一节"美德的概念"中叙述了这个时代美德概念的中心地位和影响。按其叙述，人文主义者接受了西塞罗美德概念的基本假设，即人性和教育的理念，后者是指用何种课程培养出真正具有美德的人，在给王公和绅士指引正确的教育科目和课程中得到体现。[3]中世纪不曾有这种关于人性和能力的可能性，人可能拥有若干具体的美德，但只有上帝才能具有完善的美德，如果一个人想依靠自己的努力追求美德或人的全面杰出，就是傲慢和错误的。[4]彼特拉克及其弟子们否定了奥古斯丁关于人的堕落本性的假设，认为真正的美德可能具

---

[1] [意]莫瑞兹奥·维罗里：《从善的政治到国家理由》，第35页。
[2] [英]昆廷·斯金纳：《近代政治思想的基础》，商务印书馆，2002年，第145页。
[3] 同上，第148页。
[4] 同上，第150页。

备，人须尽最大努力具备美德，坚持认为人有力量获得崇高的美德，从而创造了一种最具特色的文艺复兴道德思想——一种致力赞颂"人的美德和尊严"的道德思想。①这些关乎人性的看法与孟子的人性思想是一致的，正是古代儒学人性论的根本特色。由于人有能力达到这样的美德，就有责任以追求美德作为他们一生的主要目标。人文主义承认，他们对人性的看法即对个人自由和力量的乐观看法，认为美德是一种创造性的社会力量，能够左右自己的命运，改造社会世界。②至于美德的内容，其中最重要的是，"公道、平等、自由、和爱"。还需要一些美德支持我们对待生活逆境，包括"坚定不移、持之以恒、坚忍不拔、强而有力"，如果说这些是亚里士多德的美德，他们和先秦儒学如在《儒行篇》所呈现的美德是相同的。

马基雅维利明确抛弃了公民人文主义的话语，他否认政治是维护善的共和国的艺术，强调政治的目的是追求权力，政治人不可能是古典式的贤人。人们一致认为他将高尚从人类技艺转变为暴政的手段，③也有人认为，西塞罗传统的公民人文主义是"古代的"，而马基雅维利的新传统是"现代的"；前者是要维护公共社会和公共权利，后者是少数人的技巧为自己的利益进行统治。④技巧即是术，即维护和加强君主地位的权术。马基雅维利猛烈批判共和人文主义和古典的西塞罗传统，如西塞罗坚持诚信优先于

---

① [英] 昆廷·斯金纳：《近代政治思想的基础》，商务印书馆，2002年，第153页。
② 同上。
③ [意] 莫瑞兹奥·维罗里：《从善的政治到国家理由》，第134页。
④ 同上，第135页。

权宜之计，但是主张权术者认为，在外交事务中，遵守诚信是没有意义的。^①马基雅维利的《君主论》中写道，明智的君主在诚信将伤害自己时，就不能，也不该信守诺言。^②

16世纪最初几十年的意大利，亦可称为现代性的起点时刻。在当时的意大利，亦即马基雅维利时代的佛罗伦萨思想，"美德"与"命运"是从古罗马时代承继下来的主题，德性是用来抵抗恶毒命运的。而马基雅维利拒绝了这个传统，他对德性作了重新解释：德性决不能理解为国家为之存在的东西，相反，德性仅仅为了国家理由而存在。政治生活不受制于德性，囿于德性便无法建立维护政治社会。^③施特劳斯认为这是现代性的第一次浪潮。

传统政治话语除了公民道德，还赞颂和谐，将之视为政治智慧的必要基础，指出为了享有政治智慧我们必须全力维护和谐和平。马基雅维利则强调，社会冲突是不可避免的，而且对于维护社会自由是大有裨益的。^④马基雅维利提供的是与美德政治相反的权术政治，可以从反面衬托出美德政治的价值意义。让我们来看施特劳斯《关于马基雅维利的思考》一书《引言》的一段：

> 希冀牢固占有他国领土的君主们，应该对这些领土原来的统治者，满门抄斩；君主们应该杀掉他们的敌手，而不没收他们的财产，因为蒙受掠夺的人，可以图谋复仇，而那些

---

① ［意］莫瑞兹奥·维罗里：《从善的政治到国家理由》，第139页。
② 同上，第150页。
③ ［德］施特劳斯：《现代性的三次浪潮》，载《西方现代性的曲折与展开》，吉林人民出版社，2005年，第87页。
④ ［意］莫瑞兹奥·维罗里：《从善的政治到国家理由》，第160页。

已被铲除掉的人，则不可能这样做了；人们对于谋杀他们的父亲，与丧失他们的祖传财产相比，忘却的更快；真正的慷慨宽容在于，对于自己的财产吝啬小气，对于他人的所有物慷慨大方；导致福祉的不是德行，而是对于德行和邪恶加以审慎的运用；加害于人的时候，应该坏事做尽，这样对伤害的品味瞬息即逝，伤害带来的痛苦也就比较轻；而施惠于人的时候，则应该细水长流，一点一点底赐予，这样恩惠就会被人更为深刻地感受到。一个得胜凯旋的将军，如果惧怕他的君主可能会鸟尽弓藏、恩将仇报，那就可以先下手为强，揭竿而起、发起叛乱。①

马基雅维利的思想可以概括为"为了达到目的，可以不择手段"的原则，儒家则相反，孟子主张"交邻国有道""其交也有道"，这个道是先王之道，以仁智为首，也是道德之道。孟子把这一尧舜之道称为"王道"，与"霸道"相对。与儒家"道德的政治"相比，马基雅维利乃是"非道德的政治"，也是"霸道"的代表。在他看来，德行不是目标，而是实现国家利益的手段；"善"并不永远和国家福祉一致。现实世界的国家目标是全然不顾善恶是非，对他国寻求霸权，和财富、势力的扩张。②遵守社会法则是必要的，但触犯这些行为准则不亚于遵守那些准则的需要。③他认为，确实有人具有忠诚仁慈的美德，但这种人若要委以重任，

---

① [德] 施特劳斯：《关于马基雅维利的思考》，译林出版社，2003年，引言第1页。
② 同上，正文第408页。
③ 同上，正文第423页。

就可能对公共利益构成威胁，如导致私人势力的培植，会使国家暴露在趋于卑微猥琐的危险。① 马基雅维利否定了美德德性，而鼓吹有益本国国家目标的德行。

19世纪以来，我们在西方帝国主义、殖民主义的对外活动中，处处可以看到马基雅维利的影子，只追求本国利益目标，全然不顾国际正义，蔑视世界秩序；在国与国关系中，抛弃政治美德，奉行强力霸权。如果这是现代性的一种内涵，那么必须发扬古典的政治美德，坚决否弃这种政治恶德，对现代性深加反思，人类命运共同体的理想才有可能实现。这在今天的逆全球化时刻，具有特别重要的意义。

由以上论述可知，以美德政治为古代中国政治特色，就刻画传统中国政治而言是不充分的，必须同时强调批评政治，才能反映古代中国政治与传统的实际。而美德政治若就国与国关系而言，则其中包含的王道价值，仍应当是现代国际关系的基本原则，值得发扬，以抵抗马基雅维利式的霸道横行。

---

① [德] 施特劳斯：《关于马基雅维利的思考》，译林出版社，2003年，正文第411页。

孔子思想的道德力量[1]

孔子与其所创立的儒学是中华文化的主干和主体部分，并且长期居于主导地位。孔子与儒学奠定了中华文化的核心价值，对于中华文明的传承和发展产生了深刻的影响。孔子与儒学在塑造中华文化及其精神方面起了不可替代的作用。因而，在历史上，尤其是近代以来，孔子已经在相当程度上成为中华文化的标志。

孔子思想最重要的作用是确立了中国文化的价值理性，奠立了中华文明的道德基础，塑造了中国文化的价值观，赋予了中国文化基本的道德精神和道德力量，使儒家文明成为"道德的文明"。中国在历史上被称为"礼义之邦"就是突出了这个文明国家具有成熟的道德文明，而且这一成熟的道德文明成为这个国家整体文化的突出特征，道德力量成为中华文明的最突出的软实力，这一切都是来源于孔子与儒学的道德塑造力量。那么，孔子思想中的哪些内容在中华文明中发挥了以上所说的作用呢？

崇 德

"崇德"是孔子的原话，见于《论语》，亦见于《尚书·武成》

---

[1] 原载于《道德与文明》，2016年第1期。

篇"惇信明义，崇德报功"，但《武成》篇的成书时代可能稍晚。自西周以来，中国文化已经开始不断发展重视"德"的倾向，孔子在此基础上，更加强调"德"的重要性。孔子思想中处处体现了"崇德"的精神。崇德就是把道德置于首要的地位，在任何事情上皆是如此，无论政治、外交、内政，还是个人，都要以道德价值作为处理和评价事务的根本立场，对人对事都须先从道德的角度加以审视，坚持道德重于一切的态度。如在治国理政方面，孔子强调："道之以政，齐之以刑，民免而无耻。道之以德，齐之以礼，有耻且格。"（《论语·为政》）就是说，用政令领导国家，人民可以服从但没有道德心；用道德和礼俗来领导国家，人民乐于服从而且有道德心。孔子不相信强力、暴力能成为治理国家的根本原则，孔子的理想是用道德的、文化的力量，用非暴力、非法律的形式实现对国家、社会的管理和领导。孔子的这一思想也就是"以德治国"。这是孔子"崇德"精神最明显的例子。事实上，无论涉及国家、社会，还是涉及个人，孔子对道德理想、道德政治、道德美德、道德人格、道德修养的论述，处处都体现了崇德的精神，并成为中国文化的道德基础。为了方便，以下我们只从仁、义、中、和四个基本观念入手，来呈现孔子道德思想的主要特征。

贵　仁

在《论语》中，孔子一百多次谈到"仁"。仁是孔子谈论最多、最重视的道德概念，因此战国末期的思想界已经把孔子的思想归结为"孔子贵仁"(《吕氏春秋·审分览》)。贵仁是指孔子在诸多的道德概念中最重视仁,仁是孔子思想中最重要的伦理原则,是孔子思想中最高的美德,也是孔子的社会理想。仁的性质是仁慈大爱,仁在孔子也是全德之称,代表了所有的德行,仁在儒家思想中又代表了最高的精神境界。在中华文明的发展中,仁成为中华文明核心价值的首要道德概念。仁的含义可见于《论语》中最著名的例子:"樊迟问仁,子曰爱人。"(《论语·颜渊》)孔子重视家庭伦理,但在家庭伦理的基础上,又提出了普遍的人际伦理"仁者爱人",把仁设定为社会文化的普适价值。仁有多重表现形式,在伦理上是大爱、慈惠、能恕,在情感上是恻隐、不忍、同情,在价值上是关怀、宽容、和谐,在行为上是和平、共生、互助、扶弱以及珍爱生命、善待万物等。同时,仁是孔子和儒家思想的核心,仁爱为道德之首,在2500年以来的历史中业已成为中华文明的道德精神的最集中表达。

孔子不仅突出了仁的重要性,而且把仁展开为两方面的实践原理,即"己所不欲,勿施于人"(《论语·卫灵公》)和"己欲立而立人,己欲达而达人"(《论语·雍也》)。前者亦称为恕,后者亦称为忠。孔子说忠恕便是他的一贯之道。从恕来说,自己所不想要的,决不要施加给别人。从忠来说,自己要发展、幸福,也要使他人发展、幸福。孔子不主张"己之所欲,必施于人",即自己认为是好的,一定要施加给别人。这就避免了强加于人的霸权心态和行为。中国现代新儒家思想家梁漱溟提出,儒家伦理就是"互以对方为重",以此来说明忠恕之道的伦理态度,就是说,儒家伦理的出发点是尊重对方的需要,而不是把他者作为自我的实现对象。儒家伦理不是突出自我，而是突出他者；坚持他者优先，他者先于自我，这是仁的伦理出发点。20世纪90年代以来，"己所不欲，勿施于人"已经被确认为世界伦理的金律，而在中华文明2500年以来的发展历程中，孔子仁学的这一教诲早已深入人心，化为中华文明的道德精神。

尊　义

在孔子看来，处理"义"和"利"的关系是人类文明永恒的道德主题。他说，"君子喻于义，小人喻于利"（《论语·里仁》）；又说"君子义以为上"（《论语·阳货》）。《礼记·坊记》引孔子说"忘义而争利，以亡其身"。孟子尤其重视义利之辨，汉代大儒董仲舒明确强调儒家义的立场与功利追求的对立：正其义不谋其利，明其道不计其功。这里的义都是指道德原则，利是指功利原则及私利要求。孔子坚持认为，君子即道德高尚的人，其特征和品质是尊义、明义，任何时候都以义为上、为先，坚持道义高于功利。他把追逐功利看作小人的本质，提出争利必亡，"见利而让，义也"（《礼记·乐记》）的道德信念。这种义利之辨不仅是崇德的一种体现，更具体地影响了中国文化的价值偏好。在儒家思想中，义与利的这种关系，不仅适用于个人，也适用于社会、国家。孔子的儒学主张"国不以利为利，以义为利"（《大学》），即国家不能只追逐财富利益，而应该把对道义的追求看作最根本的利益。现代化的过程，在极大促进了人类生产力的同时，也在相当程度上破坏了传统义—利的平衡，使社会文化向着工具—功利的一边片面发展,孔子的这一思想可以对现代社会文化的发展偏向形成一种制约。

"义"不仅在一般意义上指道德原则,在孔子以及孔子之后的儒学中"义"还被赋予了"正义"的规范含义。"仁以爱之,义以正之""仁近于乐,义近于礼"(《礼记·乐记》),便突出了义的这种规范意义。孔子弟子子思的学生孟子将仁义并提,把"义"提高到与"仁"并立的地位,使得此后"仁义"成为儒学中最突出的道德价值。在儒学中"义"的正义含义,强调对善恶是非要做出明确的区分判断,对惩恶扬善下果断的决心。义不仅是个人的德性,也是社会的价值。就现实世界而言,仁导向社会和谐,义导向社会正义;仁导向世界和平,义导向国际正义,二者缺一不可。

守 中

孔子很重视"中庸"。中的本意是不偏不倚。中的一个意义是"时中",指对道德原则的把握要随时代环境变化而调整,从而达到无时不中,避免道德原则与时代脱节,使道德原则的应用实践能与时代环境的变化相协调,避免道德准则的固化僵化。"庸"是注重变中有常,庸即是不变之常。尽管时代环境不断变化,尽管人要不断适应时代环境变化,道德生活中终归有一些不随时代移易的普遍原则。"中"就代表了这样的普世原则,这是孔子中庸思想更加强调的一面。

中庸思想更受关注的意义是反对"过"和"不及"。《论语》

中说"过犹不及"(《论语·先进》),始终主张以中庸排斥极端。《中庸》说"智者过之,愚者不及也""贤者过之,不肖者不及也",有智慧的人和有道德的人容易犯的错误是"过",而愚人、小人容易犯的过失是"不及"。孔子主张"执其两端用其中","中立而不倚"(《中庸》)。不倚就是不偏向过之或不及任何一个极端。所以,中即是不偏、不倚。虽然,人类实践中的偏倚是难以避免的,但中庸的思想总是提醒我们注意每一时代社会的两种极端主张,力求不走极端,避免极端,不断调整以接近中道。由于极端往往是少数者的主张,因此中道才必然是符合大多数人民要求的选择。孔子弟子子思所作的《中庸》中,不仅把中庸作为实践方法,同时强调中庸具有道德价值,认为中庸是道德君子才能掌握的德性,这与亚里士多德是一致的。事实上,道德上的差失无非都是对道德原则过或不及的偏离,这种中道思想和中庸之德赋予了儒家与中华文明以稳健的性格。在中华文明的历史上,在儒家思想所主导的时代,都不曾发生极端政策的失误,这体现了中庸价值的内在引导和约束。

尚　和

早在孔子之前和孔子同时代的智者,都曾提出了"和同之辩",强调"和"与"同"的不同。和是不同事物的调和,同是单一事物的重复;和是不同元素的和谐相合,同是单纯的同一。这些和同之辩的讨论都主张和优于同,和合优于单一,认为差别性、多样性是事物发展的前提,不同事物的配合、调和是事物发展的根本条件，崇尚多样性，反对单一性。因为单一性往往是强迫的同一，而和合、调和意味着对差异和多样性的包容、宽容，这也正是民主的基础。

孔子正式提出"君子和而不同，小人同而不和"（《论语·子路》），还提出"和为贵"（《论语·学而》）。"和而不同"的思想既肯定差别，又注重和谐，在差别的基础上寻求和谐，这比早期的和同之辩更进了一步。孔子还认为，和是君子的胸怀、气度、境界。孔子追求的和也是建立在多样性共存基础上的和谐观。

儒家经典《尚书》已经提出"协和万邦"，"以和邦国"，奠定了中华文明世界观的交往典范。孔子以后，在"和合"观念的基础上，"和"的和谐意义更为突出。以和谐取代冲突，追求一个和平共处的世界是中华文明数千年来持久不断的理想。六十年前的万隆会议及其所形成的和平共处五项原则的共识，中国曾积极参与其中，从中可以看到中华文明基本价值在当代中国的影响。国家间的和平共处是人类的普遍理想。孔子与儒家思想关于与外部世界关系的主张，其基本特征是尚文不尚武，尚柔不尚勇。孔子主张对于远方的世界应"修文德以来之"（《论语·季氏》），就是主张发展文化价值和软实力来吸引外部世界建立友好关系。

21世纪中国领导人的演讲，以自强不息、以民为本、以德治国、以和为贵、协和万邦为核心，自觉地汲取中国文化的主流价值资源，正面宣示对中国文明的承继，用以解释中国政策的文化背景，呈现中国的未来方向。以"和谐社会"为中心的国内政治理念和口号，也体现着类似的努力，即探求以中国文化为基础来构建共同价值观、巩固国家的凝聚力，建设社会的精神文明。大量、积极地运用中国文化的资源以重建和巩固政治合法性，已经成为21世纪初中国领导人的特色。放眼未来，这种顺应时代的发展只会增强，不会减弱。2013年11月下旬，习近平总书记以党和国家领导人的身份到访曲阜和孔府，并发表重要讲话，这是中国共产党执政以来的第一次，具有重要的象征意义。选择在曲阜发表有关中华文化和孔子儒学的讲话，明确强调继承中华文化和儒家文化的优秀传统，弘扬儒家的美德和价值观，表明了对孔子与儒家思想的道德力量的深刻认识。习近平总书记在2014年孔子诞辰2565周年纪念大会等讲话中指出，孔子和儒家的思想"蕴藏着解决当代人类面临的难题的重要启示"，肯定其中含有超越时空、跨越国度、有当代价值和永恒魅力的部分。这些都是中国国家领导人在文化与价值引领方面所作的重大宣示，显示出孔子及其思想不仅对当代中国有重要的意义，对未来中国的发展也将继续发挥重要的影响。因此，"中国梦"内在地含有道德追求的目标，这是不可忽视的。21世纪中国的复兴必然同时是其固有的中华文明的复兴和发展，在孔子和儒家传统及核心价值的影响下，对富强的追求并不是当代中国发展的全部，对道德文明与世界和平的追求将永远是中国发展的目标价值。

孟子政治思想的现代价值和意义[①]

习近平总书记在中共中央政治局第十三次集体学习时强调,要认真汲取中华优秀传统文化的思想精华和道德精髓,大力弘扬以爱国主义为核心的民族精神和以改革创新为核心的时代精神,深入挖掘和阐发中华优秀传统文化讲仁爱、重民本、守诚信、崇正义、尚和合、求大同的时代价值,使中华优秀传统文化成为涵养社会主义核心价值观的重要源泉。中华优秀传统文化的时代价值中,第一条是讲仁爱,第二条是重民本,这两条恰恰与孟子思想有着特别直接的关系。孟子思想能够为涵养社会主义核心价值观提供两个最直接的、最重要的基础,即"讲仁爱"和"重民本"。孟子讲仁爱的重点已经不是放在个人的道德修身层面,而是把其扩大到一个社会的价值层面。"以民为本"是孟子全部政治思想的核心和基点,它本身就是目的,而非手段,对民众的同情也就成了最基本和最重要的道德价值。今天讲孟子政治思想的现代价值和意义,值得特别关注的,我认为有以下四个方面。

---

① 原载于《海岱学刊》,2022年第1期。

一、辨义利

据《孟子》开篇《梁惠王上》载,孟子见梁惠王,梁惠王跟孟子说,老先生,你不远千里而来,给我们带来什么利益?孟子说:"王何必曰利?亦有仁义而已矣。"孟子认为,如果一个国家的各级领导都只是追求怎么对自己有利,如果一个社会是"上下交征利",那么这个国家、这个社会就非常危险。孟子最后得出的结论是"苟为后义而先利,不夺不餍"。就是说,一个国家或者一个社会,它不能先利而后义,如果是先利后义,或者是后义而先利,只能导致利害争夺。所以,从价值观来讲,只有倡导先义而后利,这个国家才能够有序生存。这就是义利之辨,要辨别义利、辨明义利,把义和利的关系搞清楚。

党的十八大以来,我们看这个问题更清楚了,辨义利的问题,就是价值观的问题。在古代,我们很早就碰到价值观建设的问题。当时社会上比较流行的主张,就是后义而先利。孟子的主张跟流俗不同,坚持一定要先义而后利。这涉及一个社会的价值观如何确立的问题。社会中每个人当然可以有他自己的价值观,可是从治国理政的角度,一个国家、一个社会的主流价值观和基本价值观必须正确确立。所以,一个人可以奉行他自己的价值观,但是一个国家、一个社会一定要确立一个主流的价值观,而这个主流价值观的核心就是辨明义利,要对义和利的关系有一个明确的认识。孟子的思想是很突出的,就是一个人也好,一个国家也好,必须反对唯利是图,在义和利发生冲突的时候,必须要坚持以义为先,以义为上。孔子已经讲了,"君子义以为上"(《论语·阳货》)。"义以为上",就是在一切事情上,义和利发生冲突的时候,要坚持道义优先原则。当然,在孔子那里,义与利的紧张关系并不凸显,且多是就个人修养而言,未彰显其对文明社会、对国家的影响。孟子则突出强调了"仁义"优先原则对君主修养、文明国家价值观建设的重要性。

孟子强烈反对后义而先利,强调先义而后利。类似地,荀子也明确讲"先义而后利者荣"(《荀子·荣辱》),这个主张可以看作对孟子义利之辨的一种继承,也是对孟子另一句话的发展,即孟子讲过的"仁则荣,不仁则辱"(《孟子·公孙丑上》)。荣辱观也就是价值观,我们十几年前也进行过荣辱观的教育,特别是新世纪初,我们讲"八荣八耻"。"八荣八耻"也好,荣辱观也好,都是价值观的问题。今天,我们特别强调社会主义核心价值观,强调社会主义核心价值观的建立要以中华优秀传统文化作为基础和源泉。从这一点来看,温习孟子的思想有非常重要的意义。

在《孟子·告子下》中,孟子在与宋牼的谈话中,又一次申明了这个道理。宋牼想以"利"来劝说秦、楚之王罢三军之师,以避免战争、消弭战争。孟子认为,想劝说他们弭战、罢战,但是用"利"去说服他们,就会导致一种情况,就是"为人臣者怀利以事其君,为人子者怀利以事其父,为人弟者怀利以事其兄"(《孟子·告子下》)。这样君臣、父子、兄弟之间"终去仁义",没有仁义之道,都是"怀利以相接"。孟子认为一切以利为出发点和着眼点的行事,最终都会失败。这个想法,与《梁惠王上》中的例子是一致的,但是有些区别。《梁惠王上》讲义利关系,主要讲各级领导，国君下面是大夫，大夫是士，士下面是庶人，千乘之家、百乘之家，侧重说明掌握各级权力的这些人处理上下级关系时，不能后义而先利。但是在《告子下》中，孟子虽然举了人臣和君主的关系，但是他也举了父子、兄弟，然后结论是"怀利以相接，然而不亡者，未之有也"，这个"相接"超出了政治上的上下级关系，变成一种更普遍的社会交往、社会关系。这样一来，义和利不仅仅是上下级的政治关系要处理的价值观，还广泛包括了人与人之间的普遍相接，这个相接就是相处、打交道。所以，义利关系不仅是政治秩序要处理的问题，也是所有人与人相处、打交道时面临的基本问题。人与人相处、打交道不能唯利是图、只为自己的利益，应该"怀仁义以相接"。

《梁惠王上》中更注重从治国理政、政治关系方面来强调正确解决义利关系的重要性。《告子下》中把义利关系进一步社会化、普遍化，将之视作人与人相处的普遍原则，强调要正确处理义利关系，先义后利，不能够后义先利。因此，孟子的义利之辨有多个层次：第一层次，体现在《梁惠王上》中，它属于治国理政的层次。第二层次，体现在《告子下》中，属于社会文化的层次。除此之外，还有第三层次，那就是个人层次。

人生在道德选择的紧要关头，怎样处理义利的问题？孟子说："鱼，我所欲也，熊掌，亦我所欲也；二者不可得兼，舍鱼而取熊掌者也。生，亦我所欲也，义，亦我所欲也；二者不可得兼，舍生而取义者也。"（《孟子·告子上》）这里，孟子讲的就是个人人生的道德选择。孟子所讲的义利价值观，包含着一个很重要的意义，就是体现了中国古代价值观体系，这个价值观体系的核心是义利之辨,辨别义利。中国古代有一套完整的价值观体系,这个体系自有一套核心价值。这个价值观体系,其核心要素从孔子时代就开始形成,孟子就把它确立为义利之辨。这个义利价值观,强调先义而后利,贯通着国家、社会和个人三个层次。我们今天讲的社会主义核心价值观也是分为三个层次,可这三个层次不相贯通。而对于古代的价值观,我们发现它有一个特点,它的核心很清楚,即强调义利问题;这个义利观作为价值观,既是治国理政的价值观,又是社会关系的价值观,也是人生道德选择的价值观。从这方面来看,中国古代文化对价值观的处理,对今天来讲,还有重要的参考价值。

先义后利,是在二者不可得兼的情况下,我们必须做的一种选择。不论是个人道德,还是社会文化价值,还是国家的层面,二者不能得兼的时候,我们必须舍生取义,先义后利。但是,孟子并没有排除二者可以得兼的情况。在人生中,在社会交往中,在治国理政上,如果二者能够得兼,就不必片面地把二者对立起来。孟子虽然讲了先义后利的价值观,但是这更多的是在义利尖锐冲突的时候,将我们应有的价值选择呈现出来。他没有排除在人生、社会和治国理政的领域有二者可以得兼的、共赢的情形,而是倡导应该努力开创并争取这种得兼、共赢的局面。

二、重民本

孟子讲的"民事不可缓也"(《孟子·滕文公上》),这个民事就是指民生大事，民生大事是最急切的大事，是缓不得的。孟子把民生看作治国理政的头等大事。从今天来看，孟子对治国理政、对民生大事的关切，有一条值得注意，即他是最早提出把温饱作为治国目标的思想家。孟子反复讲，"黎民不饥不寒，然而不王者，未之有也"（《孟子·梁惠王上》），意思是王是王天下，不饥不寒就是温饱，今天来讲也就是小康。可以说，自孟子以来的千百年，中国政府把人民生活以温饱为内容的小康作为治国理政的一个奋斗目标，或者作为治国思想的一个重要目标。孟子把温饱问题看作王政的根本，这也是仁政的根本。

孟子说仁政的最先步骤就是"省刑罚，薄税敛"（《孟子·梁惠王上》）、关注弱势群体，其中"省刑罚，薄税敛"，今天我们也在做。关注弱势群体，在孟子以前的儒家思想中应该已经包含了这一点，所以他把这个思想追溯到西周时期。除"省刑罚，薄税敛"、关注弱势群体外，孟子同时强调保障人民养生送死的基本需要。保障人民养生送死的需要，就是保障人民的基本生活需求。孟子还强调，保障人民的基本生活需求，最重要的是制民之产，就是保障人民的产业生计，以作为人民求得温饱的基础。所以，孟子不仅有温饱的概念，还有"省刑罚，薄税敛"、关注弱势群体的观念，尤其是他还有"制民之产"的理念。

孟子所说的关怀民生、求得温饱，其实包含着富民的观念。孟子讲："民可使富也。"（《孟子·尽心上》）应该说，孟子思想里面有富民的思想。从消极的角度讲，保障人民温饱，能使他们避免饿死、流转在沟壑里面；从积极的角度来讲，就是富民。把"制民之产""省刑罚，薄税敛"做好了，就可以使人民生活向富裕发展，从小康进一步向富民发展。这个重民本的思想，从今天来讲，与我国的社会建设在理念上应该是相通的。所以，从这点来看，社会主义核心价值观的基础源泉，确实完全是相通的。

孟子另外一个思想也值得注意，那就是他特别强调作为管理者和领导者的"行政"理念。对于领导者、管理者而言，"行政"是什么？孟子认为，就是为民父母。孟子讲："行政，不免于率兽而食人，恶在其为民父母也？"（《孟子·梁惠王上》）这里明确提出了行政的观念，其行政的基本理念就是为民父母。"为民父母"这个观念很早就产生了，西周文化如《诗经》里面就已经有"民之父母"（《小雅·南山有台》）的讲法。对孟子来讲，这是一个基本的行政理念，他还将其看作一种行政责任，而行政责任是要问责的。孟子所讲的为民父母的责任，主要是民生的温饱，这个范围是有限的。但是，他把行政的理念归结为为民父母。用浅白的话讲，他指的就是做官。什么是做官？做官就是为民父母。有很多人愿意做官，但是什么叫做官？在孟子思想里面，做官这个概念就等同于"为民父母"。所以，官员如果不为民父母，就在本质上违背了做官的责任。孟子的这个行政理念，含有问责的理念。据《孟子·梁惠王下》所载，孟子谓齐宣王曰："王之臣有托其妻子于其友而之楚游者，比其反也，则冻馁其妻子，则如之何？"王曰："弃之。"孟子曰："士师不能治士，则如之何？"王曰："已之。"孟子又曰："四境之内不治，则如之何？"结果，"王顾左右而言他"。不能让老百姓过上好日子，引起社会混乱，按孟子的逻辑追问，是要罢黜君王的。梁惠王觉得很尴尬，无以对答。

"为民父母",不仅揭示了孟子所理解的行政理念、行政责任、责任伦理,同时显示出他的观念中带有很强的批判性。这种批判性就是把责任伦理放大,坚决反对和批判"以政杀人"。孟子说:"以刃与政,有以异乎?"(《孟子·梁惠王上》)就是说,是用刀刃杀人,还是用政治来杀人,有差别吗?没有差别。孟子坚决反对、警惕、杜绝以政杀人。这表达了孟子很强的责任意识及在政治方面的一种责任观念。一个政治过程和一个行政过程,我们不能够只讲领导者的动机是什么,还要看他的行政后果。从后果来讲,以刃杀人和以政杀人没有区别。因此,从正面上,孟子认为政治和行政的责任是保民;从反面上,他坚决反对以政杀人。这与孔子痛斥"苛政猛于虎也"(《礼记·檀弓下》)的立场是一致的,都是带有批判性的。所以,政治领导者,按照孟子的思想来看,必须肩负责任,人民如果饥饿而死,主政者是直接的责任人,与杀人者同罪同责。这样一种对政治责任伦理的最高重视显示出,对治国者的问责,不仅仅要从动机上来看,还要注意政治施行的后果,此理念有其现代意义。

孟子的政治思想中确实有一些很先进的理念,甚至包含了治民者的权力来源这样的思想。治民者的权力,表面上是来源于上天,但实际上是来源于人民的受托,这包含了契约论的思想。孟子说,一个人要到楚国去,便把妻子儿女托给一个朋友来照顾,回来一看,妻儿冻的冻、饿的饿,这是用受托的关系来隐喻权力来源的本质。这种思想对于正确理解权力是有益的。各级领导干部所掌握的权力,是人民的委托所赋予的,这种思想在《孟子》中有类似的表述。

对于领导者和管理者，孟子的一些理念也是值得提倡的，这些理念在今天来讲还是有意义的。除了具体的"制民之产"、关照弱势群体之类，孟子还有一个深入人心而且传之久远的思想，那就是"老吾老，以及人之老；幼吾幼，以及人之幼"（《孟子·梁惠王上》）。这个固然可以放在孟子关照弱势群体的思想中理解，但实际上我们回看中国历史，这句话甚至可以说对20世纪早期中国人接受社会主义、共产主义思想都有帮助。这句话已经超出了具体的治国理政的办法，变成了一种社会价值理想。也就是说，孟子的思想对近代中国人接受社会主义的价值观念有帮助。

孟子所主张的同时是儒家一贯的民本思想，就是"乐民之乐者，民亦乐其乐；忧民之忧者，民亦忧其忧。乐以天下，忧以天下，然而不王者，未之有也"（《孟子·梁惠王下》）。与民同忧、与民同乐，对孟子来讲，是理想的领导者的规范，也是理想的领导者的德行。干部的政德，从最高的领导者到基层的领导者，从重民本这一条来讲，就是与民同忧、与民同乐。我们比较注重讲与民同乐，不太强调与民同忧。其实，与民同忧同样重要。孟子倡导的把"重民本"思想贯彻到基础政治管理的理念，提出的与民同乐、与民同忧，在今天，从干部政德教育这个角度来讲还是非常重要的。

孟子的"重民本""为民父母"思想，在今天看来，似乎有一个上对下的问题，自上俯视下，不是平等的。从现代的意义来讲，可以与一些思想进行对比，比如"为人民服务"这种观念。"为民父母"的思想，其实也可以说包含了管理者为人民服务的思想。你看父母对孩子的关照,岂止是服务,那真是全心全意为他服务。所以,"为民父母"也包含了管理者为人民服务的思想。当然,两者也有区别:普遍流行的为人民服务的思想,它更多是把为人民服务作为个人的道德、工作态度,更多地强调在每一个行业工作的人都要为人民服务。所以,"为人民服务",更多是作为个人的道德、个人的工作态度,或者叫工作伦理。但是,孟子的民本思想有一个特点。我们今天来看,他的思想中虽然包含了"为人民服务",但是相对来讲,更突出把"为人民服务"作为制度和政策的意义,不只是讲个人工作,还讲制定政策、制度时怎么"为人民服务"。孟子讲的很多关于政策方面的设计、关于仁政具体措施的设计,就体现了这一点。孟子很重视什么样的制度和政策能够真正为老百姓服务,他重视制度、政策的价值方向。我们今天重新看孟子的民本思想,这可以说是其中的一个特点。

孟子的这些思想,可以说体现了今天中央强调的"以人民为中心"。"以人民为中心",已经不仅是以前讲的"为人民服务"。今天我们讲的"以人民为中心",在中央的文件中是作为发展思想来讲的。我觉得,孟子的思想也是"以人民为中心",在孟子的思想中它不仅仅是一个方面的发展思想,更是全部行政的根本出发点、落脚点。应该说,"以人民为中心"在孟子的思想中被提得更高。所以,孟子的民本思想也是以人民为中心,强调一切以人民为中心。因此,人民的主体地位、人民至上、为了人民、依靠人民,这些我们今天政治文化里常讲的理念,它们的思想源头可以追溯到孟子。作为一个传统,孟子的思想已经成为我国文化的基因,它在无形之中支配、引导我们的思想。今天弘扬孟子的思想，可以帮助我们更深刻地理解有关"人民"的各种各样的提法。

对于民本思想的价值及其现代意义，近代以来我们有一个偏向，那就是在处理民本和民主的关系时，强调民本思想是现代社会民主的一种基础。民本当然不等于民主，但是从价值观来讲，它是民主思想的一种价值观的基础。我们以前更多的是把民本思想与民主制度作为理解孟子思想现代意义的一个切入点，这一点当然也不错。但是今天，我们应该开发另外一面，就是更加重视民本思想对现代国家治国理政的意义。民主制度的问题属于政道问题，而治国理政属于治道问题。政道就是一个国家的基本政治制度，治道就是治国理政的各种政策、方法。今天来看，治道可能比政道更有意义，更具重要性。即使是一个民主的制度，如果没有善政，没有好的治道，也是一团糟、一塌糊涂，国家和社会都不能得到很好的治理，这个在当代历史上也可以看到很多例子。民主制度本身有多种多样的形态，并不是民主制度就自然能带来善政，带来良好的治理。所以，今天来讲，我们应该更多关注治道。孟子的民本思想，更多的是关注政策和方法层面，讲在治道意义上怎么把国家治理好。这在今天来讲仍是有意义的。以前，我们过多关注在政道上的启发，而忽略了孟子思想对制定治国理政的各种政策的启示意义。

孟子"民贵君轻"的思想体现了"人民至上"的理念，这可谓最早的"人民至上"论。在孟子的时代，提出这样的思想很了不起。从儒家思想内部来讲，它具有的意义也是不寻常的。不是所有的儒家大思想家都能够达到孟子的价值观水平，赋予人民最高的价值地位。一个典型的例子就是汉代的董仲舒,他不是一个绝对的君主崇拜者,而是主张对君权、皇权进行限制。董仲舒在《春秋繁露·玉杯第二》中主张"屈君而伸天",认为要限制君权,伸张上天的权威和作用。但他又主张"屈民而伸君",这跟孟子的思想就差太远了。恰恰相反,孟子主张伸民以屈君,不是屈民而伸君,由此可以看到孟子的思想在儒家思想内部的先进性。当然,不同的时代,它的社会条件、政治条件有所变化,但是无论如何,"民贵君轻"与"屈民而伸君"完全是两个层次的价值理想。

三、申教化

孟子所讲的温饱,所理解的小康,是跟教育、教化联系在一起的。如果说孟子有发展理念的话,那么就是温饱有教,这个思想在他那里是一贯的。孟子非常重视民众的温饱,同时注重民众的教育、教化。比如,他提出"人之有道也,饱食、暖衣、逸居而无教,则近于禽兽"(《孟子·滕文公上》)。如果一个人吃穿住行都很好,很舒服,可是没有教养,孟子对此讲得很严厉,认为那就近于禽兽。他说:"圣人有忧之,使契为司徒,教以人伦:父子有亲,君臣有义,夫妇有别,长幼有叙,朋友有信。"(《孟子·滕文公上》)如果有温饱没教育,这个社会不是一个人道的社会。一个社会要有人道,必须教以人伦、伦常、伦理,其中有政治关系的伦理,更多是家庭关系的伦理、社会关系的伦理。政治关系、家庭关系和社会关系的伦理,是一个文明社会和人道的社会最根本的东西。现在考古学所定义的文明社会,最重要的依据是有文字、有城墙。对孟子来讲,什么是文明社会?文明社会就是要有人伦,没有人伦就没有文明。这里面包含了孟子的文明观念,与禽兽相对的就是文明。文明社会如果沉沦,就会沦为禽兽的世界,那就不是文明社会了。判断是否为文明社会,技术的因素应该还不是最重要的,有没有文字出现,有没有城池出现,金属冶炼技术到达哪一步,从孟子的角度、从儒家的角度来看,都不是最重要的,最重要的是有没有建立起一套人伦关系、伦常法则。

教育,我们历史上称作教化。在古代来讲,教化是一种自上而下的教育,甚至是由国家、由王朝来负责。孟子说"圣人有忧之,使契为司徒",圣人指尧和舜,他们让契当司徒来主掌教育工作,教以人伦。教就是教化、教育。人伦,也就是五伦。五伦,后世统称礼义,孟子有时又把它叫作仁义。仁义也好,礼义也好,核心的部分就是人伦。

礼义之教很重要,但是礼义之教首先需要有物质基础,即制民之产。可是只有制民之产本身还是不足的,拥有制民之产并不等于已经达到理想社会、小康社会,还必须有教育,即在制民之产的同时要加之以教化。所以,孟子讲了制民之产后,接着就说要"谨庠序之教,申之以孝悌之义"(《孟子·梁惠王上》)。孟子认为"夏曰校,殷曰序,周曰庠;学则三代共之,皆所以明人伦也"(《孟子·滕文公上》)。对于人伦的教化,孟子是非常重视的。满足人民的欲望和基本生活需求,这是人民利益的主体。可是,在使人民得到温饱的同时,一定要让他们能够"暇日修其孝悌忠信"(《孟子·梁惠王上》),后世讲的孝悌忠信就是从这儿来的。也就是说,非农忙的时候,要让人民有时间学习和实践孝悌忠信,一定要保证这种教育和实践。从今天来看,孟子对小康社会的理解,不限于温饱,还包括对人民的教化,这是他始终强调的。孟子讲"民事不可缓也"(《孟子·滕文公上》)、"民为贵"(《孟子·尽心下》),但他并不是民粹主义者,只是始终坚持人民需要教化,认为对人民伦理道德的教化非常重要,这也是人道社会、文明社会的最基本条件之一。

今天我国大部分地区人民的生活已经温饱无忧。建设小康社会需要扶贫,我们也应该以孟子的深刻观察作为借鉴,把教育、教化看成全面建成小康社会的必要方面。当然,教育、教化有很多的形式,也有很多的方面。当代社会的教育、教化,远远超过孟子那个时代的需要。所以说,孟子重民本,不仅强烈主张民生,其民本思想中还包含了教育论,这是孟子思想的辩证思维。我们不能把孟子思想中的重民本看成一种民粹主义,而是要看到孟子对教育问题的重视。1949年6月,毛泽东在《论人民民主专政》中说"严重的问题是教育农民",这个思想可能受到孟子的一些影响,因为毛泽东对"四书"非常熟悉。民生论和教民论,是我们了解孟子民本思想互补的两个方面。这是孟子对整个社会的一个设计,与孔子在《论语》里面表达的对个人教育的重视还不太相同。孟子认为,一个人道的社会、理想的社会、小康的社会,应该包含对人民的教化,只有这样的社会,才是一个人道的、理想的社会。

四、倡王道

王道思想观念早在西周就已提出，但孟子关于王道的思想，在今天仍特别有意义。面对第二次世界大战以后，包括冷战以后的当今世界，怎么构建合理的世界秩序，怎么彻底消除一两百年以来帝国主义、殖民主义和霸权主义的影响和残余，在今天的现实生活中还是很突出的问题。整体的帝国主义、殖民主义是没有了，特别是经过20世纪50年代、60年代的民族解放运动，殖民地国家大都实现了独立、解放。但是，霸权主义仍然是现实生活的一部分，帝国主义、殖民主义的残余也还在，这些都是构建合理世界秩序的威胁。所以，在当今这个时代，弘扬人类的共同价值，成为世界的一个重要课题。随着国力的增长，我国越来越积极地参与全球事务，推动全球治理体系的建设。弘扬人类共同价值中，推动全球治理是最重要的，就是要探索在国际事务中如何能够贯穿民主和平等的原则。民主就是有事大家商量，平等就是反对大国欺负小国、富国欺负弱国贫国。如果说在这些方面我国有什么历史文化资源的话，那应该就是王道思想，特别是由孟子阐发的王道思想。

最近十几年，已经有很多人开始重视这一点，即王道思想的现代价值和意义。孟子提出了王霸之辩，"以力假仁者霸，霸必有大国；以德行仁者王，王不待大"，然后说"以力服人者，非心服也，力不赡也；以德服人者，中心说而诚服也"（《孟子·公孙丑上》）。孟子的这个思想是针对当时社会，因为从春秋五霸到战国七雄的时代，霸权、霸道是非常流行的。孟子的这个论述已经上升到哲学的论述：行事诉诸武力，同时假借道德的名义，就是霸道，因为称霸要靠武力，所以称霸者必须是大国。这个容易理解。行事不诉诸武力，而诉诸道德，就是王道，这是儒家所倡言的。王者不依赖武力，而依赖于道德的感染力。孟子揭示了二者的区别，他说王的特点是以德服人，而霸的本质是以力服人，这也可以代表一种价值观。因为价值观支配人的行为，若所有的行事，都是以力服人，就体现了对力量的崇拜，对强大实力的一种崇拜。但孟子从儒家的角度，是对这种观念加以否定的。服是秩序的一种体现，孟子认为只有以德服人，才能够使人心悦诚服。孟子所追求的理想中的"服"，不是被强力所压服，而是心悦诚服的一种境界。

在孟子的叙述里，霸者也不傻，不是赤裸裸地只讲强力主义，其行事是相信实力主义的，但是整体来讲，其说辞往往不是诉诸赤裸裸的暴力，而是假借道德的名义。这不仅揭示了霸者行为的逻辑和形态，也说明了霸者有他自己的一套话语体系，一套为他服务的话语。弘扬人类共同价值，推动全球治理体系，一方面涉及价值观的问题，另一方面涉及话语体系的问题。西方霸权主义国家有一套话语体系作为霸权主义行为的支撑。长期以来，这个世界受到种种大国霸权主义的主导，以武力欺压、胁迫、逼害弱小的国家，或者跟这些大国价值观不同的国家。同时，它们都打着传播民主、自由的旗号。所以，必须从本质上对霸权主义国家的这种两面性进行揭露，真正认清楚其奉行的是以力服人的根本价值观，来破除其虚假的面貌，打断其对道德的假借，从而掌握国际事务中能代表大多数国家利益的话语权。

霸必大国，因为要靠强力。霸必大国，可是大国不必霸，这就是今天中国所奉行的政策。中国从20世纪70年代就已经讲不称霸，毛泽东的时代讲不称霸，邓小平的时代也讲不称霸，今天的中国，我们还是不称霸。为什么我们不称霸？应该说就是因为我们有王道的理想作为基础，有王道的这种价值观。"一带一路"的共赢就是一个典型的现象，从王道的角度来讲，"一带一路"应该说就是我国王道思想的一个新的体现。因为"一带一路"的设计，它的理念是反对以力服人的，体现的是王道。有少部分西方国家不赞成我国的"一带一路"，不参与我们的工作，但是最近在不断转变，开始对"一带一路"做正面的评价，这说明王道的力量自在人心，正如孟子所讲，是"得道者多助，失道者寡助"（《孟子·公孙丑下》）。全世界大多数人民都肯定"一带一路"，肯定这种王道共赢的模式。少数西方国家，也不得不正视"得道者多助"的现象和价值压力。"得道者多助"有价值的正确性——得道，得道就是得民，得民就是得民心。

从另一个角度来讲，王道也就是仁政，或者是仁政的进一步扩大。孟子对仁的讲法，跟孔子有所不同。孔子主要是把它作为个人道德，作为个人最高的或者最完满的道德来强调。但是孟子是要把它贯彻在政治和行政的领域里，称为仁政，注重"发政施仁"，把仁的精神施发到政治实践里面。同时，孟子讲的仁不只是"发政施仁"，还有"以善养人"的观点。"以善养人，然后能服天下。"（《孟子·离娄下》）即"善"一定要落实、体现为实际利益的惠予和推广。"以善养人"，不仅仅是讲一套好听的话，从理论上讲一套善的东西。真正的以善服人，能够以善养人，"养"就表示要把善落实、体现为一种实际利益的惠予，所以这个"养"字不一般。因此，孟子所理解的仁政包含着"养"，"养"才能真正地服人。"一带一路"整个规划，它能给"一带一路"沿线国家和地区的人民，带来实际的发展效益。这就是一种"以善养人"，所以它能够得民心，是王道的一种体现。孟子的思想中包含很多现代的意义和价值。坚持人民主体地位，以人民为中心，满足人民的愿望和期待，让人民群众真正得到改革开放的实惠，党要保持对人民的赤子之心，这一切可以说就是施仁政于民。

19世纪以来，在西方帝国主义、殖民主义的对外活动中，处处可以看到马基雅维利的影子，他们只追求本国利益目标，全然不顾国际正义，蔑视世界秩序，在国与国的关系中，抛弃政治美德，奉行强力霸权。如果这是现代性的一种内涵，那么必须发扬古典的政治美德，坚决否弃这种政治恶德，对现代性深加反思，如此人类命运共同体的理想才有可能实现。

宋明儒学的"天地之心"论及其意义[1]

"天地之心"是中国古代文献中常见的术语。天地之心即是宇宙之心，指宇宙所具有的主导的性质、内在的倾向、指向，是它决定了宇宙万象的发展，又是宇宙万象及其运动的根源和依据，它也是宇宙动能和生命力的中心，被称为宇宙的心灵、天地之心。所以，天地之心是一个宇宙论的问题。那么，宇宙的心灵和宇宙流行是什么关系呢？

其实，在中国哲学中，天地之心的概念并不意味着这个天地之心有意识、能知觉、能思维，或是一种精神。"天地之心"可以只是指天地、宇宙、世界运行的一种内在的主导方向，一种深微的主宰趋势，类似人心对身体的主导作用那样成为宇宙运行的内在主导，同时天地之心也是宇宙生生不已的生机和动源。冯友兰在《新理学》一书中讨论过"宇宙底心"，他提出，程朱讲天地生物之心，表示他们认为有宇宙底心，但这个宇宙的心不是知觉，而是生。这种宇宙的心的特性，与人心知觉不同。[2]他又认为，心学是把个体的知觉灵明的心作为宇宙的心。依其新理学，宇宙的心是一个逻辑概念，把所有实际的心，总而观之、统

---

[1] 原载于《江海学刊》，2015年第3期。
[2]《冯友兰文集》第四卷《新理学》，长春出版社，2008年，第75页。

而观之，以作一个概念，即是宇宙的心，此外宇宙没有它自己的心。①但是古代的宇宙观并不是逻辑概念，而有其自己的作为实在的观念。

"天地之心"的说法最早见于《周易》象传：

> 复，其见天地之心乎？②

这是"天地之心"在中国哲学中最经典的说法。复卦的卦象是冬至一阳来复，象传的作者认为冬至一阳生，从这一点便可见天地之心。此以生生不息之动力之源说仁，仁乃生生不可遏止之内在倾向和根源，亦是创造之真几。

另一个古代的说法是《礼记》中的说法：

> 故人者，天地之心也，五行之端也。③

以人为天地之心，认为人是五行之气的精华，是万物之灵，是掌握善恶的主体，是实践仁德、引导世界向善的主体。

汉代儒学的特色之一，是把仁说建立为天道论。其中，董仲舒把仁定位在"天心"的说法，最具意义：

> 春秋之道，大得之则以王，小得之则以霸。故曾子、子

---

① 《冯友兰文集》第四卷《新理学》，长春出版社，2008年，第77页。
② 《周易·复卦·象传》。
③ 《礼记·礼运篇》。

> 石盛美齐侯，安诸侯，尊天子，霸王之道，皆本于仁。仁，
> 天心，故次之以天心。[①]

天心与天地之心的概念虽然略有分别，但基本一致，我们在这里不做根本区分。天心和天地之心都是指宇宙的心。董仲舒以仁为天心，这是汉代儒学宇宙论的重大发展。值得注意的是，汉代以前已有了两种天地之心的讲法，一种是复见天地之心，另外一种就是以人为天地之心的讲法。这应该是自然主义与人文主义两种不同的哲学意识在天地之心问题上的反映。"人者，天地之心"更多的是从价值的角度突出人在宇宙中的意义，而"复见天地之心"是从于天地自然运行的生机和规律。"仁，天心"的提法超越了先秦哲学的这两种思想，把仁规定为天的意志，虽然这个天心并不是思维的精神，但天心主导着天运生成的基本趋势，而天地人间都体现着仁的作用和指引。仁被视为蕴藏于天地万物内的深微的价值的原理，这实际上就是一种古代仁体论。古代仁体论更多归属于宇宙论，与近世实体的仁体论形态结构有所不同。但仁的宇宙论与仁的本体论是一致的，都是把仁上升为形而上学的实在。

一

北宋前期对《周易》的思想诠释是儒学的共同关注，也因此，天地之心的思想对宋儒影响甚大，宋儒对天地之心的运用也

[①]《春秋繁露·俞序第十七》，陈蒲清校注，岳麓书社，1997年，第96页。

最为广泛。首先看欧阳修:

> 童子问曰:"'复,其见天地之心乎'者,何谓也?"曰:"天地之心见乎动。复也,一阳初动于下矣,天地所以生育万物者本于此,故曰'天地之心'也。天地以生物为心者也。其《象》曰'刚反,动而以顺行'是矣。"童子曰:"然则《象》曰'先王以至日闭关,商旅不行,后不省方',岂非静乎?"曰:"至日者,阴阳初复之际也,其来甚微。圣人安静以顺其微,至其盛,然后有所为也,不亦宜哉!"[①]

欧阳修这一思想对宋代仁学有重大影响。他认为,所谓复见天地之心,是强调要通过对复卦及其初九的卦象认识天地运动变化的生机和动因。因为,从一阳来复所见到的天地之心,必然或只能和万物生长的本性有关,此天地之心必然和天地的生生本性有关,这是天地生育万物的根本。如果说天地有心,那么天地之心就是宇宙的繁盛生育万物的内在导向,是所有生命生长的根源。

我们知道,程颐对复卦的解释特色在于主张由"动"见天地之心:

> 既有知觉,却是动也,怎生言静? 人说《复》以静见天地心,非也。《复》之卦下面一画便是动也,安得谓之静! 自古儒者皆言静见天地之心,惟某言动而见天地之心。[②]

---
① 《宋元学案》第一册卷四,《庐陵学案》,中华书局,1986年,第187页。
② 《宋元学案》第一册卷一五,《伊川学案》上,中华书局,1986年,第593页。

讨论动是天地之心还是静是天地之心，或者动见天地之心还是静见天地之心，这个意义上的天地之心都是指宇宙运动的根本法则，而与人没有关联。

邵雍之子邵伯温说：

> 道生一，一为太极。一生二，二为两仪。二生四，四为四象。四生八，八为八卦。八生六十四，六十四具而后天地万物之道备矣。天地万物莫不以一为本，原于一而衍之以为万，穷天下之数而复归于一。一者何也？天地之心也，造化之原也。①

这里不仅以《周易》为主要资源，也借助老子的生成论"道生一""一生二"来扩展天地之心的思想，主张一就是天地之心，一也是造化之源，即宇宙的根源。由于一又是太极，太极便是天地之心，在这个意义上，天地的主宰和天地的根源合二为一了，而天地的主宰和天地的根源也便是本体的角色。

邵伯温又说：

> 一动一静者，天地之妙用也；一动一静之间者，天地人之妙用也。阳辟而为动，阴合而为静，所谓一动一静者也；不役乎动，不滞乎静，非动非静，而主乎动静者，一动一静

---

① 《宋元学案》第一册卷一〇，《百源学案》下，中华书局，1986年，第474、475页。

之间者也。自静而观动，自动而观静，则有所谓动静；方静而动，方动而静，不拘于动静，则非动非静者也。《易》曰："《复》，其见天地之心乎！"天地之心，盖于动静之间有以见之。夫天地之心于此而见之；圣人之心即天地之心也，亦于此而见之。虽颠沛造次，未尝离乎此也。《中庸》曰："道，不可须臾离也。可离，非道也。""退藏于密"，则以此洗心也；"吉凶与民同患"，则以此斋戒也。夫所谓密，所谓斋戒者，其在动静之间乎！此天地之至妙者也。圣人作《易》，盖本乎此。世儒昧于《易》本，不见天地之心，见其一阳初复，遂以动为天地之心，乃谓天地以生物为心。噫，天地之心何止于动而生物哉！见其五阴在上，遂以静为天地之心，乃谓动复则静，行复则止。噫，天地之心何止于静而止哉！为虚无之论者，则曰天地以无心为心。噫，天地之心一归于无，则造化息矣。盖天地之心，不可以有无言，而未尝有无，亦未尝离乎有无者也；不可以动静言，而未尝动静，亦未尝离乎动静者也。故于动静之间，有以见之。然动静之间，间不容发，岂有间乎！惟其无间，所以为动静之间也。①

此说的意义是不赞成欧阳修主张的"天地以生物为心"，也不赞成程颐主张的"动而见天地之心"，并认为如果主张天地以生物为心，就是注重以"动"为天地之心。但他也不赞成以静为天地之心，他认为天地之心应在动静之间见之，即在动和静转换、交

---

① 《宋元学案》第一册卷一〇，《百源学案》下，中华书局，1986年，第474、475页。

接的时候见之,在由静变为动的瞬间见之。动静之间便是几,便是神,所以这种看法主张天地之心不可以有无动静言。这样的看法,不从价值和道德着眼,仅仅从动静着眼,过于虚玄,应受道家影响较大。

《宋元学案》在濂溪学案有一按语可以参考:"百家谨案:《明儒学案蒋道林传》:'周子所谓动者,从无为中指其不泯灭者而言。此生生不已,天地之心也。诚、神、几,名异而实同。以其无为,谓之诚;以其无而实有,谓之几;以其不落于有无,谓之神。'"① 明代的蒋道林认为天地之心与神、几,名异而实同,这个说法用来理解上述邵雍一派的思想较为适合。以上这些论述,都是把天地之心作为宇宙动静问题来讨论,没有和仁联系起来。

当然,即使在邵雍一系的思想里面,也关注仁人,如:

> 夫人者,天地万物之秀气也。然而亦有不中者,各求其类也。若全得人类,则谓之曰全人之人。夫全类者,天地万物之中气也,谓之曰全德之人也。全德之人者,人之人者也。夫人之人者,仁人之谓也,惟全人然后能当之。②

人是天地万物的秀气,这就是古代人者天地之心的观念。《礼运》篇在谈到人者天地之心的前面一段即说"故人者,其天地之德,阴阳之交,鬼神之会,五行之秀气也"③。所以这样的说法也可以

---

① 《宋元学案》第一册卷一一,《濂溪学案》上,中华书局,1986年,第485、385页。
② 同上。
③ 《礼记·礼运篇》。

宋明儒学的"天地之心"论及其意义 | 113

说和天地之心的思想有一定的关系。

南宋张九成论《西铭》，其中谈到天地之心时提及天地之仁：

> 张横浦曰：乾吾父，坤吾母。吾乃乾坤之子，与人物浑然处于中间者也。吾之体不止吾形骸，塞天地间如人、如物、如山川、如草木、如禽兽昆虫，皆吾体也。吾之性不止于视听言貌，凡天地之间若动作、若流峙、若生植飞翔潜泳，必有造之者，皆吾之性也。既为天地生成，则凡与我同生于天地者，皆同胞也。既同处于天地间，则凡林林而生，蠢蠢而植者，皆吾党与也。……吾能乐天地之命，虽患难而不忧，此天地纯孝之子也。达天地之心，是不爱其亲者，故谓之悖德。害天地之仁，是父母之贼也。世济其恶，是天地不才之子。践履天地之形，以貌言视听思之形，为恭从聪明睿之用，是克肖天地之德也。天地之事不过乎化，天地之志不过乎神，知化穷神，则善述善继天地之事志者也。天地之心无幽明之间，不愧屋漏之隐者，乃无忝于天地。心性即天地，夙夜存心养性，是夙夜匪懈以事天地也。①

此段先论天地之事实，然后论当然之价值，连续一贯，有融通气象。他认为，万物山川草木都是吾之体，万物流行动作都出自吾之性，在这样的理解下，吾之体、吾之性都不再是个体的身体或本性，而是通于万物的共生之体、之性，天地的一切生成物都是共生同体的同胞。他继承了张载，用同胞来加强了这种共生的密

---

① 《宋元学案》第一册卷一七，《横渠学案》上，中华书局，1986年，第666页。

切关联。因此,天地之心是体现这种共生、吾与的心,天地之仁是体现这种共生、互爱的仁。这样的思想明显发展了张载《西铭》的伦理观。

《宋元学案》引尹和靖语,把《西铭》和二程的同体思想结合在一起:

> 又曰:人本与天地一般大,只为人自小了。若能自处以天地之心为心,便是与天地同体。《西铭》备载此意。颜子克己,便是能尽此道。①

这个说法,认为与天地同体,就是要以天地之心为心,这不是宇宙论的说法,而是功夫论的说法了。与天地同体的说法,当来自二程仁者与物同体之说,如果是这样,以天地之心为心,便是"仁"的实现功夫。"同体"就是共生,而比共生更突出了一体之中各个部分的密切关系,因为,个体与个体之间不仅是时空意义上的共时性共生,而且表示个体与个体之间是由一种统一性联结而成的一体,互相密切关联。

二

南宋继续了天地之心的讨论,但与伦理学、功夫论的联系更多。

---

① 《宋元学案》第一册卷一八,《横渠学案》下,中华书局,1986年,第773页。

> 《复卦》下面有一画，乃是乾体。其动以天，且动乎至静之中，为动而能静之义，所以为天地之心乎！①

胡五峰从弟胡广仲以复卦初九一阳爻为乾体，不为无见，其实复卦一阳生即是仁体起用，值得注意的是，北宋至南宋初的诸儒多从静而能动、动而能静，即从运动变化之端论天地之心，可见天地之心在这一时期主要扮演了运动根源的角色。

五峰《知言》又云："凡人之生，粹然天地之心，道义全具，无适无莫。"②这也是把人心与天地之心联系起来，认为人生之初，满腔天地之心，充满道义。但从北宋到南宋，这一时期的儒学并没有把天地之心和"仁"明确联系起来。

朱子的《仁说》是南宋仁论的代表，他所说的人心与天地之心的联系，比胡五峰更多了哲学宇宙论的一层转折，最重要的是朱子以"仁"定义天地之心，把天地之心作为仁说的基础。其开首一段最为明确：

> 天地以生物为心者也。而人物之生，又各得夫天地之心以为心者也。故语心之德，虽其总摄贯通，无所不备，然一言以蔽之，则曰仁而已矣。请试详之。盖天地之心，其德有四，曰元亨利贞，而元无不统；其运行焉，则为春夏秋冬之序，而春生之气无所不通。故人之为心，其德亦有四，曰仁义礼智，而仁无不包；其发用焉，则为爱恭宜别之情，而恻

---

① 《宋元学案》第二册卷四二，《五峰学案》，中华书局，1986年，第1385页。
② 《胡宏集》，中华书局，1987年，第332、334页。

> 隐之心无所不贯。故论天地之心者,则曰"乾元""坤元",则四德之体用不待悉数而足;论人心之妙者,则曰"仁,人心也",则四德之体用亦不待遍举而该。盖仁之为道,乃天地生物之心,即物而在。情之未发而此体已具,情之既发而其用不穷。诚能体而存之,则众善之源,百行之本,莫不在是。此孔门之教所以必使学者汲汲于求仁也。①

首先,朱子继承并强调了北宋儒者"天地以生物为心"的思想,加以发展,而提出了"人物之生,又各得夫天地之心以为心"的思想,即人之心来自天地之心,二者有着直接的继受关系;天地之心是生物,人之心是仁爱,而从生生到仁爱的转接,自北宋以来,就被看作天人合一、不证自明的了。其次,朱子定义了天地之心之德为元亨利贞,以元为统,于是人心之德对应而为仁义礼智,以仁为统。元亨利贞的发用为春夏秋冬,生气贯通四者;仁义礼智的发用为爱恭宜别之情,恻隐亦贯通四者。最后,朱子强调,仁之道即是天地生物之心,体现于每一个事物而无所不在。换言之,此亦可谓仁体现于每一个事物而无所不在,贯通一切。朱子的仁体思想在这里得到了相当的表达。在朱子,并不是简单回到董仲舒的仁天心的思想,而是把北宋儒学对周易的讨论中的天地以生物为心,以生物为天地之心的思想和"仁"联系起来,用"仁"去规定易学讨论中的天地之心的意义。

朱子曾答张栻书云:

---

① 《胡宏集》,中华书局,1987年,第332、334页。

> 盖其复者，气也，其所以复者，则有自来矣。向非天地之心生生不息，则阳之极也，一绝而不复续矣，尚何以复生于内而为之阖辟之无穷乎！[①]

可见天地之心是指天地运动的内在动力因，是宇宙生生不息的内在根据和根源，这与作为法则、规律的理的含义是不同的。

《仁说》是朱子中年所著，《语类》记载了其晚年讲学的思想：

> 道夫言："向者，先生教思量天地有心无心。近思之，窃谓天地无心，仁便是天地生物之心。若使其有心，必有思虑，有营为。天地曷尝有思虑来！然其所以四时行，百物生者，盖以其合当如此便如此，不待思维。此所以为天地之道。"曰："如此，则《易》所谓'复，其见天地之心乎'，'正大而天地之情可见'，又如何？如所说，只说得他无心处尔。若果无心，则须牛生出马，桃树上发李花，他又却自定。程子曰：'以主宰谓之帝，以性情谓之乾。'他这名义自定。心便是他个主宰处，所谓天地以生物为心。中间钦夫以为某不合如此说，某谓天地别无勾当，只是以生物为心。一元之气，运转流通，略无停间，只是生出许多万物而已。"问："程子谓：'天地无心而成化，圣人有心而无为。'"曰："这是说天地无心处。且如四时行，百物生，天地何所容心。至于圣人，则顺理而已，复何为哉。所以明道云：'天

[①]《朱子全书》第二十三册《朱子文集》卷六七，《仁说》，上海古籍出版社，2010年，第3280页。

> 地之常，以其心普万物而无心；圣人之常，以其情顺万事而无情。'说得最好。"问："'普万物'，莫是以心周遍而无私否？"曰："天地以此心普及万物，人得之遂为人之心，物得之遂为物之心，草木禽兽接着遂为草木禽兽之心，只是一个天地之心尔。今须要知得他有心处，又要见得他无心处，只恁定说不得。"①

朱子认为，既可以说天是有心的，也可以说天是无心的，这两个说法并不是不相容的。若使天有心，则必有思虑、有营为，天地曷尝有思虑来？这是说天地没有思维、没有思虑，这是无心的一面。另一方面，若果无心，则须牛生出马，桃树上发李花，他又却自定，这是说万物的生成是有主宰的，主宰就是有方向，不是混乱的，这说明天地有心。天地有心表现在天地之心既促进生物，生气流通，永不停息；同时在天地生物过程中又有其法则，有其常理，人须要顺理而为。

《语类》又载：

> 问"仁者天地生物之心"。曰："天地之心，只是个生。凡物皆是生，方有此物。如草木之萌芽，枝叶条干，皆是生方有之。人物所以生生不穷者，以其生也。才不生，便干枯杀了。这个是统论一个仁之体。其中又自有节目界限，如义礼智，又自有细分处也。"问"偏言则一事，专言则包四

---

① 《朱子全书》第二十一册《朱子文集》卷三二，《答张敬夫》，第1393页。

者"。曰:"以专言言之,则一者包四者;以偏言言之,则四者不离乎一者。"①

统论仁体,即是人物生生不穷,此便是天地之心,便是仁。生成是宇宙的根本,而生成就是在仁的作用下实现的,仁是天地之心,而天地之心惟主生成,此外更无其他。朱子强调,这样的立场是统论仁体的整体性立场。

> 因说此章,问曰:"今不知吾之心与天地之化是两个物事,是一个物事? 公且思量。"良久,乃曰:"今诸公读书,只是去理会得文义,更不去理会得意。圣人言语,只是发明这个道理。这个道理,吾身也在里面,万物亦在里面,天地亦在里面。通同只是一个物事,无障蔽,无遮碍。吾之心,即天地之心。圣人即川之流,便见得也是此理,无往而非极致。但天命至正,人心便邪;天命至公,人心便私;天命至大,人心便小,所以与天地不相似。而今讲学,便要去得与天地不相似处,要与天地相似。"②

宋儒既讲复见天地之心,又讲人者天地之心,还讲人心即天地之心,朱子发挥张载及尹和靖的思想,提出吾之心即天地之心,这是就仁之本体而言,从本体上看,"这个道理,吾身也在里面,万物亦在里面,天地亦在里面。通同只是一个物事,无障蔽,无

---
① 《朱子语类》第一册卷一,中华书局,1986 年,第 4 页。
② 《朱子语类》第七册卷一〇五,中华书局,1986 年,第 2634 页。

遮碍"。在本体上吾之心与天地之心是一致的，吾心之理与事物之理与天地之理是一致的，万物是通同一体的，因此在理上看是天人合一的。但就现实而言，人心便与天地之心不相似，天命正公大，人心私邪小，这就是气质障碍遮蔽导致的现实心灵状态，人必须努力使自己的心与天地之心相似。朱子在这里也提到，子在川上曰，就是见得此理无所不在，无所不圆满而在。这就是本体论的说法。

> "'心，生道也。人有是心，斯具是形以生。恻隐之心，生道也。'如何？"曰："天地生物之心是仁；人之禀赋，接得此天地之心，方能有生。故恻隐之心在人，亦为生道也。"①

这里，朱子不再用元亨利贞说，而直接指出天地生物之心就是仁，"接着""接得"都是指禀受，禀受天地之心而成为自己的心，故仁爱恻隐之心就是天地生生之道。在朱子，更重视把"天地之心"作为仁性的来源，为心性论谋求宇宙论的根源。

> 问："程子说性一条云：'学者须要识得仁体。若知见得，便须立诚敬以存之。'是如何？"曰："公看此段要紧是那句？"曰："是'诚敬'二字上。"曰："便是公不会看文字。它说要识仁，要知见得，方说到诚敬。末云：'吾之心，即天地之心；吾之理，即万物之理；一日之运，即一岁之运。'

---

① 《朱子语类》第三册卷三六，中华书局，1986年，第977页。

这几句说得甚好。人也会解得，只是未必实见得。向编《近思录》，欲收此段，伯恭以为怕人晓不得，错认了。程先生又说'性即理也'，更说得亲切。"①

二程曾说，一人之心即天地之心，一物之理即万物之理，一日之运即一岁之运（《遗书》十五）。又说，所谓人者天地之心，只谓只是一理（《遗书》十五）。朱子认为这几句说得好，只是朱子记忆有差，故把一人之心即天地之心说成吾之心即天地之心。但这里的思想与上面解说子罕篇的内容是一致的。

> 又问："'以己及物，仁也；推己及物，恕也。'上句是圣人之恕，下句是贤者之恕否？"曰："上个是圣人之恕，下个贤者之仁。圣人之恕，便是众人之仁；众人之仁，便是圣人之恕。"②

关于仁与恕的分别，暂不在这里讨论。

湖湘学派自五峰起即多言天地之心，张南轩也继承了这一点：

> 问："人者，天地之心，经以礼论，而五峰以论仁者，自其体言之为礼，曰其用言之为仁。"曰："仁其体也，以其有节而不可过，故谓之礼，礼运人者天地之心之言，其论

---

① 《朱子语类》第六册卷九五，中华书局，1986年，第2440页。
② 《朱子语类》第七册卷九七，中华书局，1986年，第2483—2484页。

礼，本仁而言之也。"①

这是说，《礼记》礼运篇的"人者天地之心"是从礼的方面来说的，五峰则用天地之心论仁。这里所指的应当是五峰所说：

仁者天地之心也，心不尽用，君子而不仁者，有矣。②

其实，五峰并没有作进一步讨论。南轩在这里指出，仁是体，礼是仁的发用中的节次，因而，礼记也是以仁为本的。南轩又说：

曰："人具天地之心，所谓元者也。由是而发见，莫非可欲之善也。其不由是而发，则为血气所动，而非其可矣。圣人者，是心纯全，浑然天理，'乾知大始'之体也，故曰'乾，圣人之分也，可欲之善属焉'。在贤者，则由积习以复其初，'坤作成物'之用也，故曰'坤，学者之事也，有诸己之信属焉'。今欲用功，宜莫若养其源。先于敬用功之久，人欲寖除，则所谓可者，益可得而存矣。若不养其源，徒欲于发见之际辨择其可不可，则恐纷扰而无日新之功也。"③

这是讨论伊川对《孟子》中"可欲之谓善"的解释，南轩主张，

---

① 《朱子语类》第二册卷二七，中华书局，1986年，第690页。
② 《宋元学案》第二册卷五〇，《南轩学案》，中华书局，1986年，第1622、1614页。
③ 《宋元学案》第二册卷五〇，《南轩学案》，中华书局，1986年，第1622、1614页。

《易》所说的"元"即是天地之心，人具有此心而为人之本心，从本心而发，莫非可欲之善；如果不由此本心而发，从血气之心而发，便不皆是善。

朱子后学也讨论及此，金仁山复卦讲义云：

> 春敷夏长，万物生成，皆天地之迹，不难见也，惟《复》乃见天地之心。夫所谓天地之心者，何也？仁也，生生之道也，语其象则复卦一爻是也。夫当穷冬之时，五阴在上，天地闭塞，寒气用事，风霜严凝，雨雪交作，万物肃杀之极，天地之间，若已绝无生息，而一阳之仁，乃已潜回于地中。吁，此天地生生之所以为化生万物之初乎！异时生气磅礴，品物流行，皆从此中出，故程子谓一阳复于下，乃天地生物之心也。盖其仁意浑然，而万化之全美已具，生气闇然，而一毫之形迹未呈，此其所以为天地之心，而造化之端，生物之始也与！①

他认为，《易经》三百八十四爻，都是天地之心所寓；万物形形色色，皆是天地之心所为；而这些都是天地之心的用和迹，只有复卦才最能显现天地之心。这里说得很清楚，天地之心就是仁，亦即宇宙间的生生之道，也就是宇宙间生生不已的生机。宇宙间一切生息之机都来自仁意，这个仁意并不是有人格的天意或主观的情意，而是宇宙之中的浑然生机和闇然生气。

南宋学者发挥"人者天地之心"，莫详于方逢辰的《石峡书

---

① 《宋元学案》第三册卷八二，《北山四先生学案》，中华书局，1986年，第2739页。

院讲义》：

> 先儒论仁，最善名状者，无如谢上蔡，指草木之核，种之即生，道以为仁，其中一包，皆生理也。虽然，此物借草木之核而言耳。人之核安在？曰心。天地之核安在？曰人。夫生生不息者，天地之心也，然其心不能直遂，必以托诸人。人得天地之气以为形，得天地之理以为性，故万物皆备于我。而天地之所以生生者，实寄吾性分之内，天高地下，一日无人，则天地特块然者耳，故《孟子》曰："仁也者，人也。"二物相配之为合，仁以性言，人以形言，仁固所以为人之理，人则所以载是理而行之者，故曰："合而言之，道也。"然则，天地以此心寄诸人，岂徒然哉！许多道理，皆要从人心上抽绎出来，如草木句萌，自有勃然不可遏者，羞恶辞让是非之心，迸裂而出。上蔡曰："活者为仁，死者为不仁。"人心不仁，则天地之心亦死矣，故《孟子》又曰："仁，人心也。"七篇之书，自首至尾，切切焉以陷溺人心为忧，凡教人曰存，曰养，曰尽，曰求，曰心之端，曰心之官，曰根心，曰生心，曰物之长短轻重心为甚，直指人之识痛痒有知觉处示之，非便以知觉痛痒为仁，特欲其切己省察而救活其本心也。不然，死灰而已，槁木而已，顽石而已，此之谓不仁。庄、列之徒，正坐此病。[①]

正如草木之核所包之仁，乃是此物生生不已的生机，由此仁而有

---

① 《宋元学案》第三册卷八二，《北山四先生学案》，中华书局，1986年，第2739页。

此物之生长不已，由此可知仁即是万物生生不已的生机，内在于万物之中而为之主宰。他在这里提出一个重要的观点，天地之生机在人，人之生机在心，天地之心不能直接作用于天地万物，必须依托于人心。人得天地之气为形，得天地之理为性，得天地之心为心；人具有天地之所以生生者作为性理，此理从人心上发出，乃是仁心，心仁则天地之心活，心不仁则天地之心死，心不仁天地便不能发育流行。

王应麟说：

> 人者，天地之心也。仁，人心也。人而不仁，则天地之心不立矣。为天地立心，仁也。①
>
> 人者，天地之心也。天有四时，风雨霜露，地载神气，风霆流形，无一物而非仁。仁则清明虚静，与天地同流。②

一方面，他主张，人是天地之心，人靠什么作为天地之心？人是以人心作为天地之心。人心若不仁，则天地之心不立，所谓为天地立心，就是立以仁心。这里的天地之心不是从客观的天地立论，而完全从主观的吾心立论，吾心为仁，则天地之心立，吾心不仁，则天地之心不立。总之，完全以人之仁心为天地之心。另一方面，他又认为风雨霜露、风霆流形，无一物而非仁。这就是认为万物流形都是仁体大用，这已经近于仁体论了。

---

① 《宋元学案》第四册卷八五，《深宁学案》，中华书局，1986年，第2861页。
② 《宋元学案》第四册卷八五，《慈湖书院记》，中华书局，1986年，第2861页。

三

明代王学也没有放弃天地之心的观念。如王阳明：

> 夫人者，天地之心。天地万物，本吾一体者也。生民之困苦荼毒，孰非疾痛之切于吾身者乎？不知吾身之疾痛，无是非之心者也。是非之心，不虑而知，不学而能，所谓良知也。良知之在人心，无间于圣愚，天下古今之所同也。世之君子惟务致其良知，则自能公是非，同好恶，视人犹己，视国犹家，而以天地万物为一体，求天下无治，不可得矣。古之人所以能见善不啻若己出，见恶不啻若己入，视民之饥溺犹己之饥溺，而一夫不获，若己推而纳诸沟中者，非故为是而以蕲天下之信己也，务致其良知，求自慊而已矣。尧、舜、三王之圣，言而民莫不信者，致其良知而言之也；行而民莫不说者，致其良知而行之也。是以其民熙熙皞皞，杀之不怨，利之不庸，施及蛮貊，而凡有血气者莫不尊亲，为其良知之同也。呜呼！圣人之治天下，何其简且易哉！[①]

王阳明把"人者天地之心"当作万物一体思想的一种说法，心是身体的一部分，与身体的其他部分共成一体。既然人是天地之心，则天地万物与其心共为一整体，正如人的心和其他器官、肢

[①] 《传习录》卷中，《答聂文蔚》，参见邓艾民《传习录注疏》，上海古籍出版社，2012年，第159页。

体共同构成完整的身体一样。王阳明从这种一体说诉诸身体的感受性,而感受又是心的功能,由此引出天下一家的伦理要求。

阳明早年也说:

> 大人于天,默契其未然者,奉行其已然者。夫大人与天,一而已矣;然则默契而奉行之者,岂有先后之间哉?……是则先天不违,大人即天也;后天奉天,天即大人也;大人与天,其可以二视之哉? 此九五所以为天下之利见也欤? 大抵道无天人之别,在天则为天道,在人则为人道,其分虽殊,其理则一也。众人牿于形体,知有其分,而不知有其理,始与天地不相似耳。惟圣人纯于义理,而无人欲之私。其礼即天地之体,其心即天地之心,而其所以为之者,莫非天地之所为也,故曰:"循理则与天为一。"①

这是以理一分殊论天人合一,认为本来天人合一,人心即天地之心,但众人由于受到形体身体的限制,只了解分殊,而不了解理一,于是人与天不相似,不能合一。而众人之不了解理一是由于受到人欲之私所阻碍,只有圣人才能自然地天人合一,因此圣人之心自然的就是天地之心,常人则必须达到圣人的境界才能与天地之心相似。

《传习录》载王阳明晚年语:

> 先生曰:"你看这个天地中间,什么是天地的心?"对曰:

---

① 《王阳明全集》上,上海古籍出版社,1992年,第844页。

"尝闻人是天地的心。"曰:"人又什么教做心?"对曰:"只是一个灵明。""可知充天塞地中间,只有这个灵明,人只为形体自间隔了。我的灵明,便是天地鬼神的主宰。天没有我的灵明,谁去仰他高? 地没有我的灵明,谁去俯他深? 鬼神没有我的灵明,谁去辨他吉凶灾祥? 天地鬼神万物离去我的灵明,便没有天地鬼神万物了。我的灵明离却天地鬼神万物,亦没有我的灵明。如此,便是一气流通的,如何与他间隔得!"又问:"天地鬼神万物,千古见在,何没了我的灵明,便俱无了?"曰:"今看死的人,他这些精灵游散了,他的天地万物尚在何处?"①

这里再次指出形体对心之灵明的隔蔽,如果没有形体身躯的隔蔽,心之灵明可以通万物为一体,为天地之心,如心之灵明被私欲隔蔽,就不能成为天地之心了,也就不能以万物为一体了。

这个思想又见于王阳明的另一段语录:

要其极致,乃见天地无心,而人为之心。心失其正,则吾亦万象而已。心得其正,乃谓之人。此所以为天地立心,为生民立命,惟在吾心。……此大人所以与天地万物一体也。②

---

① 《传习录》卷下,参见邓艾民《传习录注疏》,第 277 页。
② 《王阳明全集》第五册,《稽山承语》第十条,浙江古籍出版社,2010 年,第 1608—1609 页。

阳明过于关注心，相对忽视了仁，所以他对天地之心的阐发，只是着重于心之灵明，强调心之灵明被隔蔽，人与人之间，人与万物之间，便成间隔，间隔就是不能成为一体，没有一体感了。

张阳和从王龙溪学，他说：

> 仁之为物，未易名状，故孔门罕言仁，凡所言者，皆求仁之功而已。其曰"仁者，人也。仁人，心也"。此则直指仁体矣。生生不已者，天地之心也。人之生，以天地之心为心，虚而灵，寂而照，常应而常静，谓其有物也，而一物不容，谓其无物也，而万物皆备。无物，无我，无古今，无内外，无始终，谓之无生而实生，谓之有生而实未尝生，浑然廓然，凝然，瞀然，仁之体倘若是乎！[①]

"生生不已者，天地之心也。人之生，以天地之心为心"，这与朱子仁说相近，但他未指明生生不已即是仁体，他对仁体的知解只是无物我、无古今，可知其体会乃偏在无的一边，还未亲切。

罗近溪言天心最为有见，如：

> 问："复之时义大矣，寻常言复者，多自天地万物为言，今堂额谓复心者，则自吾身而言也。"罗子曰："宇宙之间，总是乾阳统运。吾之此身，无异于天地万物，而天地万物亦无异于吾之此身。其为心也，只一个心，而其为复也，亦只一个复。经云：'复见天地之心。'则此个心，即天心

---

① 《明儒学案》上册卷一五，《浙中王门学案》五，中华书局，2008年，第326页。

也。此心认得零碎，故言复亦不免分张。殊不知天地无心，以生物为心。今若独言心字，则我有心而汝亦有心，人有心而物亦有心，何啻千殊万异。善言心者，不如把个生字来替了他，则在天之日月星辰，在地之山川民物，在吾身之视听言动，浑然是此生生为机，则同然是此天心为复。故言下唯一生字，便心与复实时混合，而天与地，我与物，亦实时贯通联属，而更不容二也已。"①

他主张天地无心，以生物为心，又认为此心便是天心，那么复卦所谓见天地之心何所指而言？他认为，在这个问题上"善言心者，不如把个生字来替了他"，用生来替换心字，即复见天地之"生"，宇宙的一切，浑然是此生生为机，这就是在复卦所见的天心。这一生机论的表达甚好，可惜他也没有点出"此生生为机"便是仁体的大用。

北方王门孟化鲤与孟我疆并称二孟，他有论学书：

> 人者天地之心，而人之心即浩然之气，浩然者感而遂通，不学不虑，真心之所溢而流也。吾之心正，则天地之心正，吾之气顺，则天地之气顺，是故爱亲敬长达之天下，怵惕恻隐保乎四海。愚不肖夫妇之与知与能，察乎天地者以此，君子居室，言行之加民见远，动乎天地者以此。其功在于必有事，其几在于集义。集义者，即乎心之所安，不学不虑，感而遂通者也。时时即心所安，是谓时时集义，时时集

---

① 《明儒学案》下册卷三四，《泰州学案》三，中华书局，2008年，第801页。

义，是谓时时有事，时时有事，是谓时时浩然，时时浩然，是谓时时为天地立心，是谓时时塞天地。缘天地间本如是，其广大亦本如是。其易简或者知气塞天地，而不求诸心，而不本之集义，心非真心，气非浩然，欲希天地我塞难矣。①

他以气说心，认为人是天地之心，而人心即浩然之气，浩然之气感而遂通，心便是正，天地之心于是乎正。吾心浩然之气顺，则天地之气顺，天下之伦理秩序顺。这种思想是宋明理学中常见的思想，也是阳明学中的思想。

甘泉门下亦讲天地之心，如：

> 又曰："'复，其见天地之心。'体认是反躬而复也，天地之心即我之心。生生不已，便无一毫私意参杂其间，此便是无我，便见与天地万物共是一体，何等广大高明！认得这个意思常见在，而乾乾不息以存之，这才是把柄在手，所谓其几在我也。到那时，恰所谓开阖从方便，乾坤在此间也。宇宙内事，千变万化，总根源于此，其妙殆有不可言者，然只是一个熟，如何？"先生曰："此节所问所答皆是，然要用功实见得方有益。中间云'纔体认便心存，心存便见天理'，不若心存得其中正时，便见天理也。如此体认工夫，尤更直截。其后云云，待见天理后，便见得亲切也。"②

这是以功夫论的角度看复卦的天地之心说，认为天地之心即我

---

① 《明儒学案》上册卷二九，《北方王门学案》，中华书局，2008年，第648页。
① 《明儒学案》下册卷三七，《甘泉学案》一，中华书局，2008年，第895、896页。

的心，复其见应当理解为体仁反躬，能反躬便与天地万物共是一体。

李中《谷平日录》云：

> 复，其见天地之心乎？人得是心以为心，人之心天地之心也，但私则与天地不相似，一去其私，则我之心即天地之心，圣人之为圣人，全此心而已。①

这些说法都是主张对于复见天地之心，不必从宇宙论上去理解，而可以从人心论上去理解，把关注点从天地之心转移到人之心，重要的是人得天地之心以为心，人之心必须去除私意以和天地之心相似，人若能使自家心与天地之心一般，达到这样的境界便是圣人。他又说：

> 人得天地之心为心，仁也，其用，则义也。孔子于《易》曰："立人之道，曰仁与义。"孟子曰："仁，人心也。义，仁路也。"终之以"学问之道无他，求其放心而已。"此求仁之说也。体用一原，显微无间，立其体，则寂然不动，浑然天理；及其感而遂通天下之故，则致用各异，所谓义也。圣贤之正脉，其在是乎？②

这是说，人得天地之心以为心，指的是仁心，仁心是从天地之心

---

① 《明儒学案》下册卷五三，《诸儒学案下》一，中华书局，2008年，第1262、1269页。
② 《明儒学案》下册卷五三，《诸儒学案下》一，中华书局，2008年，第1262、1269页。

得来的。仁心发为实践,便是用,义是用的层面。这个说法回到孟子人心人路的说法,其实义不能说只是用,在孟子也有四心之说,义也是本心的一面。

宋明时代,儒学的仁体论和道体论、实体论都已经相当发达,天地之心的思想与这些讨论往往交叉,读者若能兼通于这些思想论述,则可对本文所叙述的思想更得一深入的理解。

心学传统中的神秘主义问题[①]

一、引言

中国古典哲学中，道家和佛教常常被作为东方神秘主义的典型形态，对此加以讨论的学者也有很多，史华兹（Benjamin I. Schwartz）的近著《中国古代的思想世界》，在关于老子的一章中也还专辟一节加以讨论。但对儒家传统（特别是宋明理学）中的神秘主义问题，较少有人注意。

"神秘主义"在英文作mysticism，此一概念的外延和内涵在西方学者中常各异其说。一般而言，在中世纪基督教神学传统中，mystical一词是指人所达到的一种宗教觉解的高级阶段。而后，逐步由比较宗教学家、哲学家、人类学家应用到与基督教经验类似的其他宗教经验，甚至一些非宗教的文化现象上面，成为一个普遍的phenomenological concept。按照比较宗教学的立场，mysticism是和mystical experience即"神秘经验"或"神秘体验"联系在一起的。神秘经验或神秘体验是指宗教信徒经过特定的修养方法所获得一种高级的内心体验。但是，一个西方的学

[①] 选自陈来：《宋明儒学论》，复旦大学出版社，2010年。原载于《文化：中国与世界》第五辑，生活·读书·新知三联书店，1988年。

术概念或范畴一经译为中文，即获得了一种相对独立性。如"唯物主义""唯心主义"，都在中国逐步有了自己的解释传统。学术界中，"神秘主义"往往包含了各种民间迷信，因而与表示高级的内心体验的mysticism就不能完全相合，谢扶雅先生曾提出译为"神秘"不切，应为"神契"，以示我与非我的契合。[①]但在下面的叙述可以看到，"神契"只适用于某些神秘体验。若依我的意思，mystical experience本可译为神悟的体验。但语言乃约定俗成，人创其说，徒增其乱，所以也就无须改译。本文所要考察的正是儒家传统中是否存在神秘体验（mystical experience）的问题，这一问题可以使我们从另一角度认识中国哲学的特点，帮助我们理解中国哲学的许多重要思想命题，也可以使我们进一步反省儒家的局限，认清当代儒学发展的方向。

比较宗教学家早就发现，在世界上的主要宗教传统中都存在着所谓"神秘体验"的现象，这种神秘体验的基本特征是通过一定的修持所获得的一种突发的、特别的心理感受。但在不同的宗教传统中，此种体验的内容与其解释以及伴随产生的情感形式有所不同。如基督教神秘体验的基本内容是"与神合一"（union with God），"体验"这里是指人之内心所获得的感受、感觉、心象的组合，人感到超越了自我与上帝的巨大差隔，与上帝合而为一。印度教的最高境界是体验到个体灵魂与宇宙最高实在婆罗门的"梵我同一"。佛教的体验则与前两者都不相同，佛教的最高体验既不引导到任何最高实在（supreme being），也不承认有灵

[①] 谢扶雅：《宗教哲学》，香港，1959年，第141页。

魂（soul or atman）。所谓涅槃（nirvana）乃是一种高级的内心体验境界，既否认自我与超越存在的融合，也否认灵魂对肉体的摆脱，而是一种对"空"的洞见与体验，是克服了任何有我的心灵状态[①]。

不管这些宗教体验有何差别，从比较宗教学的观点看，这些神秘体验具有一些共同的特征。威廉·詹姆斯（William James）在他的 *Varieties of Religious Experience* 一书中提出所有神秘经验的四个普遍特征：不可言喻的、直觉的、瞬间获得的、受动的。但这四点基本上是从形式上着眼，不涉及体验在内容及情感表现的共通性。史泰思（W. T. Stace）对神秘体验进行了深入研究，他认为神秘经验的基本特征是言语道断的、悖反的、神圣感、实在感，而根本特征则是"合一性"（oneness）体验。他指出，虽然基督教体验的"合一"与印度教体验的"同一"有区别，前者是union，后者是identity，但可以认为他们都体验到一种无差别的、单纯的浑一。而佛教体验则排除了一切思维情感，其结果也还是一种单纯的浑一。史泰思进一步指出，根据这种"合一性"的不同表现，一切神秘经验大体可以归为两类，即外向的（extrovertive）神秘体验和内向的（introvertive）神秘体验。他比较了世界上各种神秘体验后提出，这两类神秘体验各自具有七个特点，其中有五个特点对两类体验是相同的，如神圣感、实在感、宁静、愉悦或兴奋、不可言喻，而两类体验的不同在于，外向体验是体验到宇宙万物的浑然一体（all things are one），而

[①] S. T. Katz：Mysticism and Philosophical Analysis，p.29.

内向的神秘体验则是体验到一种纯粹意识（pure consciousness），这种无差别的纯粹意识感到自己即是整个实在，超越了一切时空的差别[①]。尼尼安·斯马特（Ninian Smart）提出神秘经验的典型特征是达到了不可言喻的巨大快乐、对永恒的感受，以至获得了一种全新的世界观。本阿米（Ben-Ami Scharfstein）等则讨论过神秘经验的技术，认为达到神秘经验的重要而基本的方法是自我控制，具体地说是集中（concentration）、呼吸的调节和冥想（meditation）[②]。

根据比较宗教学的研究，可以这样说，神秘体验是指人通过一定的心理控制手段所达到的一种特殊的心灵感受状态，在这种状态中，外向体验者感受到万物浑然一体，内向体验者则感受到超越了时空的自我意识即整个实在，而所有神秘体验都感受到主客界限和一切差别的消失，同时伴随着巨大兴奋、愉悦和崇高感。宗教徒十分重视它，并以此作为教义的经验验证。心理学家詹姆士·鲁巴（J. H. Leuba）的 *Psychology of Religious Mysticism* 则强调神秘经验乃受潜意识支配，是在特定条件下的心理反应或错觉。但比较文化和比较宗教的研究表明，无论如何，神秘经验是一种重要的意识现象，并普遍影响到各种文化的发展。

本文对儒学神秘体验的探讨，基本上是作为一种 phenomenological description of mystical experience。应当说明，我在本文虽以讨论神秘经验为主旨，确认古典儒学特别是宋明理学包含有神

[①] W. T. Stace：Mysticism and Philosophy，p.131.
[②] Ninian Smart：Reasons and Faiths, p.55；Ben-Ami Scharfstein：Mystical Excp-erience, p.99；R.M.Gimello：Mysticism and Meditation 等。

秘主义传统，但并不是说神秘主义是儒学的主导传统，相反，在我看来，理性主义一直是儒学的主导传统，应当批判地继承和发扬。

二、明代心学的神秘体验

为了论述的方便，本文采取倒叙的方法，即先讨论明代儒学的神秘体验，然后再溯至宋代以前，这是因为明代儒学的神秘体验发展得最充分，记述得也较详细。

黄梨洲尝言："有明之学，至白沙始入精微，其吃紧工夫，全在涵养。"[①]陈白沙自述为学云：

> 仆才不逮人，年二十七，始发愤从吴聘君学……如是者亦累年，而卒未得焉。所谓未得，谓吾此心与此理未有凑泊吻合处也。于是舍彼之繁，求吾之约，惟在静坐。久之，然后见吾此心之体，隐然呈露，常若有物，日用间种种应酬，随吾所欲，如马之御衔勒也。[②]

陈白沙这里所说的正是一种通过静坐（meditation）这种基本修养方式所获得的内心体验。这种静坐体验在儒学中具有典型意义，就上述体验而言，其特点是"心体呈露"。对于缺乏这种经验的人来说，要准确地解说何为"心体呈露"是有一定困难的，但是基本上可以断定这是近于"内在的神秘经验"所谓纯粹意识的呈

[①]《明儒学案》，中华书局，1985年，第78页。
[②]《白沙子全集》卷二，《覆赵堤学》。

现。因为"心体"指心的本然之体,即本来状态,宋明儒者以静坐屏除心中念虑,观未发之气象,都是在寻求这个"心体"的呈现。白沙为学主张"须从静中养出个端倪来"①,就是要求学者通过 meditation 获得"心体呈露"的经验。不过,白沙还有过另外一种神秘经验,如他所说:

> 天地我立,万化我出,而宇宙在我矣。得此欛柄入手,更有何事。往古来今,四方上下,都一齐穿纽,一齐收拾。②

此种境界即是自我与宇宙合一的神秘经验,所谓"往古来今,四方上下,都一齐穿纽,一齐收拾",当是指超越时间的感受。这种神秘经验的工夫就是白沙所谓的"欛柄"。

阳明之学力主"知行合一"与"致良知",但其初下手处亦有得于神秘体验。阳明于弘治中在洞中静坐、修习导引之术;后在常德、辰州专教人静坐,自云:"兹来乃与诸生静坐僧寺,使自悟性体,顾恍恍若有可即者。"③《年谱》记其龙场悟道云:

> 日夜端居澄默,以求静一。久之,胸中洒洒。……因念圣人处此更有何道。忽中夜大悟格物致知之旨,寤寐中若有人语之者,不觉呼跃,从者皆惊。始知圣人之道,吾性自足,向之求理于事物者误也。④

---

① 《白沙子全集》卷二,《与林郡博》。
② 同上。
③ 《阳明先生年谱》庚午条。
④ 《阳明先生年谱》戊辰条。

黄绾为阳明所作《行状》亦云：

> 公于一切得失荣辱皆能超脱，惟生死一念尚不能遣于心，乃为石廓，自誓曰：吾今惟俟死而已，他复何计！日夜端居默坐，澄心精虑，以求诸静一之中。一夕忽大悟，踊跃若狂者。[1]

依《年谱》所说，阳明悟道似乎是参话头所得，但据《行状》，端居默坐，澄心精虑，求诸静一，还是以静坐的方法，丢除内心一切思维欲念，使注意力完全集中在内心，这种"吾性自足"的体验还是白沙一路的心体呈露，他的"忽大悟"和"踊跃若狂"更是神秘体验的基本特征。阳明虽不以此种神秘体验为宗旨，但认为由此入手，也是圣贤工夫。

王龙溪曾述阳明在阳明洞天修习静坐而得神秘体验的经历：

> 究心于老佛之学，缘洞天精庐日夕勤精修，炼习伏藏，洞悉机要，其于彼家所谓见性抱一之旨，非惟通其义，盖已得其髓矣。自谓尝于静中内照形躯如水晶宫，忘己忘物、忘天忘地，与空虚同体，光耀神奇、恍惚变幻，似欲言而忘其所以言，乃真境象也。及至居夷处困，动忍之余，恍然神悟，不离伦物感应，而是是非非，天则自见。（《龙溪先生全集》卷二，《滁阳会语》）

---

[1]《阳明全书》卷三十七。

此中"自谓"即指阳明自述其所得体验，龙溪此说得自阳明，必为可信，由此可见阳明也曾有过天地万物为一体的神秘体验。

黄宗羲论有明朱学，谓不过此一述朱、彼一述朱；又引高攀龙语，谓薛敬轩、吕泾野皆无透悟①。其实，朱学本来反对此种"透悟"的体验。与之成为对照，为王学者却颇多言悟。阳明妹婿徐爱云：

> 吾始学于先生，惟循迹而行，久而大疑且骇，然不敢遽非，必反而思之，思之稍通，复验之身心。既乃恍若有见，已而大悟，不知手之舞、足之蹈，曰："此道体也，此心也，此学也。"②

徐爱对其如何"验之身心"的工夫语而未详，但他"恍若有见，已而大悟"，见心体道体，而手舞足蹈，当也是一种神秘体验。

阳明弟子聂双江，在嘉靖时曾入诏狱。《明儒学案》载：

> 先生之学，狱中闲久静极，忽见此心真体，光明莹彻，万物皆备。乃喜曰："此未发之中也，守是不失，天下之理皆从此出矣。"及出，与来学主静坐法，使之归寂以通感，执体以应用。③

---

① 《高子遗书》卷五；《明儒学案·姚江学案》按语。
② 《明儒学案》卷十一，第223页。
③ 《明儒学案》卷十七，第372页。

聂双江"忽见此心真体,光明莹彻,万物皆备"的体验典型地表达了儒学神秘体验的内容。由静坐达到体验,这一方法被中国哲学称为"归寂以通感"。

同时,罗念庵引双江为同调,双江之学以静为主,即同门亦有讥为禅悟者,认为他把未发之功全变成神秘体验;罗念庵却称"双江所言,真是霹雳手段"。盖罗念庵初时也从禅学入手,"辟石莲洞居之,默坐半榻间,不出户三年,事能前知""先生尝阅楞严,得返闻之旨,觉此身在太虚,视听若寄世外。见者惊其神采,先生自省曰:误入禅定矣"。但他后来仍依方与时"圣学者亦须静中恍见端倪始得"的方法练习夜坐工夫①,可见他的功夫始终在静坐体验一途。方与时把白沙"静中养出端倪"改为"静中恍见端倪",以神秘体验为工夫更为明确了。

罗念庵自己曾叙述所得:

> 当极静时,恍然觉吾此心中虚无物,旁通无穷,有如长空云气流行,无有止极。有如大海鱼龙变化,无有间隔。无内外可指,无动静可分,上下四方,往古来今,浑成一片。所谓无在而无不在,吾之一身乃其发窍,固非形质所能限也。②

与聂双江的"内向体验"不同,罗念庵详细叙述了他的"外向体验"。所谓内向或外向,并不是指体验者用心方向的不同,而是

---

① 《明儒学案》卷十八,第390页。
② 《念庵文集·与蒋道林》

指体验的内容和结果有以宇宙为主和以自我意识为主的不同。陈白沙的体验虽然也是往古今来四方上下一齐收拾，但强调"天地我立，万化我出"，毕竟以意识之我为主。而念庵所述，并没有任何作为纯粹意识的我，整个宇宙浑然一体，无内外、无动静、无间隔，超越了时间、空间及一切差别，体验到真正的无限感。这显然是一种神秘的心理体验。罗念庵的例子更可明显看出佛道两家的静坐及体验对宋明儒学发生的深刻影响。

阳明另一弟子王龙溪持四无之说，他主张以"无善无恶"为心之体，似有近于佛教对"空"的神秘体验为基础。在修养的方法上他主张"从静中收摄精神，心息相依，以渐而入"，十分看重静坐调息，其目的大体也在由此悟人。他曾说："师门尝有人悟三种教法：从知解而得者，谓之解悟，未离言诠；从静中而得者，谓之证悟，犹有待于境；从人事炼习而得者，忘言忘境，触处逢源，愈摇荡愈凝寂，始为彻悟。"[1]由此看来，龙溪虽不以"静中证悟"为最高境界，但也还承认王门中有此一悟法。

龙溪弟子万廷言（字思默），亦曾学于罗念庵。思默尝向龙溪自述其体验：

> 始学静坐，混混嘿嘿，不着寂，不守中，不数息，一味收摄此心。所苦者此念纷飞，变幻奔突，降伏不下，转转打叠。久之，忽觉此心推移不动，两三日内如痴一般，念忽停息，若有一物胸中隐隐呈露，渐发光明。自喜此处可是白沙所谓"静中养出端倪"？此处作得主定，便是把握虚空，觉

---

[1]《明儒学案》卷十二，第253页。

得光明在内，虚空在外，以内合外，似有区宇，四面虚空，都是含育这些子，一般所谓"以至德凝至道"似有印证。[①]

万思默静坐，一遵龙溪"收摄此心"的方法，初学时杂念纷扰反而多于平时，渐渐入静，忽然内心呈现出一种特别的状态，在这种状态中好像有什么东西呈露出来，同时伴随一种光明感。他确信，这是对陈白沙"心体呈露"体验的再经验。黄宗羲述万思默自序为学：

> 弱冠即知收拾此心，甚苦思，强难息，一意静坐，稍觉此中恰好有个自歇处。……幸得还山，益复杜门静摄，默识自心。久之，一种浮妄闹热习心忽尔销落，觉此中有个正思，惟隐隐寓吾形气，若思若无思，洞彻渊澄，廓然无际。[②]

万思默参究此学数十年，不为不久，他所体验的"洞彻渊澄，廓然无际"是指对"心体"的体验，比他初学静坐时隐露心体似又进了一步。

胡直（字正甫）亦从学罗念庵，念庵尝教其静坐。他说罗念庵不尽信阳明之学，专教学者主静无欲。后来，胡直又学禅于邓钝峰（鲁），他在《困学记》中自述：

> 或踞床，或席地，常坐夜分，少就寝，鸡鸣复坐，其

---

① 《明儒学案》卷十二，第254页。
② 《明儒学案》卷二十一，第502页。

功以休心无杂念为主，其究在见性。予以奔驰之久，初坐至一二月，寤寐间见诸异相。钝峰曰："是二氏家所谓魔境者也。……"至六月遂寂然。一日，心思忽开悟，自无杂念，洞见天地万物，皆吾心体。喟然叹曰：予乃知天地万物非外也。①

胡直得此体验后告之邓钝峰，邓谓"子之性露矣"。胡直甚喜。但不久"因起念，遂失初悟"，因是复极寻绎：

一日同诸君游九成台，坐地方欠身起，忽复悟天地万物果非在外。印诸子思"上下察"、孟子"万物皆备"、程明道"浑然与物同体"、陆子静"宇宙即是吾心"，靡不合旨，视前所见，洒然彻矣。②

胡直的体验也很典型，基本进路也是由静坐入手，息除各种念虑，在极静中突发地获得一种悟境，他体验所得的"天地皆吾心体，万物非外"大体上类似灵魂与宇宙合一的经验。尤其是他一语道破儒学体验自思孟以来的传统，表明他对此种工夫确乎是深造有得。

蒋信号道林，曾学于阳明、甘泉，《学案》述其学：

先生初看《论语》与《定性》《西铭》，领得"万物一体"是圣学立根处。三十二、三时病肺，至道林寺静坐。久之，

---

① 胡直：《困学记》。
② 同上。

并怕死与念母之心俱断。一日，忽觉洞然宇宙，浑属一身，乃信明道"廓然大公""无内外"是如此，"自身与万物平等看"是如此。①

宋明儒者不少如蒋信，因体弱病患从佛老修习，初意不过只在卫生而已。但佛之禅定、道之调息都很容易引发神秘经验，体验者习于所熟，自会印证于五经四书先儒语录，若有所合，即此信为证悟，立为教法。阳明另一弟子王心斋，见阳明前曾有一段经历：

> 先生虽不得专功于学，然默默参究，以经证悟，以悟释经，历有年所，人莫能窥其际也。一夕，梦天堕压身，万人奔号求救，先生举臂起之，视其日月星辰失次，复手整之，觉而汗溢如雨，心体洞彻。记曰正德六年间居仁三月半时二十九岁。②

《年谱》说他二十七岁始"默坐体道，有所未悟，则闭关静思，夜以继日，寒暑无间"，可知他二十九岁梦悟是他平日默坐静思的结果。心斋路径虽然也主默坐，但偏于参话头，无论如何，他的"心体洞彻"也是一种神秘体验，自无可疑。

王门之中也有不讲此种体验工夫的，如邹守益之学多得力于敬，他深知"夫流行之为性体，释氏亦能见之"，意谓释氏也是

---

① 《明儒学案》卷二十八，第628页。
② 《王心斋先生全集》卷二。

通过神秘体验证得性体,其《青原赠处》不录无善无恶之说,也包含了反对这种体验的意义。但其子颖泉之学,据黄宗羲说"入妙通玄,都成幻障"[1]。这所谓幻障,所谓入妙通玄,都是指以神秘体验为宗旨,失却戒慎恐惧的笃实工夫。颖泉之子邹德涵也曾刻苦自修,"反闭一室,攻苦至忘寝食,形躯减削。……久之,一旦雪然,忽若天塘,洞彻本真,象山所谓此理已显也"[2]。所以,黄宗羲说他比其父的幻障更多一层。

明儒中记述自己体验最详的是高攀龙。他曾自述为学的四个主要阶段:二十五岁时闻顾宪成讲学,始志于学。先服膺朱子大学或问人道莫如敬之说,"故专用力于肃恭收敛,持心方寸间,但觉气郁身拘,大不自在,及放下,又散漫如故,无可奈何"。他的下手处,正是认调息为主敬,差失处即气功家所谓失功了也。登第后,"冬至朝天宫习仪,僧房静坐,自见本体。忽思'闲邪存诚'句,觉得当下无邪,浑然是诚,更不须觅诚,一时快然如脱缠缚"。这是他由静坐初得,体验到愉悦和解放感。他的自见本体是指本心。又数年,赴揭阳,过杭州六和塔,有省,于舟中设席,发愤下功夫,"严立规程,以半日静坐,半日读书"。静坐中不帖处,只将程朱所示法门,参求于几,"诚敬主静""观喜怒哀乐未发""默坐澄心、体认天理"等,一一行之。"立坐食息,念念不舍,夜不解衣,倦极而睡,睡觉复坐,于前诸法,反复更互,心气清澄时,便有塞乎天地气象,第不能常。"他将宋儒种种静中工夫都拿来一一试过,但所得气象仍属一般主静所

---

[1]《明儒学案》卷十六,第335页。
[2] 同上。

得,算不上有真正体验。舟行两日,过汀州:

> 陆行至一旅舍,舍有小楼,前对山,后临涧,登楼甚乐。偶见明道先生曰:"百官万务、兵革百万之众,饮水曲肱,乐在其中。万变俱在人,其实无一事。"猛省曰:"原来如此,实无一事也。"一念缠绵,斩然遂绝。忽如百斤担子,顿尔落地。又如电光一闪,透体通明,遂与大化融合无际,更无天人内外之隔。至此见六合皆心,腔子是其区宇,方寸亦其本位,神而明之,总无方所可言也。平日深鄙学者张皇说悟,此时只看作平常,自知从此方好下工夫耳。①

高攀龙的顿悟也是以静坐工夫为基础,其中也夹有多年参"心要在腔子里"这一话头的成分。他的心与大化融合无际,即与宇宙合为一体;更无天人内外之隔,即泯除一切差别的体验。他的"电光一闪,通体透明"更显出这一彻悟的神秘性质。刘宗周说他半杂禅门即是指此。

三、宋代心学的神秘体验

明代儒学的神秘体验为我们了解宋代儒学提供了一些基本的线索和方向,正如明代儒学的神秘体验多出于王学一系,宋代儒学的体验也较多见于陆学。

陆象山弟子杨简(号慈湖)"尝反观,觉天地万物通为一体,

---

① 《高子遗书》卷三,《困学记》。

非吾心外事。陆象山至富阳,夜集双明阁,象山数提'本心'二字。先生问何谓本心,象山曰……。先生闻之忽觉此心澄然清明,亟问曰:'止如斯邪?'象山厉声答曰:'更何有也!'先生退,拱坐达旦。……观书有疑,终夜不能寐,曈曈欲晓,洒然如有物脱去,此心益明"①。杨慈湖静坐反观,体认得天地万物通为一体,后来,他接受象山本心之说,并非在富阳听扇讼时当下即悟,也是复从"拱坐达旦"的静坐下手,方始有了对"此心"的证悟。所以,对他来说,从学象山是使他的神秘体验从外向的万物一体进而转至内向的本心澄明。

从神秘体验的角度,慈湖的《己易》就不难理解。《己易》历来被认为张皇过甚,满纸大空之言,无可把握,如"《易》者,己也,非有他也。以《易》为书,不以《易》为己,不可也。以《易》为天地之变化,不以《易》为己之变化,不可也。天地我之天地,变化我之变化,非他物也"②。站在理性思维和一般哲学思辨的立场,我们除了感到一种自大狂妄,几乎无法探知这一系列命题提出的认识根据。实际上,这种把宇宙永恒无限的变易过程视为与自我合而为一,从杨简学术的基本取向上可以断定是基于神秘体验的描述。描述的内容并不是理性和逻辑思维的结果,而是一种特定的心理体验。杨简《绝四记》说:"一日觉之,此心无体,清明无际,本与天地同,范围无内外,发育无疆界。"这种"觉"也就是"悟"。同时,陈淳(北溪)曾激烈批评陆学,说:"浙间年来象山之学甚旺,由其门人有杨袁贵显,据要津唱

---
① 《宋元学案·慈湖学案》及《慈湖先生遗书》卷十八,《行状》。
② 《慈湖先生遗书》卷七。

之,不读书,不穷理,专做打坐工夫。"①北溪此言当有所据。盖叶水心已指出:"陆子静后出,号称径要简捷,诸生或立语已感动悟入",为其学者"澄坐内观"②。这"澄坐内观"正是心学体验的基本工夫。

慈湖门人叶祐之,字元吉,以《绝四记》为工夫。《宋元学案》述其体验云:

> 得慈湖《绝四记》读之,知此心明白广大,异乎先儒缴绕回曲之说。自是读书行己,不敢起意。寐中闻更鼓声而觉,全身流汗,失声叹曰:"此非鼓声,皆本体光明变化。"而目前常若有一物。慈湖至吴,先生抠衣求教,一闻慈湖言,其物泯然不见。慈湖之诗曰:"元吉三更非鼓声,慈湖一夜听鹅鸣。是同是异难声说,何虑何思自混成。炉炭几番来暖热,天窗一点吐圆明。起来又睹无穷景,水槛澄光万里清。"③

禅家公案有太原孚上座静虑收心,闻鼓角声契悟的故事,叶祐之的闻声悟道与之非常相似。这"澄光万里清"正是慈湖以《绝四记》教人的境界。

象山门下杨袁并称,袁燮字和叔,"初先生遇象山于都城,象山即指本心洞彻通贯,先生遂师事而研精覃思,有所未合,不敢自信。居一日,豁然大悟,因笔于书曰:'以心求道,万别千

---

① 《北溪文集·答陈师夏》。
② 《水心文集·胡崇礼墓志铭》。
③ 《宋元学案》卷七十四。

差。通体吾道，道不在他。'慈湖与先生同师，造道亦同"①。所谓"通体吾道，道不在他"，乃是证得心道通为一体。此种豁然大悟，虽未说明是从静坐中来，亦是一种神秘体验，故说与慈湖造道相同。象山门下傅梦泉，最为朱子所不喜，其早年为学，"一日读《孟子》公孙丑章，忽然心与相应，胸中豁然……尝谓人曰，人生天地间，自有卓卓不可磨灭者在，果能如此涵养，于此扩充良心善端，交易横发，塞乎宇宙，贯乎古今"②。傅子渊后来失心而死，朱子认为与其下手处偏有关，指他是走火入魔而致精神失常。同时还有石宗昭，兼从陆朱吕问学，吕东莱死，他所作祭文中有"电光石火不足恃"之说，象山闻之颇为恼怒。

"电光石火"当指陆学顿悟体验而言。

叶水心、陈北溪说陆学学者专做静坐内观的工夫，论其实，陆子静未尝以此为宗旨，但他确曾教人静坐体验。《语录》载詹阜民录：

> 某因思是，便收此心，然惟有照物而已。他日侍坐，无所问，先生谓曰："学者能常闭目亦佳。"某因此无事则安坐瞑目，用力操存，夜以继日。如此者半月，一日下楼，忽觉此心已复澄莹，中立窃异之，遂见先生。先生目逆而视之，曰："此理已显也。"某问先生何以知之，曰："占之眸子而已。"因谓某："道果在迩乎？"某曰："然。"③

---

① 《宋元学案》卷七十五。
② 同上。
③ 《象山全集》卷三十五，《语录下》。

此事足以证明象山曾教学生"安坐瞑目"以体证道我合一和本心澄莹，所以后来明代邹德涵一旦"洞彻本真"，立即悟道："此即象山所谓此理已显也。"

不但陆学及门各弟子多有此种体验，其私淑者也是如此。赵彦肃（字子钦）死，杨慈湖为其作《行状》云：

> 业成，又去习先儒诸书，自谓无不解者，逮从晦岩沈先生游，因论太极不契，愤闷忘寝食。遂焚平昔所业数箧，动静体察，工夫无食息闲。一日舟行松江，闻晨鸡鸣，已而犬吠，通身汗浃，前日胸中窒碍，一时豁去。其后以语学者，且曰："不知此一身汗自何而至。"省觉之初有诗曰："循缘多熟境，溺法无要津，虚心屏百虑，犹是隔几尘。云边察飞翼，水底观跃鳞，闷杀鲁中叟，笑倒濠上人。"①

赵彦肃闻鸡鸣犬吠，通身大汗而悟，与叶祐之相近，其方法大体也是把注意力长时间集中在内心一点，借助某种机缘而达到高峰体验。另有陈葵字叔向，其学亦近小陆，朱子亦敬其人，叶水心志其墓曰："君既与魏益之游，每恨老虑昏而无所明，记忆烦而不足赖。益之因教以尽弃所怀，独立于物之初。未久，忽大悟，洪纤大小，高下曲直，皆仿佛有见焉。"②这一种体验语焉未详，难于进一步了解。

---

① 《宋元学案》卷五十八。
② 《宋元学案》卷六十一。

小陆之学，以易简标榜，学问主张尊德性发明本心，也是实有所见。他说读孟子而自得之，亦不是虚言。但陆学门径往往有含混处，如究竟如何发明本心，学者常患没有下手处。体验一路，以教詹阜民静坐一事观之，象山本是认可这一种工夫。此盖由他自己初时也曾有得乎此，唯不以此为宗旨，与阳明略同。陆象山三四岁时即穷索天地何所穷际的问题，苦参多年不得其解，至十四岁时大悟，象山《年谱》载：

> 先生自三四岁时思天地何所穷际不得，至于不食，宣教公呵之，遂姑置，而胸中之疑终在。后十余岁因读古书至宇宙二字，解者曰"四方上下曰宇，往古来今曰宙"，忽大省，曰："原来无穷"，乃援笔书曰："宇宙内事乃己分内事，己分内事乃宇宙内事。……"又曰："宇宙便是吾心，吾心即是宇宙。……"又曰："宇宙不曾限隔人，人自限隔宇宙。"[①]

从神秘体验的角度来看，象山所说的省悟，无非也是心与宇宙合而为一，并超越了时间、空间的证悟。治理学的人多从理性上了解象山"吾心即是宇宙"这些话，这些话并不是不能加以理性的解释，但我们从陆王心学的神秘体验传统来看，必须在理性的了解之外，加以神秘体验的说明，才更加顺理成章，亦庶几可以理解十几岁的象山何以会讲出这一番惊人的话来。后来，象山与徐子宜同赴南宫之试，论天地之性人为贵，象山出云："某

---

① 《象山全集》卷三十六，《年谱》辛未条。

欲说底却被子宜道尽,但某所以自得受用底,子宜却无。"①陆之"自得受用底"当指他确有体验证悟。而杨慈湖所谓"天地我之天地,变化我之变化",与小陆"宇宙便是吾心,吾心即是宇宙"也是一脉相承而来。

关于两宋理学程朱一派的体验问题,对理解整个宋代理学也极为重要。朱子早年最重要的老师是李侗(延平),李侗从学罗从彦(豫章),罗从彦受业于二程高弟杨时(龟山)。龟山—豫章—延平—考亭这一师承传统称为"道南学派"。然而,如果仅仅从师承着眼,就不能理解道南的特点及道南发展到朱子所出现的重大变化。

从杨时到李侗,道南一派极力推崇《中庸》的伦理哲学,尤其注重其中的"未发已发"之说。《中庸》说:"喜怒哀乐之未发谓之中,发而皆中节谓之和。中也者,天下之大本也;和也者,天下之达道也。"杨时强调:"学者当于喜怒哀乐未发之际,以心体之,则中之义自见。"②这就把《中庸》"未发"的伦理哲学引向具体的体验实践,而"体验未发"也就成了龟山门下的基本宗旨。这在从罗从彦到李侗的发展中尤为明显。朱子说:"初龟山先生倡道东南,士之游其门者甚众,然语其潜思力行、在重诣极如罗公(从彦),盖一人而已。……(李侗)闻郡人罗仲素(从彦字)先生得河洛之学于龟山杨文靖公之门,遂往学焉。尽得其所传之奥。"③这表明自杨而罗而李代表了道南的正统传承。罗从

---

① 《象山全集》,《年谱》壬辰条。
② 《龟山文集》卷四。
③ 《朱子文集》卷九十七,《延平李公行状》。

彦与李侗一生用力处唯在"体验未发"。李侗曾与朱子书云:"某曩时从罗先生问学,终日相对静坐,只说文字,未尝及一杂语。先生极好静坐,某时未有知,退入室中亦只静坐而已。先生令静中看喜怒哀乐未发之谓中,未发时作何气象。"①所以朱子也说:"先生(李侗)既从之学,讲诵之余,终日危坐,以验夫喜怒哀乐未发之前气象如何,而求所谓中者。若是者盖久之,而知天下之大本真有在乎是也。"②李侗向朱子传授的仍是这一点,朱子指出:"李先生教人,大抵令于静中体认大本未发时气象分明,即处事应物自然中节,此乃龟山门下相传指诀。"③

可见,"体验未发"确实是道南一派真传宗旨。罗李的工夫完全是静坐,持之以久,就会获得"天下之大本真有在乎是"的体验。因此,所谓体验未发,如前述种种神秘体验一样,都是要求体验者超越一切思维和情感,最大限度地平静思想和情绪,使个体的意识活动转而成为一种直觉状态,在这种高度沉静的修养中,把注意力集中在内心,去感受无思无情无欲无念的纯粹心灵状态,成功的体验者常常会突发地获得一种与外部世界融为一体的浑然感受,或者纯粹意识的光明呈现。因而,道南宗旨在本质上看是直觉主义的,并包涵着神秘主义。这种神秘主义在儒学中的建立,显然是来自禅宗和道教的影响。理学家多从禅宗修习,从道教养生,自然注意到这种心理体验。但理学作为儒学,与二氏的不同在于,他们企图把这种内心体验作为提高人的品格境界

---

① 《延平答问》庚辰五月八日书。
② 《朱子文集》卷九十七,《延平李公行状》。
③ 《朱子文集》卷四十,《答何叔京》第二书。

和心性修养的手段。朱子早年曾从开善道谦禅师下工夫,对禅宗的"里面体认"非常熟悉,故受教延平寻求未发后,他立即指出:"原来此事与禅学十分相似,所争毫末耳,然此毫末却甚占地位。"①

罗从彦、李侗终日静坐体验,寻求"天下之大本真有在乎是"的感受,这一点当承自杨时。杨时不但倡导心体未发,其格物思想也渗入此种体验精神。他说:"物固不可胜穷也,反身而诚,则举天下之物在我矣。"②朱子后来总是批评杨时这一说法:"近世如龟山之论便是如此,以为反身而诚,则天下万物之理皆备于我。万物之理须你逐一去理会过方可,如何会反身而诚了,天下万物之理便自然备于我,成个什么!"③朱子总是站在理性主义立场上,因而未必意识到杨时说的反身而诚、万物皆备正是与他提倡的体验未发一样,是以神秘经验为基础的。

杨时这一种基于静中体验的万物皆备说又是来源于程颢。大程子说:

> 仁者浑然与物同体。……存久自明,安待穷索?此道与物无对,大不足以明之。天地之用皆我之用,孟子言万物皆备于我,须反身而诚,乃为大乐。④

---

① 《朱子文集续集》卷五,《答罗参议》第六书。
② 《宋元学案·龟山学案》。
③ 《朱子语类》卷六十二。
④ 《二程遗书》卷二上。

由此看来，大程子所谓"仁者以天地万物为一体""仁者浑然与物同体"，不仅仅是一种理性境界，而且包含有神秘体验在其中。既然在这种体验中个体与宇宙万物合而为一，自然"天地之用皆我之用"，而伴随产生的"大乐"也是此种体验的应有之义。这种体验的获得，当然不是朱子说的逐一格物。"存久自明、安待穷索？"程颢虽对"存"未及详细说明，要亦是以诚敬存心，更不用说他一向赞成静坐的工夫了。所以，明代儒者有所证悟，总要拈出浑然同体的话来，黄宗羲谓高攀龙的体验近于杨时"反身而诚万物皆备"的一路，这一点对理学家本来不是秘密。《宋元学案》云："明道喜龟山，伊川喜上蔡。"窃尝疑之，朱子为龟山三传，其学最近于伊川，故似应龟山传伊川之学于朱子，如何龟山反特为明道所喜？正是在追求未发的心理体验上表明杨时更继承了程颢，故杨时辞明道而归时，明道意味深长地说："吾道南矣。"

朱子从学李侗时，李侗曾努力引导他向体验未发上发展。但是，正如朱子所说："余蚤从延平李先生学，受中庸之书，求喜怒哀乐未发之旨，未达而先生没。"[①]"昔闻之师，以为当于未发已发之几默识而心契焉……向虽闻此而莫测其所谓。""旧闻李先生论此最详……当时既不领略，后来又不深思。"不管朱子根深蒂固的章句之好是否妨碍他尽心于未发体验，明显的事实是，朱子始终不曾经历过那种体验，尽管在延平生前死后他都作了很大努力。正是由于未能找到那种可以受用的体验，才使他有丙戌、己

---

① 《朱子文集·中和旧说序》。

丑两次中和之悟的反复穷索，也使他走上另一条道路，即不是从心理上，而是从哲学上探求未发已发，以至引发出他的整个心性情的理论体系；不是通过未发工夫获得神秘体验，而是使未发工夫作为收敛身心的主体修养。所谓涵养进学、主敬致知的为学大旨，实际上表明朱子离开了道南的本来方向而转到程伊川的理性主义轨道。

四、理学对于神秘主义的批评

由前所述可见，宋明理学中关于神秘体验的记述确乎不少，而以神秘体验为工夫的理学家多属心学一路。宋明时代的朱学则一直从理性主义和严肃笃实的律己修养方面批评心学的神秘主义倾向。

朱子因学过禅，对神秘体验有相当了解。他批评陆学近禅："如禅家干屎橛等语，其上更无意义，又不得别思义理，将此心都禁遏定，久久忽自有明快处。……今金溪学问真正是禅。"[①]又说："如陆子静门人，初见他时常云有所悟，后来所为却更颠倒错乱，看来所谓豁然顿悟者乃是当时略有所见，觉得果是净洁快活，然稍久则却渐渐淡去了，何尝依靠得？"[②]朱子所否定的不是此种体验的实在性，而是它对道德提高的可靠性。他认为，如果一旦获得某种体验之后，便以为从此本心发明，一切思虑全是本心发见，这正是陆门弟子狂妄颠倒的根由。

---

① 《朱子语类》卷一百二十四。
② 《朱子语类》卷一百一十四。

被容肇祖先生称为"朱学后劲"的罗钦顺曾自述早年学佛经历：

> 昔官京师，偶逢一老僧，漫问何由成佛，渠亦漫举禅语为答云："佛在庭前柏树子。"愚意其必有所谓，为之精思达旦，揽衣将起，则恍然而悟，不觉流汗通体。既而得禅家《证道歌》一编读之，如合符节。自以为至奇至妙，天下之理莫或加焉。①

罗钦顺是由参话头下手，与静默内观略有不同，但所得神秘体验是一样的。后来，他返归程朱，认识到向来所悟不过"出于灵觉之妙""执灵觉以为至道谓非禅学而何"，由此批评陆象山、杨慈湖"眩于光景之奇特，而忽于义理之精微"，又批评陈白沙："今乃欲于静中养出端倪，既一味静坐，事物不交，善端何缘发见？遏伏之久，或者忽然有见，不过虚灵之光景耳。"②这是认为，神秘体验实际上不过是心（虚灵）的一种幻觉、幻相（光景）罢了，不可以执为大道。

罗钦顺现身说法，有很强的说服力。其实，无此种体验经历的朱学家也大都能辨明此点。如罗钦顺之前胡居仁（敬斋）曾指出："释氏是认精魂为性，专一守此，以此为超脱轮回，陈公甫说物有尽而我无尽，亦是此意。……朱子谓其只是'作弄精神'，此真见他所造只是如此模样。缘他当初只是去习静坐、屏思虑，

---

① 《困知记》卷下。
② 同上。

静久了,精神光彩,其中了无一物,遂以为真空。"①胡居仁还指出,儒者若不穷理格物,只是略窥本原,便轻言"天地万物本吾一体",其结果只是"与道为二"。可见他也深知此种体验不过是"作弄精神"而已。

吕泾野门人杨天游曾拈出"工夫即本体",开刘蕺山、黄梨洲先河。他尝批评当时学者"不能实意致中和、戒惧乎不睹不闻,乃欲悬空去看一个未发气象。不能实意学孔颜之学,乃欲悬空去寻孔颜之乐处"。这是指责心学把"未发工夫"和"孔颜乐处"全变成神秘体验。他还特别指出:"静坐者,或流于禅定;操存者,或误于调息;主敬者,或妄以为惺惺;格物穷理者,或自溺于圆觉;存心养性者,或陷于即心见性。"②明代王学正是全面引入了禅定、调息、明心见性的体验方法,其目的为成儒家圣贤而已。王时槐(南塘)"尝究心禅学,故于弥近理而乱真之处,剖判得出",其《语录》云:"后儒误以情识为心体,于情识上安排布置,欲求其安定纯净而竟不能也。假使能之,亦不过守一意见,执一光景,强做主张,以为有所得矣,而终非此心本色。"③可知王门中亦有批评此种"玩弄光景"的人在。更如黄梨洲一部《明儒学案》,随处加以批评,如论浙中王门时云:"第其时同门诸君子单以流行为本体,玩弄光影。"④其述罗近溪之学时云:"学人不省,妄以澄然湛然为心之本体,沉滞胸膈,留恋景光。"⑤都

---

① 《明儒学案》卷二,第42页。
② 《明儒学案》卷八,第157页。
③ 《明儒学案》卷二十,第485页。
④ 《明儒学案》卷十三,第272页。
⑤ 《明儒学案》卷三十四,第762页。

是批评以神秘体验为本体。

杨时乔号止斋,梨洲论其学最近于罗整庵。

杨时乔论神秘体验尤明白:

> 近有绝不闻道,只得禅宗,指人心血气虚处为善,灵处为知识。……敛目反观,血气凝聚,灵处生照,即识觉、即见地、即彻悟、即知至。①

> 数十年来,忽有为心学者,于佛氏尝即心而见其血气凝定、虚灵生慧、洞彻无际者,名之曰善知识,自称上乘,遂据之为孔门所语上,而蔑视下学之教为外求。②

> 乃佛氏即心而见其血气凝定,虚灵生慧,洞彻无际者,析言之,虚灵之谓知,生慧之谓觉,洞彻无际之谓悟;合言之,知觉悟者,乃敛耳目,聚精神,间所见腔子内一段莹然光景之名,其实亦一也。③

他把佛教和心学的体验概括为"敛目反观""血气凝聚""虚灵生慧(照)""洞彻无际(或本真)"。洞彻本真是内向的本心体验,洞彻无际是外向的宇宙浑一,而究其实都是"腔子内一段莹然光景",即生理心理的自然反应(光景即 mental imagination)而已。

---

① 《明儒学案》卷四十二,第1028页。
② 同上,第1030页。
③ 同上,第1032页。

五、结语

心学的神秘体验可以追溯到孟子。孟子说:"万物皆备于我矣,反身而诚,乐莫大焉。"万物究竟何以可能皆备于我,不但在当代的学术界常常争论不休,即在宋明时期也是如此,程朱所以要把"万物"解为"万物之理"正是表明孟子这一命题带给理性主义哲学家的困惑。根据本文以上所述,从神秘经验的角度,孟子的话不仅是完全可以理解的,而且它作为一种源头,很大程度上规定了后来儒学体验的内容和解释。且不说陆象山、杨慈湖颇为张皇的叙述,陈白沙"天地我立、万化我出,而宇宙在我",聂双江"此心真体,光明莹澈,万物皆备",胡直"洞见天地万物皆吾心体",蒋信"洞然宇宙,浑属一身",等等,都是叙述同一类型的体验。"反身而诚"虽语焉不详,但其为"内观"大体是不错的。孟子的"善养浩然之气"与调息有相通之处,当亦可肯定。而"乐莫大焉"正表明一切神秘体验通常具有的愉悦感。这样的解释从以上所了解的儒学神秘体验的一般特征来看,当不是牵强附会的。

儒学的神秘体验,其基本特征可以概述如下:(一)自我与万物为一体;(二)宇宙与心灵合一,或宇宙万物都在心中;(三)所谓"心体"(纯粹意识)的呈现;(四)一切差别的消失,时间空间的超越;(五)突发的顿悟;(六)高度的兴奋、愉悦,以及强烈的心灵震撼与生理反应(通体汗流)。这些特征与比较宗教学家研究的各种宗教中的神秘体验基本一致。

把神秘经验分为内外两种，不始于史泰思，许多学者以不同的术语作过类似的区分。如鲁道夫·奥托（Rudolf Otto）把神秘主义分为inward way和outward way；艾夫令·安德希尔（Evelyn Underhill）则以introversion和extroversion分别二者。两种神秘经验的差别也许并没有理论上分疏得那么清晰或确定，其基本的差异是，内向神秘体验的内容是本心，外向神秘体验的内容是宇宙。儒学的神秘体验大致上也可以分为两种，外向体验以"与天地万物为一体"为代表，而内向体验似可分为宇宙即是吾心和心体呈露两类。儒学实现神秘体验的基本方法是静坐，也就是"澄默而内观""归寂以通感"。

心体呈露，对佛教禅宗并不陌生（可以参看铃木大拙的说法）。当人排除了一切思想、情感、欲望和对外部世界的感觉等，剩下的还有什么？只能是纯粹的意识本身。这本身是一个悖反（Paradox），神秘体验是某种确实的经验，可是这个经验又没有确定的内容。它是意识，但是没有任何内容的意识。西方人叫作纯粹意识（pure consciousness）或纯粹自我（pure ego），中国古人叫作"心体""此心真体""心之本体"。"纯粹"指它没有任何经验的内容，也不是黑格尔哲学作为思辨产物的单纯、无规定的统一。

"宇宙便是吾心，吾心即是宇宙"比心体呈露多一转手。在印度教体验中，人不仅体验到纯粹意识本身，而且感到超越主体与客体的界限，纯粹自我与"婆罗门"成为同一，也即个体小我与作为宇宙终极实在的宇宙大我（universal or cosmic self）成为同一①。

　　史泰思曾强调无差别的单纯性是内向体验的本质，并认为所谓"空""无""纯粹意识"都是one or oneness的不同说法。此说有见于同，未见其异。实际上，采取同样的静坐冥想的方法，会获得不同的体验，这在很大程度上决定于主体的潜意识，即体验者为体验所规定的目的。在同样或类似的修持下，基督徒体验的可能是与神同体，而理学家体验的则是与物同体；佛教徒体验的是"空"，心学家体验的则是"本心"。由此实现的境界也各不相同。因此，虽然在二氏的影响下，儒学自身容纳了一个神秘主义传统，但把陆学或王学称为"禅"却在根本上是错误的。因为无论从动机或结果来说，心学的神秘体验追求的并不是灵魂、空无或最高存在，而是一种精神境界。

　　冯友兰先生早曾提出程颢为宋明心学之开创者，但他的立论基本上是从是否区分"形而上"与"形而下"着眼，这一点是否成立也还值得研究。从本文所论来看，程颢的思想及修养方法确与后来心学的发展有关联。撇开此点不论，很明显，以孟学标榜的宋明心学的发展，容纳了一个神秘主义传统。神秘体验不但是这一派超凡入圣的基本进路或工夫之一，而且为这一派的哲学提供了一个心理经验的基础。但是，心理体验有极大的偶发性，它不能通过普遍的规范加以传授，必须经由个体的独自体认，且须较长时间的修养锻炼。因而，与鹤翔庄气功的自发功不同，它不是一般人经由遵循简单规范的训练便可掌握。相反来看，这种体

---

① 参看 W. T. Stace：Mysticism and Philosophy，p.86—90。

验并不能长久保持,有的持续很短,而一旦失去后又很难重新获得(如胡直)。这样,这种内心体验作为道德修养的一种方式,其普遍有效性和可靠性就成为疑问,尽管有些人能于此下手终身受用。特别是这种神秘体验主要是一种主观的心理现象,并不表明体验者把握到了真正的客观的实在。正如中世纪许多守贞女子想慕耶稣而有邂逅拥抱的经验,但这种经验却非事实。现代心理学家利用催眠术和服用药剂,也可以达到神秘体验之境。这都表明,在科学发展的今天,我们必须以完全清醒的理性来审视儒学的神秘体验。

毫无疑问,从孟子到陆、王,突出道德主体性、良心自觉,为儒学作出了巨大贡献。但他们具有形上意义的命题"万物皆备于我""仁者以天地万物为一体""宇宙便是吾心,吾心即是宇宙""心外无物",等等,都与神秘体验相联系。对于心学,我们可以问,致良知、知行合一、扩充四端、辨志、尽心,这些道德实践一定需要"万物皆备于我""吾心即是宇宙"作为基础吗?一定需要"心体呈露""莹彻光明"的经验吗?换言之,没有诸种神秘体验,我们能不能建立儒家主张的道德主体性、能不能建立儒家的形而上学?这对儒学古今的理性派来说,当然是肯定的。如果我们重建中国的"哲学",这是一个方向。而在近代心学中,熊十力哲学已经以一种完全不依赖神秘体验的全新方式建立了自己的本体论。

从哲学史上看,孟、陆、王一派的体验之学,提供了一种有别于西方哲学的特殊形态。它既不是所谓"主观唯心主义",也不是什么"唯我主义"。牟宗三先生曾提出过用"境界形上学"界说老子[①]，其说甚好。仿此，我们可以说心学是一种"体验的形上学"。体验或体悟本是人类思想活动的一种方式，神秘体验不过是人类体验中极端的一种，而张岱年师亦早曾指出重了悟体证乃中国哲学的特色之一[②]，神秘体验则将这种特色表明至极。这种典范，正如中国美学一样，前代的哲人用文字记述和表达的常常是自己的体验所得，后来的学者不仅要通过这些文字而且要通过个人的实践来重复这种内在经验，以期达到一种精神境界。因而它并不是要"反映""客观世界"，而是要"表现"自己的"主观世界"[③]，这是中国文化与中国哲学的一个特点，只是在此未能详论。中国美学当然不都是表现，正如中国哲学不都是体验，只是说这一体验的充分发展构成了这一文化的特色之一。

神秘经验的问题牵涉许多问题，如与哲学上一般的直觉与体悟的关系[④]，与思想史上反智识主义的关系[⑤]，都可作更进一步的研究。而本文的主要任务已经完成，也就可以即此住笔了。

1987年2月成稿于麻州康桥

[①] 牟宗三：《中国哲学十九讲》，上海古籍出版社，1997年。
[②] 张岱年：《中国哲学大纲》，中国社会科学出版社，1982年。
[③] 参见李泽厚《中国美学史》第一卷。
[④] 参见杜维明有关论文，如"Human and Self-Cultivation"，第166页。
[⑤] 参见余英时《历史与思想》，台湾联经出版社，1976年，第96页。

朱子学与阳明学及其现代意义[①]

一、朱子学

在儒家思想文化史上,有两个集大成的人物:如果说孔子是上古文化集大成的代表,那么,宋代的朱熹就可以说是近古文化集大成的代表。朱熹是南宋著名的思想家、哲学家、教育家和大学者,后人称其学术为"致广大、尽精微、宗罗百代",在南宋以后,朱熹和他的思想对中国乃至东亚的社会文化影响很大。

朱熹的祖先世居徽州婺源,他的父亲在福建政和县做官时,他的祖父病故,因贫不能葬回原籍,故就地安葬,而从此便定居在福建。建炎四年(1130),朱熹在其父任福建尤溪县尉时出生在尤溪。朱熹少年时父亲即死去,此后的很长时间,他都家居于福建的崇安,晚年则又迁居建阳。他曾在武夷山的五曲结庐,称武夷精舍,著述讲学;后又在建阳的考亭建沧州精舍。由于他一生中离开福建外任官职的时间很短,主要学术活动都在福建,因此他所创立的学派,被称为"闽学"。

幼年的朱熹已表现出某种哲学家的禀赋,据记载,朱熹的父亲指苍苍上天告诉幼年的朱熹说,这是天。朱熹便问,天之

[①] 原载于《泉州师范学院学报》,2011年第3期。

上是何物？后来，朱熹自己也说过："我五六岁时心里便烦恼，天体是如何，外面是何物？"他很小就对《周易》有兴趣，和小朋友游戏时，他也坐在沙地上用手指画八卦的卦象。我们知道，后来朱熹的哲学特色之一，即是建立了一个完备的推求万物本源的宇宙论。

青少年时代的朱熹兴趣十分广泛，对佛教尤其留心。有一个记载说，朱熹18岁时去考科举，临行前他的老师查看他的行李，结果发现只有一册《孟子》和一册禅宗和尚的语录。这个记载不见得完全准确，但从中可以看到青年朱熹广泛的学习兴趣。后人说他"初无常师，出入于经传，泛滥于释老"。他自己也说："我年轻时无所不学，禅道文章楚辞兵法，事事要学。"朱熹不仅爱好知识的学习，而且勤奋刻苦，他生平中常说，"自幼鲁钝，记问言语不及人"，他还说过："我十六七时下功夫，只自恃地硬着力去做，当时也是吃了多少辛苦读书。"他之所以能成为理学集大成的宗师，是和他青少年时的刻苦学习分不开的。

尽管青少年的朱熹兴趣广泛，但儒家思想一直对他更有吸引力。他的父亲因反对秦桧的主张，罢官家居时，每天朗诵《大学》《中庸》，还经常为朱熹讲《春秋左传》，讲授二程的《论语说》，这使得正统儒家知识分子的思想，特别是关于民族大义、道德理想等，潜移默化地植入朱熹的心中。14岁时，他的父亲临死前，将他托付给三位朋友，这三位朋友也都服膺二程的思想。受到这些影响，他在少年时就"有意于为己之学"，为己之学是指追求自我实现和人格完满。十多岁时读《孟子》，读到其中"圣人与我同类者"，朱熹竟"喜不可言"，十四五岁时他已经发自内心地喜好儒学，在十七八岁时，他每天早上都要朗诵十遍《大学》和《中庸》。

朱熹思想的核心是发挥《大学》所说的"格物致知、正心诚意"，他把这作为从皇帝到士人的普遍的为学要求，从这样的立场出发，他总是以"格物致知、正心诚意"来批评、要求皇帝。朱熹对《大学》格物说的发挥最早即见于上孝宗的两篇奏事。孝宗即位之初，诏求直言，朱熹当时33岁，立即上书奏事说："帝王之学，必须先格物致知，以彻底了解事物的变化、精细地分辨义理和是非，这样就会意诚心正，自然能够应付天下之事。"次年入对，又面见孝宗皇帝说："大学之道，在格物以致其知，陛下没有做到随事以观理，即理以应事，所以收不到治国平天下的效果。"这种对皇帝的教训和批评，自然不会使皇帝高兴。淳熙七年（1180），朱熹50岁，又应诏上书奏事，其中说："爱民之本在于皇帝正心术，以确立道德和法纪，现在皇上只亲近一二小人，受他们的蛊惑，安于私利，致使下面嗜利无耻之徒，贿赂风行，结伙营私。"孝宗读之大怒。淳熙十五年（1185），孝宗诏59岁的朱熹入都奏事，路上有人对朱熹说，正心诚意，这些都是皇上最不爱听的，这次千万莫提了！朱熹严肃地说："我平生所学，只有这四个字，怎么能不说呢？"面奏时对皇帝说："陛下即位近三十年，只是因循，而没有尺寸之效，这恐怕是由于在您的内心里，天理有所未纯，人欲有所未尽，望陛下以后每一个念头都要谨而查之，使之无一毫私欲，天下大事才有可为。"这年冬天，他又上奏书说，人主之心不正，天下事无一得正，讲了一番"人心道心"的道理，要皇帝以天理之公，胜人欲之私，克己复礼，进贤退奸，以端正纲纪。

朱熹一生不喜做官，每次受到推荐和任命时，他都反复力辞，他一生以学问为生命。他在世时已被公认为天下第一大儒，但他的思想主张和学问在当时并不受皇帝和主政者的重视。在其晚年，他的学术思想还被诬称为"伪学"，他被打成"伪学头子"（伪学之魁），遭到公开的压制。他自己被罢职，而且面临杀头的危险。在这种严峻的政治与学术迫害中，他仍然著书讲学不止，直至临死前仍在修改《大学》的注释，为学生讲论哲学。庆元六年（1200），朱熹在受迫害中病故。

朱熹的学术成就十分突出，在易学方面，他著有《周易本义》《易学启蒙》；在文学方面，有《诗集传》《楚辞集注》《韩文考异》；在礼学方面，有《家礼》《仪礼经传通解》；在蒙学方面，有《小学》《童蒙须知》；在史学方面，有《资治通鉴纲目》等，他还指导学生注解《书经》。他对古代经典，如《周易》《诗经》《尚书》等，都有独到的看法，对古代文献的整理和研究贡献甚丰。特别是在四书学方面，他著有《四书集注》《四书或问》，《四书集注》自元代以来被历代规定为科举考试的标准，这和他一生用力于四书的严谨研究是分不开的。在性理学方面，他的著述更多，他的讲学语录有一百四十卷，文集一百二十卷。全部著述有五百多卷。他的思想不仅成为后来七百年中国的正统权威，而且在韩国、日本和整个东亚地区都有巨大的影响。

朱熹思想中最重要的部分是"格物致知"的理论。《大学》本是古代儒家的一篇文献，其中提出了"三纲领、八条目"，即"明明德、亲民、止于至善"和"格物、致知、诚意、正心、修身、齐家、治国、平天下"。朱熹最重视其中的"格物"。他用"即物穷理"来解释格物，提出格物就是要穷理，也就是去了解事物的道理；而穷理必须在事物上穷，不能脱离事物，即物穷理的主要途径就是多读书、观察事物、思考其道理。1175年，朱熹46岁时，曾和另一个有名的学者陆九渊，在江西鹅湖寺举行学术辩论，这是南宋思想史上一次有名的事件。争论的焦点是，朱熹强调要教人广泛读书，考察事物之理，而陆九渊则主张反求内心，不重视读书。朱熹的主张显然是一种重视知识和学习的理性主义的方法。所以，朱熹一生中任官的时间虽然很短，但他所到任之处，必兴学校。如白鹿洞书院初建于南唐，但南宋初已经废坏，朱熹在50岁时出任江西南康郡的郡守，他在庐山上访求白鹿洞书院的废址，重建了白鹿洞书院。他亲自立订了《白鹿洞书院学规》，一方面提倡博学、审问、慎思、明辨，另一方面强调修身、处事、践行的原则。这是中国书院历史上的一件大事，学规不仅对后来的中国教育影响很大，至今在东亚的一些国家和地区仍可以看到其影响。朱熹在六十五岁出知潭州时，还曾主持修复岳麓书院，以《白鹿洞书院学规》为学规，以四书集注为教材，亲自到学院讲学。白鹿洞书院和岳麓书院是中国古代四大书院中的两个，它们都和朱熹的讲学与教育实践有关。

朱熹思想中有许多在今天仍有借鉴的意义，如朱熹关于理性与欲望、道德原则与个人私欲关系的看法。朱熹阐发了古代"道心惟微，人心惟危"的思想，认为"人心"是指个体的感性欲望，与生俱来，不可能不产生，也不可能消除；但如果"无所主宰，流而忘返"，社会就会"危"。要使人心不致危害社会，就应该用"道心"主宰"人心",道心是指人的道德意识与理性。朱熹认为,道心的特点是公,即反映了社会公共的道德法则。朱熹在那个时代,还没有从加强法制以约束人的行为来考虑,所以朱熹的方法是完全诉诸道德,这是理学的局限性。朱熹和理学还提出理和欲,亦即天理和人欲的问题。人心是指人的自然欲望,而人欲是指人心中那些违背公共原则的私欲。天理则含有普遍原则的意义。朱熹认为欲望应当受道德原则的制约。所谓存天理、去人欲,就是指要用公共的道德原则来克服那些违背公共道德的私欲。当然,每个时代的社会公共准则有所不同,朱熹所处的是封建时代,所以他有时所说的具体准则是当时封建社会的规范准则,这是我们应当注意的。同时,在理性和欲望的关系方面,朱熹有些问题并未处理好,他比较忽视欲望和生命力的满足,未能理解理性和欲望也有统一的一面。但总的说,朱熹的思想对封建时代的精神文明和民族精神的发展起了积极的作用。

与南宋其他流行的主观主义、直觉主义思潮相比,朱熹思想的一个明显特色是极力为人求取事物的知识的活动确立一个地位。他强调理性本体、理性人性、理性方法的思想使得理性主义后来成为中国思想的主流,这不仅对东亚文化在近代顺利接引近代科学方面起了积极的作用,而且对东亚的文化精神也发生了巨大的影响。我们知道,朱子的经典解释有其明确的哲学基础,此即大学所谓"格物"和"致知"的问题,故朱子的经典解释是与朱子的学问工夫论紧密联结的。朱子一生学问致力于对儒家经典的重新诠释,而对大学的几个重要观念的诠释在他的整个经典系统中占有重要的地位。朱子少年时即受教读《大学》,临终前仍在修改《大学章句》，他以超人的学识和智力，把终生的心力贡献给这一篇短小的文献的整理和解释。这表明朱子对经典权威的尊重，和通过汲取古典的智慧并加以创新来发展人文价值的信念，朱子的这一努力产生了广泛的影响，从此整个哲学被格物致知的问题所笼罩，"格物"与"致知"成为宋明理学中最富有生命力的范畴。

朱子的格物说有双重的性格，在朱子的格物说里包含了探索事物道理、规律的认识意义，又强调道德意识的充分实现是格物的终极目的。在经典的训诂和解释方面，以格为穷，以物为物之理，格物即是穷理；有时亦训格为至，格物即到事物上去。在朱子看来，既然《大学》条目中已经有诚意、正心这样的德性条目，格物致知的入手处就应该指知识的学习和积累。因此，到物上去是去穷物之理，这和《易传》的"穷理"之说又可以相通。格物说中包含的经典学习和对自然事物的考察的知性方面，不仅在朱子生时受到象山（陆九渊）的屡屡反对，朱子学的知识取向在明代更受到了阳明（王守仁）的强烈批评。

二、阳明学

王守仁，字伯安，生于明成化八年（1472），死于嘉靖七年（1528）。他的祖籍是浙江的余姚，他自己也出生在余姚。后来，他父亲迁家至山阴，即今绍兴，他曾在绍兴东南不远的阳明洞天结庐，自号阳明子，学者都皆称他为阳明先生。所以，现在一般习惯上都称他为王阳明。他是明代最有影响力的思想家、哲学家,也是明代心学运动的代表人物。

王阳明一生颇具传奇色彩。据记载和传说,他出生前夕祖母梦见有神人从云中送子来,梦醒时王阳明刚好出生,祖父便为他起名叫王云,乡中人就称其所出生处为瑞云楼。然而,这个孩子到了5岁还不会说话,一天,一位高僧经过,抚摸他的头说"好个孩儿,可惜道破",意指他的名字"云"道破了他出生的秘密。他的祖父恍然醒悟,更其名为守仁,他便开口说话了。这个故事有点神话的色彩,但从这个故事可以看出他幼年的时候并未显示出聪慧和才华。

他10岁时父亲高中状元,把他带到京师念书,十一二岁时他问塾中的老师:"何为第一等事?"老师说:"只有读书获取科举的名第。"他当时说:"第一等事恐怕不是读书登第,应该是读书学作圣贤。"尽管如此,他从少年时代起就从不循规蹈矩,所有记载都说他自少"豪迈不羁"。他13岁丧母,继母待他不好,他竟买通巫婆捉弄继母,使得她从此善待他。他对学习也不很用功,常常率同伴做军事游戏。青年时,他出游边关,练习骑马射箭,博览各种兵法秘书,遇到宾客常常用果核摆列阵法作为游戏。

17岁时,他到南昌婆亲,可是在结婚的当天,大家都找不到他。原来这天他闲逛中进了道教的铁柱宫,遇见个道士在那里打坐,他就向道士请问,道士给他讲了一通养生之说,他便与道士相对静坐忘归,直到第二天岳父家才把他找回去。此后,他常常在各地和道士讨论养生问题。

22岁时,他进士考试不中,当时宰相(大学士)李东阳笑着说:"你这次不中,来科必中状元,试作来科状元赋。"王阳明悬笔立就，朝中诸老惊为天才。而妒忌者议论说，这个年轻人若中了上第，必然目中无人。结果25岁再考时被忌者所压，未考中。到28岁礼部会试时，他考试出色，名列第二，中了进士。31岁时因病回家休养，在阳明洞筑室，行导引之术，据说还引发了些特异功能，不久自悟："此疲弄精神，非道也。"又受佛道吸引，思欲出世，但念念中总有祖母、父亲牵挂在怀，下不了决心。一天忽觉悟道："亲情之念生于天然，这个念若没有了，岂不要断绝种姓！"这个觉悟不仅使他终于从博杂的泛滥出入，确定地回到儒家的用世之学上来了，也是他后来"良知"思想提出的基础。第二年，他在西湖，在一寺庙见一禅僧坐关三年，不语不视，想用这个方法去掉一切念头，进入涅槃境界。王阳明对之大喝说："这和尚终日口巴巴说什么！终日眼睁睁看什么！"僧惊起，睁眼说话，阳明问其家中有何人，答有母在；又问起思母之念否，答不能不起。王阳明便指点他说这是亲爱的本性，不能泯灭，忘一切念的修行方法是不对的。僧泣谢，明日问之，僧已去矣。

正德元年（1506），武宗初即位，宦官刘瑾专权，王阳明主持正义，抗疏反对把持朝政的刘瑾，为此下狱受廷杖四十，然后被贬到贵州偏远的龙场做一个小小的驿丞。一路躲避刘瑾的暗杀。37岁时，他到达贵州偏荒瘴疠的龙场，他的仆从病倒了，他就亲自劈柴取水煮饭，为了安慰他们的情绪，他还为他们歌诗说笑。在困境中，他常常日夜端居澄默，以求静一，久久胸中洒落，得失荣辱皆能超脱，一夜，他忽然大悟，不觉呼跃，从者皆惊，这就是理学史上著名的"龙场悟道"，从此建立了他自己的思想体系。

龙场驿在贵阳西北的修文县，规模很小，当时的设置仅有"驿丞一名，吏一名，马二十三匹"，驿站供传递公文的人和过往的官员使用，王阳明就是被贬到这样一个边远的驿站做个小小的驿丞。

王阳明初到龙场的时候，没有可居住的处所，便与仆人一起在荆棘丛中辟开一块地，搭建了一个草庵，也就是草屋，而把四周丛生的荆棘当作自然的篱笆；草屋很矮，十分简陋，雨天漏雨，晴天闷热。所以不久又搬到东山的一处石洞里住，他把这处石洞命名为"阳明小洞天"。可是，石洞又阴又湿，虽然在夏天可住，到冬天就成了问题。由于王阳明与当地的少数民族民众关系融洽，当地人便协力伐木，帮助王阳明盖房子。王阳明把房子加以画饰，又在里面放置图书，命其名为"何陋轩"。《论语》记载，孔子想移居到九夷，学生说："那么简陋怎么住？"孔子说："君子居之，何陋之有？"又在何陋轩前面做个亭子，四周围以竹子，命名为"君子亭"。房子盖好后，远近学生纷纷来这里向他问学，所以他又把这个地方命名为"龙冈书院"，成为他的讲学之所。他又常在附近山麓的洞中读《周易》，就把这个地方命名为"玩易窝"，潜心学《易》，屡有心得。

龙场的生活非常艰苦，不仅居处成问题，王阳明更碰到"绝粮"的困境。为了解决粮食紧张的困难，他和随从便仿习当地人刀耕火种，自己动手，种植粮食，松土除草。劳动之余，他写了《观稼诗》，最后几句说"物理既可玩，化机还默识，即是参赞功，毋为轻稼穑"，这是说，种田可以体察自然的变化，了解事物的道理，这是对宇宙生化过程的配合，可不能轻视稼穑啊。

他还亲自上山砍柴，采集野生食物，自己用瓦罐打水，他的一首《采薪》诗写道："朝采山上荆，暮采谷中粟。深谷多凄风，霜露沾衣湿。采薪勿辞辛，昨来断薪拾。晚归阴壑底，抱瓮还自汲。薪水良独劳，不愧食吾力。"

在这样的困苦环境的磨炼下，他的思想也经历了一次大的飞跃。被贬到龙场后，他竭力体会"圣人遇到这种情况怎么办"，丢掉世间一切荣辱得失的计较，使自己的思想上升到一个新的境界。但他仍觉得自己尚未能超脱生死，于是日夜静坐，久而久之，觉得又上升到一个更高的境界。不仅如此，他孜孜不忘探求儒学的真谛，在一个夜里得到大悟，认为终于发现了朱熹学说的弊病，建立了自己的哲学。他在山洞中默记从前所读的五经，与自己新的思想相印证，更坚定了他的信心。据他后来说，他的这一场思想飞跃，是经历了"体验探求，再更寒暑"，即约两年的动心忍性才达到的。

龙冈书院为他带来了许多学生，有些是"百里而来，三宿而去"。他向学生发布了"教条示龙场诸生"，以"立志、勤学、改过、责善"作为学规，在龙冈书院常常是秉烛讲习，通宵达旦。他曾写诗"讲习有真乐，谈笑无俗流"，讲学成了他在边远生活的最大快乐。龙冈的教育活动扩大了他的影响。贵州主管教育的官员请他到府城讲学，第一次他谢绝了，到龙场的第二年，他才到府城的文明书院（后改名为贵阳书院）讲学。在这里他第一次宣讲了关于"知行合一"的新学说，一时州县的学子都以他为老师而礼敬之，答疑每至深夜，学生环绕而听讲者数以百计。龙冈书院和文明书院的讲学是王阳明思想最早的传播和实践。

以后的十几年，他在两京及地方又做过各种不同的官吏，正德十四年（1519），他48岁，任都察院右副都御史。是年夏宁王朱宸濠叛乱，据南昌、破九江，以十万大军东下南京，声势浩大，震动朝野。王阳明当时正在江西领兵平定南赣农民暴动，在未得旨命的紧急情势下，倡议讨叛，在强弱悬殊的情况下，以机智的谋略和卓越的胆识，仅35天便生擒朱宸濠于鄱阳湖边，将这场大叛乱彻底平定，创造了举世瞩目的奇功大业，也使得他后来升南京兵部尚书，封新建伯。所以，时人称他"才兼文武"，其事功业绩不仅在古今儒者中少见其比，在整个明代文臣武将中也相当突出。

但在明中期封建王朝的昏暗统治下，他的奇功伟业不仅未给他带来幸福，反而给他带来了九死一生的险恶境遇。王阳明平定叛乱后，好大喜功的武宗仍坚持率兵南征，太监张忠等不让王阳明献俘，却让他把朱宸濠放到鄱阳湖中，再由武宗来亲自擒获他。为了江西人民的安宁，王阳明理所当然地加以拒绝。张忠等便向武宗进谗言，诬称王阳明与朱宸濠有勾结，给王阳明造成了极为险恶的处境。他们还率军在江西故意与王阳明的军队发生冲突以寻衅，王阳明不为所动。他们又想欺负王阳明一介儒者，要和王阳明在教场比箭，结果王阳明三发全中，引起北军的欢呼，震慑了对方的气焰。幸而武宗不久便死去。在经历了"百死千难"后，嘉靖初，他虽然升官封爵，但仍不得重用，他的学说因与朱熹不同，在朝中更一直被作为伪学受到攻击和压制。他死后才几个月，朝廷便下诏禁伪学，这和朱熹晚年遭受伪学之禁的境遇几乎是一样的。

王阳明的思想，应从龙场悟道说起，而要了解龙场悟道，又先须知道青年王阳明的求学经历。他在时代和家庭的影响下，少年时已有学为圣贤之志。青年时代受朱熹影响，曾努力于格物之学。朱熹所谓格物，是指在事物上去了解事物的理，朱熹主要强调多读书、观察事物、思考其道理，久久便会豁然贯通，了解宇宙万物的普遍法则。青年王阳明曾与一位姓钱的朋友商议说，朱熹让人格天下之物，现在哪有这么大力量？两人决定就以王阳明父亲官署中亭子前的竹子作为对象，来尝试格物。钱某先去，从早至晚穷格竹子的理，三天劳神成疾，也没有格出来。王阳明自己又去，七天后也劳思致疾。这也是个有名的故事。这个格物穷理的困惑在他的青年时代始终没得解决。二十六七岁时又按朱熹读书之法去做，仍觉"物理吾心终判为二"。

　　所谓龙场悟道，正是和他青年时代以来的格物困惑有关。据《年谱》记载，他在龙场，日夜静坐，"忽中夜大悟格物致知之旨，寤寐中若有人语之者，始知圣人之道吾性自足，向之求理于事物者误也"。就是说，所谓"道"也好，"理"也好，都不在事物之中，只在我们自己的心里。道德的法则、原理，并不存在于外部事物，而内在于我们的心中；我们对父母要讲孝，对朋友要讲信，但是"孝"不在父母身上，"信"不在朋友身上，道德不是外在的东西，是我们内在的要求。所以，格物并不应到事物上去格，而应当在自己的心中去找。这样，他就提出了他的哲学命题"心即理也""心外无理"。与朱熹的思想彻底分道扬镳。

　　王阳明思想的一个特色，是强调"知行合一"。他在龙场居贫处困、动心忍性、中夜大悟之后，次年便开始在贵阳书院讲

"知行合一"。"知行合一"提出是针对明代中期社会风气败坏、道德水平下降的现实背景。王阳明认为,人们了解社会通行的道德准则,但并不依照这些准则去行动;明知为道德律令所禁止,却仍然违背道德律令去行动;这种所谓"知而不行"的状况是和朱熹学说的"先知后行"的思想有直接联系的。在朱熹学说中,强调理性对道德原则的了解是伦理实践的前提,以"知"为"行"的基础。王阳明则认为这正好为人们将"知"和"行"分裂开来提供了借口,人人都会说,我现在的"知"不够,还不能去行,要等我的"知"彻底完满后,才能去行。由于王阳明的思想肯定"心即是理",肯定人人都有现成的良知,指导伦理行为的"知"是内在的、本有的,不需要去求,所以强调"行"。知行合一说认为,真知必能行,不行就不算是知;真正的知是与行动和实践紧密联系的,是依赖行的;知是行的开始,行是知的完成,知与行互相包含,知和行不能分离。

王阳明另一个重要的思想是"致良知"。"良知"的观念最早出于《孟子》,"致知"的概念来源于《大学》,王阳明把两者结合起来,认为"致知"的"知"字就是指良知,把大学的致知说发展为致良知说。在《孟子》中,良知是"不虑而知者",是一种与生俱来的、不依赖于教育和社会环境的道德知识与道德情感,孟子举出的例子是小孩无不亲爱其父母,长大都知道尊敬其兄长。我们知道,道德意识和情感并不是先验的,现实生活中人人都有的道德知识是社会化过程的结果,社会要求透过教育等活动内化为人的意识情感。但孟子所举的例子在生活中是常见的,王阳明也有见于人人都有一定的道德意识,他称此为良知,也就是伦理学上所说的良心。有一个故事,王阳明的门人夜里在房内抓得一个贼,便对贼讲了一番良知的道理,贼大笑,问:"我的良知在哪儿?"当时天热,他就叫贼脱掉衣服,贼剩下裤子,他让贼继续脱,贼犹豫不肯,他向贼大喝道:"这就是你的良知啊!"在王阳明看来,良知人人具备,是人的内在的道德评判的体系,对人的意识活动起着指导、监督、评价、判断的作用;良知知善知恶,好善恶恶,是道德意识与道德情感的统一。良知虽然人人现成具有,但常受到私欲的遮蔽,所以就要致良知。所谓"致良知","致"首先是扩充,就是使良知扩充至极。另外,"致"又表示实实在在地力行、践行,把你的良知努力地实现出来,变为具体的行动。所以,致良知本身也体现了知行合一,就是人应当实实在在、完完全全地按自己的良知去行动。

王阳明过分突出主体性而常流于唯心主义,他还曾奉朝廷之命平定农民和少数民族的暴动,这些都是应当给以否定的。然而,王阳明倡导的心学,非常强调个体意识的主体性,并且反对盲从权威,包含着一定的进步意义。他曾说:"学贵得之于心,求之于心而非,则虽言出于孔子不敢以为是。""学,天下之公学也,非朱子可得而私,非孔子可得而私。"就是说,任何思想的权威都必须通过自己的独立思考的理性的检验,他反对迷信,反对绝对权威,这些思想在当时客观上起了解放思想的作用。王阳明的整个思想,不仅在于对当时已被教条主义化了的朱熹思想的挑战,而且在于突出了人的主体性、道德的主体性。由于他的学说在一定程度上突破了被教条化的程朱理学的束缚,开出了思想文化的新局面,对明代中晚期的思想文化发生了重大的影响。因此,与朱熹的思想一样,王阳明的思想在近古的东亚世界曾得到广泛的传播。王阳明思想16世纪传入日本,对江户时代的日本影响很大,日本的阳明学者更为突出王阳明的事功和实践性,形成了具有日本特色的阳明学。日本的阳明学者在19世纪倡导复古维新、尊王攘夷,对"明治维新"起了促进作用。王阳明的思想对李朝时代的韩国也有影响。

三、现代意义

现代人从朱子与王阳明的思想可以学到什么东西?朱子学与阳明学对现代社会和现代生活有什么意义?我想至少可以从以下几个方面来初步了解朱子学与阳明学的意义。

(一)学习精神

朱子学最为强调的是格物穷理,大学的"格物"朱子解释为即物穷理,格物穷理之方法是多种的,朱子特别突出的是读书讲学,其中特别突出学习的精神。我们知道,孔子在《论语》中开篇即提出"学而时习之,不亦说乎",学习是孔子强调的人生基本态度,也是孔子强调的修身方法。从孔子的角度来看,学习不是一个人在小学、中学甚至大学,在人生的一个阶段就完成的事情,学习是一种根本的人生态度,应当贯穿于人生的始终,树立这种人生态度并加以实践,就会获得快乐和满足。朱子的思想很重视中庸所说的"尊德性而道问学",但朱子格物穷理的思想重点在强调"道问学",朱子自己也承认,在道问学和尊德性二者之间，他讲道问学更多一些。因此，就哲学的精神来看，朱子学可以说是孔子学习思想的最大继承、发展、推动者。朱子学的格物论可以说是对儒家自古以来的"学习"思想的一种哲学的论证和展开。

就中国而言，朱子学的对象主要是"士人"，即明清所谓"读书人"，朱子学的宗旨即为士人提供一套道德学问思想体系，因此朱子学强调"学习""读书"的性格是与其宗旨相一致的。现代社会在教育程度上已与古代不同，以古代朱子学的标准来看，现代人的受教育程度都属"大学"，所以朱子学适用于现代社会的几乎所有人。现代社会越来越是一个"学习型社会"。一方面，知识包括科学知识和人文社会知识，以及各种艺文知识，增长的速度超过以往任何时代，一个人一生中经历的知识的变化要求人们必须不断地学习，以适应社会的发展。另一方面，现代人的寿命普遍延长，退休后仍然需要继续学习以发展各种人生的目标。因此，现代人的学习已经是"终身学习"与"终身教育"。在这方面，朱子学的"学习精神"应当说给我们提供了最好的指导。

（二）教育理念

除了学习精神，朱子学的教育理念也有其现代意义。从现代大学的通识教育的角度来看朱子的格致论，有以下几点值得注意：首先，在朱子哲学之中，读书是格物的最主要的工夫，《朱子语类》的"读书法"，记载了朱子教人如何读书，特别是如何读圣贤书的方法。虽然朱子自己的著作中并没有把读书明确作为一个哲学主题来讨论，但有关读书必要性的问题意识处处渗透在朱子的哲学议论之中。鹅湖之会的最后，朱陆的争辩集中在要不要肯定读书作为学圣人的工夫，也反映出这一点。朱子所重视的格物工夫，其中主要的用力之方即是读书，对读书作为工夫的肯定以及以读书为背景的哲学建构，是朱子对孔子"学"的思想的重要发展，在这一意义上，可以说孔子之后，对"学"或由读书以学的思想贡献最大的人就是朱子。可以说，朱子的思想即是为近古的士人（读书人）提供一套学为圣人的目标和方法。现代人教育水平普遍提高，朱子思想应较适宜于现代教育中学习者的需要。

朱子所强调的格物和问学，很大程度上都是为了肯定经典讲论在儒学中的正当地位。朱子对经典学习非常重视，朱子所推动的读书主要也是读圣贤之书，读经典之书。虽然朱子作为哲学家毕生从事经典的诠释，但由于朱子特别重视读书人的经典学习，所以，他的经典诠释，在表述形式上，特别注意适合一般士人对经典学习的需要。宋明学者并非都是如此，如王船山的《读四书大全说》，是船山自己的思想著作，而不是用来教授学生的。朱子则不同，从《论语训蒙口义》到《四书章句集注》，多数朱子的经典解释著作都着眼于学生的经典学习，以帮助一般读书人学习儒家经典著作为其著述目的之一。这使得朱子的著作在今天通识教育的经典学习中仍有参考的意义。

最后，朱子对经典学习，是持"德性"与"问学"相统一的立场，因此读书与经典学习，一方面，朱子始终以道问学的态度，主张人的为学向一切人文知识开放，注重精神发展的丰富性；但朱子并不是引导人走入专门性知识，是朝向超越专门知识，追求达到一种对全体世界的理解。这种态度最接近于通识教育的思想，即朱子真正强调的格物，不是追求一草一木的具体知识，而是达到对万事万物的"通识"理解；读书的最终目的不是指向具体领域的物理，而是指向整个世界的普遍天理。另一方面，朱子也以尊德性的要求，要求读书者把经典书中的道理与个人的涵养结合在一起，注重道德意识和价值情感的培养，涵养德性和品质，追求德性与知性的平衡发展，这也是与通识教育的宗旨相符合的。

近代东亚教育、科学的发展，曾借用朱子学的格物致知观念接引西方近代科学，是朱子学观念在中国学术近代化发生积极作用的一个例子。值得注意的是，除了朱子学的格物论有益于近代科学在中国的发展外，还应看到朱子学的格物致知思想更近于晚近受到大家重视的大学"通识教育"理念。因为朱子的格物说的确不是朝向某些专业的科学研究，而是重在培养学习者的综合素质，培养学习者的人文精神、道德理解、多元眼界和宽阔胸怀。通识教育的核心课程则是关于经典文本学习的课程，经典的意义在于经典是人类文明的成果，是人类文明在历史筛选过程中经历选择而积累下来的精华，对经典的不断学习与发展是文明传承的重要途径，这正是朱子所始终重视的一点。由此可见，对于我们的通识教育来说，朱子的思想是孔子之外最重要的思想资源。

（三）主敬伦理

朱子学的学问宗旨，常常被概括为"主敬穷理"，所谓"主敬以立其本，穷理以进其知"。前面谈的是有关穷理格物的一面,我们再来看主敬的一面。什么是主敬?主敬是一种内心的状态,也是一种行为的状态,朱子说敬是"教人随事专一谨畏,不放逸耳"。其实专一、谨畏、不放逸,不仅是随事而行,也应当是随处而行,不管做事时与不做事时,都要主敬。分别来说,不做事时的主敬体现的是一种精神态度,即内心总是处于一种警觉、警省、敬畏的状态;做事时的主敬则表现了一种做事的态度和伦理,一种专一、敬业的态度,它的反面是"怠惰放肆"。从做事的角度来说,朱子学的现代意义之一,是可以为东亚社会提供一种"工作伦理",朱子学的主敬精神为传统到现代的工作伦理提供了一种现成的资源、现成的伦理概念。马克斯·韦伯特别重视工作伦理对资本主义产生的作用,他曾指出"资本主义无法利用那些信奉无纪律的自由自在的信条的人的劳动",主敬所代表的正是有自我约束、严肃认真、勤勉专一的工作态度,保持东亚社会积极的工作伦理,朱子学仍能提供重要的资源。

(四)实践哲学

阳明学与朱子学不同,朱子学强调学习,而阳明学强调实践,这种对实践的强调,特别体现在王阳明一贯提倡的"知行合一"。照王阳明的讲法,知而不行,就表示不知,还没有达到知的程度,"未有知而不能行者",所以,真正的知一定是付诸实践、表现于实践的,而行一定是包含着知,包含着认识、理解。现代人关于生活和好的生活,有各种各样的理论,各种各样的哲学论证,但是道德的实践是好生活的根本基础。追求好的生活离不开道德的实践。阳明学比朱子学更加注重行动、活动、感性的实践。换言之,中古哲学家的独自的冥想、脱离实际生活的个人玄思,都不是王阳明所主张、所欣赏的。他提倡"在事上磨炼",这样的哲学精神不仅在16世纪时代表一种新的哲学的兴起,在现代社会也仍然有其意义。这种精神合于19世纪以来实践哲学的发展,马克思的名言"过去的哲学家只是解释世界,而问题在于改变世界",最明显地体现出知行合一的要求,哲学不能只是知,哲学必须引导为行动的实践。当代哲学中,实践的概念当然在不同哲学家那里有所不同,但对社会实践的重视和关怀已经成为一种趋势。如果说近代以前的中世哲学是以冥想为主的静的哲学,近代哲学无疑在精神上更突出对实践的关注。在这个意义上,阳明学的精神和近代哲学是相通的。

(五)万物一体的普遍价值

王阳明晚年很重视"万物一体"的观念,亦称"万物同体"。王阳明晚年在越城讲学,"只发《大学》万物同体之旨"。其实,《大学》本文并没有谈及万物一体或万物同体的任何地方,而是阳明本人用万物一体的思想去解释《大学》一书的纲领。在《拔本塞源论》中,王阳明也对万物一体的思想作了说明,"夫圣人之心以天地万物为一体,其视天下之人无内外远近,凡有血气,皆其昆弟赤子之亲,莫不欲安全而教养之,以遂其万物一体之念",强调一体观念表现为人与人之间的诚爱无私。《大学问》更清楚阐发了这一观念:"大人者以天地万物为一体者也,其视天下犹一家,中国犹一人焉。若夫间形骸、分而我者,小人矣。"从儒家思想史的发展来看,这种万物一体的思想是仁的思想的新的发展和表达，构成了阳明学的一种特色。这一思想在21世纪的现代社会有重要的意义，其意义便在于它是东亚文化所提出的一种普适价值，而它的伦理价值不是特殊主义的，而是普遍主义的。特殊主义的伦理注重适用于特定团体，如特定的家族、特定的集体等，而万物一体的道德关怀是指向一切人，甚至宇宙万物，所以它不仅对人类的和平发展可提供伦理的支持，对生态与环保也可提供一种伦理的支持。近代以来，欧美社会的自由、民主、人权被宣传为"普适价值"，事实上，根源于亚洲文化传统的一些价值也有普适价值。东亚文化传统中提出的这些价值虽然起于前近代的时期，但其内涵超越了地域和时代，是东亚文化贡献给人类的具有普遍意义的价值。

梁启超的道德思想

——以其孔孟立教论为中心[①]

梁启超在明确反对袁世凯复辟帝制却未能有效阻止之后,密谋反袁部署,在他的计划下,1915年12月蔡锷在云南打响了护国战争的第一枪。1916年春,梁启超从上海南下,途经香港,绕道越南,进入广西,与护国军会合。在越南逗留的十天中,他写下了《国民浅训》一书,陈述了国民应有的知识与责任,期望由此增进国民的政治常识,共同维护共和的政体。[②]

在《国民浅训》这样一本以国家、政治、宪法、自治知识为主体的书中,梁启超说了这样一段话:"就风俗道德方面言之,我国孔孟所教,诚可称道德之正鹄(此却非我虚矫自大之言,吾新有所见,行将专著书发明之)。"[③] 这是说,《国民浅训》一书的内容主要是就爱国、立宪等政治层面的政治常识立论;若就社会道德和个人人格而言,则孔孟之学代表了道德的真理;但道德问题并不是此书要讨论的内容,故将另行讨论。我们所注意的是,

---

[①] 原载于《清华大学学报》(哲学社会科学版),2017年第2期。
[②] 参见夏晓虹:《"共和国民必读书"》,《读书》,2016年第3期。
[③] 梁启超:《国民浅训》,《饮冰室合集》专集三十二,中华书局,1989年,第19页。

他在1916年春所说的对孔孟道德之教的"新有所见"并表达了对孔孟之教的坚定自信,而且行将要著专书加以发明的究竟是什么"所见"、新在何处? 他在该年春以后又写了什么专书来发明这个新的"所见"? 这是本文所关心的问题。

显然,他的"所见"是对于风俗道德和孔孟之教的"所见",应表达了他的与孔孟之教关联一起的伦理道德思想。既然是"新有所见",我们就不能不从其"旧有"的对道德和孔教的"所见"谈起。

一、新民说的道德观

1902年,梁启超在日本发表了震撼国人的《新民说》,大力提倡新的(近代的)国民道德与人格,以实现救亡图存,其中涉及他对固有道德文化遗产的认识和态度。他的基本态度可以概括为"一曰淬厉其本有而新之,二曰采补其所本无而新之。二者缺一,时乃无功"①,一方面保守传统道德风俗,另一方面进取而学习近代西方文化的新伦理新道德。他认为,中国固有的传统道德偏重于私德,而缺少公德,他所说的公德主要指近代国家的公德,"吾中国道德之发达,不可谓不早。虽然,偏于私德,而公德殆阙如。试观《论语》《孟子》诸书,吾国民之木铎,而道德所从出者也。其中所教,私德居十之九,而公德不及其一焉"②。他说,中国传统文化"关于私德者,发挥几

---

① 梁启超:《新民说》,辽宁人民出版社,1994年,第7页。
② 同上,第16页。

无余蕴，于养成私人（私人者对于公人而言，谓一个人不与他人交涉之时也）之资格，庶乎备矣"。此"私德"他后来更多称为"人格"。[①]他的基本主张是持守中国传统的私德，而大力发展近代国家与社会所需的公德，《新民说》的重点是强调养成国民资格的公德。

梁启超认为，从世界文明史来看，道德形相五花八门，但精神实质是一致的："其道德之外形，相反如此，至其精神则一也。一者，何也？曰为一群之公益而已。"[②]认为利国利群是一切道德的精神本质，这个说法当然并不全面。他又认为："德也者，非一成不变者也（吾此言颇骇俗，但所言之者德之条理，非德之本原，其本原固亘万古而无变者也。读者幸勿误会。本原惟何？亦曰利群而已），非数千年前之古人所立一定格式以范围天下万世者也。"[③]可见，他认为道德有不变的，有可变的，不变的是道德的本原、精神；可变的是道德的具体条目、形式。他还认为，私德在历史上变迁较少，公德在历史上变迁较多。总体上说，他的思想与旧的道德观所不同的是，认为不能说道德自古以来永久不变、不增不减，强调道德至少有一部分是随历史而变化的，有发达、有进步，主张孔孟复起、生于今日，其道德亦须有所损益。这些思想与其政治上的变法思想是一致的。

梁启超所说的近代西方社会的公德，主要是指爱国思想、进取意识、权利观念、自由、进步、自尊、合群、自治等观念，认

———

[①] 梁启超：《新民说》，辽宁人民出版社，1994年，第17页。
[②] 同上，第20页。
[③] 同上，第21页。

为这些是中国国民所欠缺而急需的"德"。其实,梁启超这里所说的公德,很多内容并不属于道德范畴,更多的属于政治、社会观念,而他当时把这些近代民族国家和近代社会所需要的观念统称为"公德",虽然便于传播,但含有一些混淆,这也应当是辛亥革命以后他很少再用私德公德的说法,而更多用国民资格、国民常识来表达爱国思想、进取意识、权利观念、自由、进步、自尊、合群、自治这些观念的原因。

《新民说》中也谈到传统道德的基本概念。在论国家思想一节时,他指出:"吾中国相传天经地义,曰忠曰孝,尚矣。虽然,言忠国则其义完,言忠君则其义偏。"[1]在他看来,"忠孝二德,人格最要之件也,二者缺一,时曰非人"[2]。他认为忠是报国,孝是报恩,二者都是基本道德。忠的概念并没有问题,忠君的概念则有偏差。他更指出,中国传统只讲民的忠,不讲君的忠,这更是偏差,"民之忠也,仅在报国之一义务耳,君之忠也,又兼有不负付托之义务"[3]。即忠对一般人民是指报国的义务,忠对君主则不仅要求报国的义务,还含有不可辜负人民付托的义务。可见,梁启超并不否定忠孝的道德意义,但他强调忠的根本义是报国,不是忠君,君主也应当实行忠德以尽其义务,而且他认为英法等民主国的国民亦应尽其忠德。这些诠释和提法表现出他仍然重视忠德,但不是用其传统义,而是包含了对忠德的

---

[1] 梁启超:《新民说》,辽宁人民出版社,1994年,第16、17、20、21、26、26、26页。

[2] 同上。

[3] 同上。

进行近代传承转化的意义。①

《新民说》中"论私德"一章，是梁启超1903年游美洲归来后所作，此章在公德与私德孰轻孰重的关系上作了重大调整，提出"欲铸国民，必以培养个人之私德为第一义""就泛义言之，则德一而已，无所谓公私，就析义言之，则容有私德醇美，而公德尚多未完者，断无私德浊下，而公德可以袭取者""公德者私德之推也，知私德而不知公德，所缺者只在一推……故养成私德，而德育之事思过半焉矣"。②

梁启超一生十分重视道德修养，但他对社会道德问题的观察很重视社会政治文化对人的影响。在《新民说》看来，中国古代私德体系完备，但这并不能自然带来社会风俗道德的醇美，清末社会私德已经堕落，其原因主要有五：一是专制政府之陶铸，二是晚清行法家霸术之结果，三是对外战败的挫沮，四是生计憔悴的逼迫，五是学术匡救之无力。可见，道德风俗的改善不能仅仅依赖古代道德体系的传承，更重要的是社会的政治、经济条件要有利于道德的改善。梁启超的这一看法，对单从道德体系来看道德风俗问题，是一个有力的补正，值得服膺儒学的人深加思考。

二、反保教论中的孔学观

梁启超晚年写《清代学术概论》，其中涉及他与康有为的思

---

① 《关于梁启超及其以后中国学人对伦理学的思考》，黄进兴《从理学到伦理学》，台北：允晨文化，2013年。
② 梁启超：《新民说》，《关于梁启超私德说的产生和意义》，第163页。陈来：《梁启超的私德说》，《清华大学学报》，2013年第1期。

想关系:"启超自三十以后,已绝口不谈'伪经','亦不甚谈改制'。而其师康有为大倡设孔教会,定国教祀天配孔诸议,国中附和不乏,启超不谓然,屡起而驳之……持论既屡与其师不合,康梁学派遂分。"①其标志便是1902年春,在写作《新民说》的同时,梁启超发表了《保教非所以尊孔论》一文,明确反对康有为的保教论。此文所谓"保教"专指立孔教为国教的主张。梁启超早年受康有为的影响,赞成其保教论,1897年也曾主张成立"保教公会",他自己后来也说曾经是"保教党之骁将"。戊戌之后,梁启超在日本广泛学习西学,思想上渐渐离开康有为,对其保教之说作了反思和批判。

梁启超反对把儒学宗教化,虽然他也使用"孔教"一词,但他所说的"孔教"是孔子之教,指孔学教化的体系,并不是把孔学视为宗教。他认为,宗教专指迷信宗仰而言,其权力范围乃在人的躯体界之外,宗教的特点是"以魂灵为根据,以礼拜为仪式,以脱离尘世为目的,以涅槃天国为究竟,以来世祸福为法门"②。他认为孔子不是宗教家,"其所教者,专在世界国家之事,伦理道德之原,无迷信,无礼拜,不禁怀疑,不仇外道,孔教所以特异于群教者在是。质而言之,孔子者,哲学家、经世家、教育家,而非宗教家也"③。他认为,康有为等人是把孔子之教等同于西方宗教,但实际上"盖孔子立教之根柢,全与西方教主不

---

① 梁启超:《清代学术概论》,葛懋春、蒋俊编选《梁启超哲学思想论文选》,北京大学出版社,1984年,第504—506页。
② 梁启超:《保教非所以尊孔论》,葛懋春、蒋俊编选《梁启超哲学思想论文选》,第96页。
③ 同上。

同。吾非必欲抑群教以扬孔子，但孔教虽不能有他教之势力，而亦不至有他教之流弊也"。[1]因此，他以为康有为的保教说是把孔教作为宗教来保存，不合孔教自身的传统。他批评保教论者："持保教论者，辄欲设教会、立教堂、定礼拜之仪式，著信仰之规条，事事摹仿佛耶，唯恐不肖。此靡论其不能成也，即使能之，而诬孔子不已甚耶！"[2]

梁启超还特别用思想之自由反对保教说，认为保教论者主张立孔教为国教，与近世文明法律精神相悖。他说："使其论日盛，而论者握一国之主权，安保其不实行所怀抱，而设立所谓国教以强民使从者。果尔，则吾国将自此多事矣。""信教自由之理，一以使国民品性趋于高尚，（若特立国教，非奉此者不能享完全之权利，国民或有心信他教，而为事势所迫强自欺以相从者，是国家导民以弃其信德也。信教自由之理论，此为最要，）一使国家团体归于统一，而其尤要者，在划定政治与宗教之权限，使不相侵越也。政治属世间法，宗教属出世法，教会不能以其权侵政府，固无论矣，而政府亦不能滥用其权以干预国民之心魂也""吾中国历史独优于他国者一事，即数千年无争教之祸是也……吾中国幸而无此镠辖，是即孔子所以贻吾侪以天幸也。"他认为，如果如保教者所说去做，"教争乃起，而政争亦将随之而起，是为吾国民分裂之厉阶也，言保教者不可不深长思也"。因此，他坚持："文明之所以进，其原因不一端，而思想自由，

---

[1] 梁启超：《保教非所以尊孔论》，见葛懋春、蒋俊编选《梁启超哲学思想论文选》，第97页。
[2] 同上。

其总因也。"[1]在这样的立场上他对孔子的自由精神大力表彰："盖孔教之精神非专制的而自由的也。"[2]"孔子之所以为孔子正以其思想之自由也。"[3]

在这篇文章的"论孔教无可亡之理"一节中，梁启超表达了他对孔教内容与特点的认识，以及道德之常与变的认识，他说："孔子之立教，对两千年前之人而言者也，对一统闭关之中国人而言之也，其通义之万世不易者固多，其别义之与时推移者亦不少。"[4]这就是说，孔教的内容中既有"万世不变"的，也有"与时推移"的，前者是通义，后者是别义，前者是普遍真理，后者是特殊内容。其特殊内容是针对两千年前特定时代特定问题而发。普遍真理是不变的，特殊内容是变化的。因为此时的梁启超更关注"与时推移"的部分，所以他强调孔子立教的历史性，认为孔教主要针对两千年前人讲的，是对闭关锁国时代的中国人讲的，这些内容在今日必须与时推移，改变发展。

那么，什么是孔教的万世不易之道呢？梁启超认为："其所教者，人之何以为人也，人群之何以为群也，国家之何以为国也，凡此者，文明愈进，则其研究之也愈要。近世大教育家多倡人格教育之论，人格教育者何？考求人之所以为人之资格，而教育少年，使之备有此格也。东西古今之圣哲，其所言合于人格者不一，而最多者莫如孔子。孔子实于将来世界德育之

---

[1] 梁启超：《保教非所以尊孔论》，葛懋春、蒋俊编《梁启超哲学思想论文选》，第98页。
[2] 同上，第99页。
[3] 同上。
[4] 同上，第102页。

林，占一最重要之位置，此吾所敢豫言也。"①他坚信孔子是世界上最重要的人格教育家，孔教的主要内容即是人格教育，这才是孔教的万世不易之道。应该说，就梁启超对孔子之教的认识来说，与其晚期思想是一致的。只是在当时这一点并没有被加以特别强调，多被视为一时之论。他自己亦未自觉其根本性。

梁启超最早的孔子之见，除了1902年的《保教非所以尊孔论》外，应推《世界伟人传孔子》，其中说："二千年间所自产者，何一不受赐于孔子？其有学问，孔子之学问也；其有伦理，孔子之伦理也；其有政治，孔子之政治也。其人才皆由得孔子之一体以兴，其历史皆演孔子之一节以成。苟无孔子，则中国当非复二千年来之中国。"②又说："吾将以教主尊孔子也。夫孔子诚教主也，而教主不足以尽孔子……吾将以教育家尊孔子。夫孔子诚教育家也，而教育家不足以尽孔子……吾将以学问家尊孔子。夫孔子诚学问家也，而学问家不足以尽孔子……吾将以政治家尊孔子。夫孔子诚政治家也，而政治家不足以尽孔子……孔子之因时的政治，可以善当时之中国，可以善二千年迄今之中国，且可以善自今以往永劫无穷之中国也。"③此文仅存残稿两章，所作时间不明，一般认为应在清末。只是，所存两章的内容虽属尊尚孔子，但并无论及孔子之教的方面；其中只是推崇孔子思想对过去、未来之普适意义，并未言及孔教中与时推移的部分，似写在

---

① 梁启超：《保教非所以尊孔论》，葛懋春、蒋俊编选《梁启超哲学思想论文选》，第100页。
② 《梁启超全集》第11卷，北京出版社，1999年，第3155页。
③ 同上，第3156页。

1902年以前。

三、论道德之大原

辛亥革命后,梁启超回到中国,1912年他曾作《中国道德之大原》一文,此文本针对当时有人批评中国人种姓低劣而发。这里所说的种姓即指国民性而言,亦称国性。梁启超指出,中国人的种姓支持中国人几千年的文明发展,故此种性亦即是民族精神,"以吾所见之中国,则实有坚强美善之国性,颠扑不破,而今日正有待于发扬淬厉者也"①。表明他反对批评中国人种性低劣的说法,主张发扬中国人的坚强善美的国性。

然后,他谈到对道德的理解:"今之言道德者,或主提倡公德,或主策励私德;或主维持旧德,或主轮进新德,其言固未尝不各明一义,然吾以为公私新旧之界,固不易判明,亦不必强生分别。自主观之动机言之,凡德皆私德也。自客观影响所及言之,凡德皆公德也。德必有本,何新非旧;德贵时中,何旧非新。"②我们知道,1902—1903年他写了《新民说》,《新民说》的基本理论基础是公德—私德区分论。而此时,他认为道德的公私,很难区分,道德的新旧,也很难区分,故不必强作分别。在他此时看来,一切道德行为,从动机上讲都是私德;从结果之影响上讲,都是公德,所以可以说道德无公私之分。一切道德都有其历史文化根源,都与传统有关联;道德最贵时中,必须根据时代新变化进行调整,故道德亦可以说无新旧之分。这种讲法与十

---

① 梁启超:《中国道德之大原》,《饮冰室合集》文集二十八,第13页。
② 同上。

年前的《新民说》明显不同。这些说法在理论上虽然不一定都能够成立,但指出公德与私德、新道德与旧道德没有截然的界限,还是有所见的。这也显示出他的道德思想已经不再以公德—私德区分论为基础,开始离开用公德私德的概念来分析道德的方法了。①

他又说:"吾以为道德最高之本体,固一切人类社会所从同也。至其具象的观念,及其衍生之条目,则因时而异,因地而异。甲社会之人,与乙社会之人;甲时代之人,与乙时代之人,其所谓道德者,时或不能以相喻。要之,凡一社会,必有其所公认之道德信条,由先天的遗传,与后天的熏染,深入乎人人之脑海而与俱化。如是,然后分子与分子之间,联锁巩固,而社会之生命,得以永续。"②这是说,道德的最高本体是放之四海而皆准的、不变的。而道德的具体观念和条目则因时而异、因地而异。这一点与他在十年前《保教非所以尊孔论》所持的论点是一致的。

重要的是,他提炼了风俗道德的根据、国人的心理观念,认为:"吾尝察吾国多数人之心理,有三种观念焉,由数千年之遗传熏染所构成,定为一切道德所从出,而社会赖之以维持不敝者。"③这三种观念是:报恩、明分、虑后。这是指社会伦理、个人道德所依据的深层文化心理,也就是他所说的道德之大原。这

---

① 梁启超辛亥以后不再用公德私德论分析道德问题,其原因尚不十分清楚,也许是因为其论敌如章太炎主张道德无分于公私,"优于私德者亦必优于公德"。见张勇《"道德"与"革命"》,《中国学术》第33辑,商务印书馆,2013年。
② 梁启超:《中国道德之大原》,《饮冰室合集》文集二十八,第14页。
③ 同上。

一做法，有些类似于后来李泽厚所说的文化心理结构分析。从方法上看，这一分析，不是就传统道德的德目（如仁义礼智信）、命题（如先义后利）而加以传承诠释，而是追寻所有传统道德德目、命题之后面的普遍心理观念，这为转型过渡时代处理道德问题与道德理解提供了新的思路。

"报恩"涉及"义务"观念，他说："故西人有孝于亲、悌于长、恤故旧、死长上者，共推为美德，在我则庸行而已。吾国人抱此信念，故常能以义务思想，克权利思想。所谓正谊不谋利、明道不计功，非必贤哲始能服膺也，乡党自好者，恒由之而不自知。盖彼常觉有待报之恩，荷吾仔肩，黾勉没齿而未遑即安也。夫绝对的个人主义，吾国人所从不解也。无论何人，皆有其所深恩挚爱者，而视之殆与己同体。故欧美之国家，以个人为其单位，而吾国不尔也。夫报恩之义，所以联属现社会与过去之社会，使生固结之关系者，为力最伟焉。吾国所以能绵历数千年使国性深入而巩建者，皆恃此也。"①这是指出中国人的价值观重视义务，不重权利，以报恩为重，不重个人主义，而西方人重个人权利，不重报恩等义务。他认为报恩观念是最有力的社会凝聚要素。

梁启超指出，提出心理观念三义，既是从价值观入手分析道德的基础，更是着眼于风俗实践的功效，他说："之三义者，不学而知，不虑而能，而我国所以能数千年立于大地经无量丧乱而不失其国性者，皆赖是也。是故正心诚意之谈，穷理尽性之旨，

---

① 梁启超：《中国道德之大原》，《饮冰室合集》文集二十八，第 16 页。

少数士君子所以自厉也；比较宗教之学，探研哲理之业，又教育家所以广益而集善也；然其力皆不能普及于凡民，故其效亦不能大裨于国家。独乃根此三义，而衍之为伦常，蒸之为习尚，深入乎人心而莫之敢犯，国家所以与天地长久者，于是乎在。"①他认为，宋明理学的正心诚意功夫只适合于士君子的自我修养，哲学伦理学的研究只适合于教育家的研究，这些都是精英文化，并不能广泛普及凡民大众，也不能有益于国家。只有依据心理观念三义，使报恩、明分、虑后观念深入人心，不仅伦常风俗可以善化，国家的根基亦得以确立。可以说，除去这里突出的国家意识不论，梁启超注重伦理普及的立场，对古代道德思想是一个转变性发展。

他在文中也涉及具体的传统道德概念，如忠。他说："然古代国家统治权集于君主，国家抽象而难明，君主具体而易识，于是有忠君之义。然我国之所谓忠君，非对于君主一自然人之资格而行其忠，乃对于其为国家统治者之资格而行其忠，此其义在经传者数见不鲜也。故君主不能尽其对于国家之职务，即认为已失统治国家之资格，而人民忠之之义务，立即消灭。"②这里是说，君主必尽其对国家的义务，若其不能尽其义务，人民便没有对君主尽忠的义务，比《新民说》进了一步。他还指出忠君概念的历史起源，是由于国家太抽象而不具象，君主作为国家代表易于识认，故人们通过忠君表达忠国，也就是说，忠君的本质是忠国。他同时指出，中国古代的忠君，并不是对君主个人的忠，而是对

---

① 梁启超：《中国道德之大原》，《饮冰室合集》文集二十八，第20页。
② 同上，第15页。

他代表国家统治者的资格行其忠。这比五四时期批评古代忠臣对君主只是忠于个人的说法,可谓早就预见在先,而且比五四时期的见解有说服力。

四、孔子教义在今日的实际裨益

1915年春,针对过去两年康有为等鼓吹立国教之声的甚嚣尘上,和袁世凯欲恢复帝制的活动愈益明显,梁启超发表了《孔子教义实际裨益于今日国民者何在、欲昌明之其道何由?》一文,时恰在《国民浅训》写作的一年之前。半年之后,他又写了《复古思潮平议》,继续申发其有关孔子之教的思想与对袁世凯复辟动向的批评。

由《孔子教义实际裨益于今日国民者何在、欲昌明之其道何由?》一文的题目可见,其学术意义在于阐明孔子之教的现代意义和价值,以及昌明孔子之教的正确途径。有人说,梁启超此文是鼓吹尊孔复古,这是不准确的。梁启超一贯主张尊崇孔子,但他反对借尊孔来复古,因为梁启超所说的"复古"在当时特指复辟帝制,同时,他也不赞成因反对复辟而反孔,认为这是两个不同的问题。1915年秋天以后,《新青年》杂志因反对袁世凯称帝复辟而掀起反孔文化运动,即新文化运动,梁启超已预先指出其问题。

在保教问题上,《孔子教义实际裨益于今日国民者何在、欲昌明之其道何由?》一文与十几年前的《保教非所以尊孔论》基本一致,反对专注于倡言孔教为国教或把孔教宗教化,虽然1913年他也曾在请愿书上签字。在这篇文章中,他首先突出肯定孔子在中国文明中的地位,认为孔子为中国文明的代表,中国两千年来的团结一体完全有赖于孔子思想的力量,今天的社会教育仍必须以之为中坚而普及。他特别强调孔子之教对中国人的适用性。他说:"彼中外诸哲,微论其教义未必能优于孔子也,就令优焉,而欲采之以牖吾民,恐事倍而功不逮半。盖凡人于其所习知所深信之人,则听其言必易受而易感,我国民亦何莫不然。我国民最亲切有味之公共教师,舍孔子无能为之祭酒。"①

他认为,妨碍孔子之学的正大发扬主要有三种倾向,一是汉学,即两汉至隋唐乃至晚清乾嘉的考据学,以训诂考据为业,用力于古籍的偏僻字义,对孔学大多数易解的大义反而漠视。二是宋学,受佛教刺激,专注在性命理气之学,极深而研几,重体轻用。三是新学,即康有为之学,把孔子之教附会于西洋宗教和教会,倡导孔学宗教组织化,特别强调配天的祭祀礼仪。他指出,西方宗教与教会的形成,有其特殊的历史和特殊的信仰,与孔教完全不同,孔子不是超绝人类的神,没有神的种种神通,不讲来世的祸福。这些观点与1902年的反保教文的思想是一致的。他还特别指出:"宋学一派与新学一派,则皆若以孔子为有所不足,必以其所新学得于外者附盖之,其流弊所极,甚则以六经为我注脚,非以我学孔子,殆强孔子学我矣。吾以为诚欲昌明孔子教旨,其第一义当忠实于孔子,直绎其言,无所减加,万不可横己见杂他说以乱其真,然后择其言之切实而适于今世之用者,理其系统而发挥光大之,斯则吾侪诵法孔子之天职焉矣。"②

---

① 梁启超:《孔子教义实际裨益于今日国民者何在、欲昌明之其道何由?》,葛懋春、蒋俊编选《梁启超哲学思想论文选》,第235页。
② 同上,第237页。

他认为:"大抵孔子之言虽多,可大别之为三类。其一,言天人相与之际,所谓性与天道,宋明儒竭才以钻仰者也,以近世通行语指之,可谓为属于哲学范围。其二,言治国平天下之大法,非惟博论其原理而已,更推演为无数之节文礼仪制度,以近世通行语指之,可谓为属于政治学社会学之范围。其三,言各人立身处世之道,教人以所以为人者与所以待人者,以近世通行语指之,可谓为属于伦理学道德学教育学之范围。"[1]即孔子之教言可分为三类:一是哲学,二是政治学社会学,三是伦理学教育学。在他看来,哲学诚精神博大,但这是专家之学,不可用来教育一般国民。政治学社会学古代为治平之法,多为当时当地的具体制度,不能尽用于今日,亦不必尽人皆学。所以,孔子之教今天最当学者,是第三类,即伦理学教育学的内容。

那么,孔子之学有以大过人处何在?梁启超指出:"孔子教义,其实际裨益于今日国民者固别有在,何在?则吾前举第三种所谓教各人立身处世之道者是已。更以近世通行语说明之,则孔子教义第一作用实在养成人格。读者若稍治当代教育史,当能知英国之教育常以养成人格为其主要精神,而英之所以能久霸于大地,则亦以此。而人格之纲领节目及其养成之程序,惟孔子所教为大备,使人能率循之以自淑而无所假于外,此孔子之圣所以为大为至也。问者曰:斯固然矣,然遂得谓实际裨益于今日乎?答曰:社会凡百事物,今大与古异,东亦与西异,独至人之生理与其心理,则常有其所同然者存,孔子察之最明,而所以导之者

---

[1] 梁启超:《孔子教义实际裨益于今日国民者何在、欲昌明之其道何由?》,见葛懋春、蒋俊编选《梁启超哲学思想论文选》,第238页。

最深切，故其言也，措诸四海而皆准，俟诸百世而不惑，岂惟我国，推之天下可也，岂惟今日，永诸来劫可也。夫古今东西诸哲之设教者，曷尝不于此三致意，然盛美备善，则未或逮孔子，故孟子称孔子集大成，而释之以始条理终条理，观其养成人格之教，真可谓始终条理而集大成者也。吾侪诵法孔子，则亦诵法此而已矣，昌明孔子之教，则亦昌明此而已矣。"①应该说，这些思想是梁启超辛亥后回国以来的新有所见，且至其晚年亦未改变。对于"孔子教义实际裨益于今日国民者何在、欲昌明之其道何由"这一问题，他自己给了明确回答，那就是孔子之学中的"立身处世之道"，换言之"养成人格之教"；昌明孔子之教的正确途径就是诵法孔子的"养成人格之教"。他还特地把孔子对君子人格的养成与英国绅士 gentleman 加以对比。

半年之后，他又写了《复古思潮平议》一文。此文起因是针对蓝公武对袁世凯倒行逆施所发激愤之词而欲加以"平议"，即纠正其偏激之论使之稍平。②其中指陈时政的部分在此不论，专看其道德论和孔教论。他说："吾以为蓝君所言，洵诡激而失诸正鹄，吾不能为之阿辩也。然此种诡激之言，曷为发生于今日，则固有使之者焉，亦不可不深省也。"③他指出蓝氏之论属偏激，但导致其如此偏激的是袁世凯等人的复辟活动。那么蓝氏发了什么偏激之辞呢？他说："蓝君之论最骇人听闻者，彼对于忠

---

① 梁启超：《孔子教义实际裨益于今日国民者何在、欲昌明之其道何由?》，葛懋春、蒋俊编选《梁启超哲学思想论文选》，第238页。
② 参见蓝公武：《辟近日复古之谬》，《大中华》1915年创刊号。文中称"不欲以孔孟之言行为表率，而欲奉世界伟人为导师"。
③ 梁启超：《复古思潮平议》，葛懋春、蒋俊编选《梁启超哲学思想论文选》，第243页。

孝节义，皆若有所怀疑，而对于崇拜孔子，亦若有所不慊，此其持论诚偏宕而不足为训也。"[1]即蓝氏的文章因反袁而对忠孝节义之德有所怀疑，对崇拜孔子也有所不满。这显然是把袁世凯主国以后倡导忠孝节义、康有为等大力鼓吹立孔教为国教，和袁世凯欲谋复辟的活动混为一谈了。对于传统道德，他认为："盖忠孝节义诸德，其本质原无古今中外之可言，昔人不云乎：天下之善一也。凡道德上之抽象名词，若智、仁、勇、诚明、忠信、笃敬、廉让，乃至若某若某，虽其涵孕之范围广狭全偏或有不同，然其同于为美德，则无以易。"[2]这也就是说，忠孝节义智仁勇等都是道德美德的名词，其本质古今中外都是一样的，并不能因为袁世凯提出而怀疑否定。"即如忠孝节义四德者，原非我国所可独专，又岂外国所能独弃？古昔固尊为典彝，来兹亦焉能泯蔑？夫以忠孝节义与复古并为一谈，揆诸论理，既已不辞，以厌恶复古故，而致疑于忠孝节义，其瞀缪又岂仅因噎废食之比云尔。"[3]他认为，忠孝节义四德，中外通用而普适，未来仍然需要。把忠孝节义与复古复辟混为一体是不对的，由反对复辟而怀疑忠孝节义更是不对的。可见，他是肯定传统道德对古今中外的普适性的。

然后，他谈到对孔子的认识："若夫孔子教义，其所以育成人格者，诸百周备，放诸四海而皆准，由之终身而不能尽，以校泰西古今群哲，得其一体而加粹精者，盖有之矣，若孟子所

---

[1] 梁启超：《复古思潮平议》，葛懋春、蒋俊编选《梁启超哲学思想论文选》，第243页。
[2] 同上。
[3] 同上。

谓集大成，庄生所谓大小精粗其运无乎不备，则固未有加于孔子者。孔子而可毁，斯真虽欲自绝，其何伤于日月也。"①在他看来，孔子教义就是养成人格之学，其意义是放之四海而皆准的，西方哲学也许在个别方面胜于孔子，但没有超过孔子的，孔子的养成人格之学是集大成的。如果毁否孔子，就是自毁长城。他认为孔子思想是普遍主义的。这些思想，比起五四新青年们因反袁而否定孔子否定中国文化，不知要深刻多少。五四新青年若能深入领会反袁主帅梁启超的思想，文化上将少走多少弯路！他接着说："且试思我国历史，若将孔子夺去，则暗然复何颜色？且使中国而无孔子，则能否搏捖此民族以为一体，盖未可知。果尔，则二千年来之中国，知作何状？"②他肯定地表示，没有孔子，中国文化必黯然失色；没有孔子，中华民族就不可能团结一体。孔子之教主张时中，与排斥异己、蒙蔽心灵的某些宗教不可同日而语。论孔子在中华文明的不可替代的作用，这也是与《孔子教义实际裨益于今日国民者何在、欲昌明之其道何由？》文中所论一致的。他还特别指出，今天的中国人力求进取，而诵法孔子对国民进取毫无障碍，将改革进取与诵法孔子对立起来是错误的。③

1915年这两篇文章中肯定，孔子之学的"养成人格之教"是"放诸四海而皆准，俟诸百世而不惑，由之终身而不能尽，始终条理而集大成者"，这个观点大大发展了其早年反保教文中重视人格

---

① 梁启超：《复古思潮平议》，葛懋春、蒋俊编选《梁启超哲学思想论文选》，第243页。
② 同上，第244页。
③ 梁启超有关国民教育与国民资格养成问题的思想，参见张锡勤《梁启超思想平议》，人民出版社，2013年。

教育的提法，也成为他1916年以后对孔子之教认识的基础。如前所提及的，《新民说》中的"私德"他在1915年以后更多称为"人格"，这是他的道德思想在辛亥革命前与辛亥革命后的一大分别。

五、孔孟讲义与《儒家哲学》

如本文开始所说，1916年3月梁启超在越南停留时写下《国民浅训》，其中的内容分为两部分，一部分是国民政治常识，如立宪、财税、法律等；另一部分是《新民说》曾提倡的爱国心、公共心、自由、平等诸公德（值得注意的是《国民浅训》中并没有使用公德的概念）。在《国民浅训》这样一本以国家、政治、宪法、自治知识为主体的书中，梁启超说到了这样一段话："就风俗道德方面言之，我国孔孟所教，诚可称道德之正鹄（此却非我虚矫自大之言，吾新有所见，行将专著书发明之）。"然而，他紧接着又谈到道德的现状："须知道德之为物，其中固有一部分不可得与民变革者，亦有一部分必须与民变革者。道德本为社会之产物，社会之境遇变迁，则道德之内容，亦当随而变迁。徒袭取数千年前先哲遗训之面目，必不足以范围一世之人心，只相率以虚伪而益其腐败耳。"[①]他认为，道德有一部分是不可变的，一部分是必须随时代而变的，这与《新民说》的观点是一致的。但他同时指出，对于现实的风俗道德，仅仅照搬那些体现了不可变道德的先哲遗训，是根本不够的，甚至会导致"相率以虚伪而益其腐败"。正如他早在《新民说》时期就主张的，在1915年两篇

---

① 梁启超：《国民浅训》，《饮冰室合集》专集三十二，第19—20页。

文章中也反复表达的,他对社会道德问题的观察很重视每一时期社会政治文化对人的道德的影响。

回到本文一开始关注的问题。在看过《国民浅训》的"行将著书发明之"一段话之后,我们翻检了梁启超1916年以后的著作,却并没有发现一本专论孔孟之教的意义与价值的书。有之,只是1918年他为群儿讲授《孟子》而用的讲义稿,[①]1920年在清华学校任"国学小史"课的"孔子"讲义,以及后来在清华国学院讲授的"儒家哲学"讲义。那么,以理推之,如果梁启超在1916年以后没有完成那部他本来计划要写的专书,则其"新有所见"必定会表达在上述三部讲义之中了。

我们还可以问,这些"新有所见"会不会已经表达在1916年春之前,如1915年呢? 因为,《孔子教义实际裨益于今日国民者何在、欲昌明之其道何由?》与《复古思潮平议》两文与1916年春的时间非常接近,他也并没有说这些"新有所见"是1916年春天才开始有所见的。有理由确信,他说的新有所见,是指近来新有所见,而他在1916年春所说的"新有所见"的主要观点,确实已经表达在1915年他所写的那两篇文章之中了。换言之,这两篇文章所说的有关风俗道德与孔孟之教的观点,就是"吾新有所见"的要点,而准备再加发明而已。也就可以说,1916年以后的三部讲义的观点与这两篇一致,而且是以这两篇的观点为基础、基调的。因为我们并没有在后来的三部讲义中发现与1915年两篇

[①] 参见梁启超:《读孟子记》,夏晓虹辑《〈饮冰室合集〉集外文》,北京大学出版社,2005年,第774—794页;夏晓虹《梁启超家庭讲学考述》,《中正汉学研究》,2012年第2期。

文章观点有重大变化、发展了的观点。

1918年7至8月间,梁启超为群儿讲《孟子》,所作讲义"略同学案"分为三部分,"一曰哲理论,二曰修养论,三曰政治论",[①]讲义称"读孟子记",讲义稿字数三万左右,至1919年仍未定稿,故全稿并未出版问世。其中,性善论部分的分析借用了佛教的思想,分析相当深入,其修养论部分也阐发得不错,认为"孟子教人以第一义"曰"存养"。但就风俗道德和立教大意方面,论述很少。1920年《国学小史》中的孔子部分,约五万字,论述不可谓不详,但其中论述孔子立教大意处亦不多。[②]其中,"孔学提纲"说:"孔子所谓学,只是教人养成人格。什么是人格呢？孔子用一个抽象的名来表示他,叫做仁;用一个具体的名来表示他,叫做君子。"[③]他在最后说:"孔子的人格在平淡无奇中现出他的伟大","我们读释迦、基督、墨子诸圣哲的传记,固然敬仰他的为人,但总觉得有许多地方,是我们万万学不到的。惟有孔子,他一生所言所行,都是人类生活范围内极亲切有味的庸言庸行,只要努力学他,人人都学得到。孔子之所以伟大就在此"。[④]可见,孔孟讲义的字数不少,略可称之为"发明"(梁所说"吾将著书发明之"),义理分析亦相当深入,但就"孔孟所教""孔孟之教"的宗旨大意处却未多论及。

[①] 参见梁启超:《读孟子记》,夏晓虹辑《〈饮冰室合集〉集外文》,北京大学出版社,2005年,第774页。
[②] 参见梁启超:《国学小史》,商务印书馆,2014年,第99—172页。
[③] 同上,第111页。
[④] 同上,第165页。

除这三部讲义外，只有《要籍题解及其读法》对孔孟之教大意作了阐发。1923年梁启超应清华学校之邀，在清华担任国学课程，讲稿刊于《清华周刊》，名为《要籍题解及其读法》。其中"《论语》之内容及其价值"说，《论语》一书可分为八类项，1. 关于个人人格修养之教训；2. 关于社会伦理之教训，等等。然后，他指出："第一项人格修养之教训，殆全部有历久不磨的价值。""第二项之社会伦理，第三项之政治谈，其中一部分对当时阶级组织之社会立言，或不尽适于今日之用，然其根本精神，固自有俟诸百世而不惑者。"[①]指出："《论语》之最大价值，在教人以人格的修养。修养人格，决非徒恃记诵或考证，最要是身体力行，使古人所教变成我所自得。"[②]这就是说第一项的内容具有超越时代的永恒价值，第二项、第三项的具体内容或不尽适用于今日，但其根本精神也是永久适用的。

1923年，他在《为创设文化学院事求助于国中同志》中开门见山地说："启超确信我国儒家之人生哲学，为陶养人格至善之鹄，全世界无论何国无论何派之学说，未见其比。在今日有发挥光大之必要。"[③]这一段话，与《国民浅训》中的那一段话，互相辉映；所不同的是，梁启超在这里完全以堂堂正正的态度、开诚布公地，而不是插话式地，表达了自己的这一根本性立场。

1926年的《儒家哲学》讲义，篇幅更多，但通篇是儒家学派史，除第一讲"儒家哲学是什么"外，其他各讲对孔子孟子立

[①] 刘东、翟奎凤选编：《梁启超文存》，江苏人民出版社，2012年，第439页。
[②] 同上，第440页。
[③] 同上，第389页。

教大意都未涉及。他指出"哲学"的含义其实不适于中国:"若勉强借用,只能在上头加上个形容词,称为人生哲学。中国哲学以研究人类为出发点,最主要的是人之所以为人之道:怎样才算一个人? 人与人相互有什么关系?"①他说儒家哲学可名为儒家道术,"道是讲道之本身,术是讲如何做去才能圆满。儒家哲学,一面讲道,一面讲术,一面教人应该做什么事,一面教人如何做去"。②他认为,儒家哲学范围广博,而其根本所在,是"专注重如何养成健全人格"。他还指出:"一切学说,都可以分为两类,一种含有时代性,一种不含时代性,即《礼记》所谓'有可与民变革者,有不可与民变革者'……有许多学说,不因时代之变迁而减少其价值。譬如不患寡而患不均;不患贫而患不安;利用厚生,量入为出;养人之欲,给人之求;都不含时代性,亦不含地方性。""儒家道术外王的大部分,含有时代性的居多,到现在抽出一部分不去研究他也可以。还有内圣的全部、外王的一小部分,绝对不含时代性。如智仁勇三者为天下之达德,不论在何时何国何派,都是适用的。关于道的方面,可以说含时代性的甚少。关于术的方面虽有一部分含时代性,还有一部分不含时代性。譬如知行分合问题,朱晦庵讲先知后行,王阳明讲知行合一,此两种方法都可用研究他们的方法,都有益处。儒家道术,大部分不含时代性,不可以为时代古思想旧而抛弃之。"③他认为,儒家之学的内圣部分的全部,都不含时代性,亦不含地

---

① 葛懋春、蒋俊编选:《梁启超哲学思想论文选》,第488页。
② 同上,第490页。
③ 葛懋春、蒋俊编选:《梁启超哲学思想论文选》,第493—494页。

方性；儒学的外王部分中的一小部分也不含有时代性。他特别指出，儒家倡导的美德不论在何时何地，都是适用的。

这些论述与他在1916年以后关于教育的观念转变亦相一致。①1915年1月他在《吾今后所以报国者》文中宣布他今后将致力于讲求"人之所以为人者"和"国民之所以为国民者"的教育。我们可以说，《国民浅训》便是讲求"国民之所以为国民者"的教育，而孔孟人格之教即讲求"人之所以为人者"。1917年1月，他说，"人格修养者，教人之所以为人，使其有高尚思想"②。而在二者之间，讲求"人之所以为人者"的人格修养，越来越居重要地位，成为梁启超理解的最重要的教育内容。研究者认为，梁启超在民初归国后五六年，在教育重心的转变方面已经做好准备，讲求国民之所以为国民者的国民教育，将让位于讲求人之所以为人的人格修养。③这与1915年以后他对孔孟之教人格修养之学的反复推崇，若合符节。这一推重人格修养的思想也贯穿于他在五四以后对"国学"的基本看法中，如他针对胡适倡导的整理国故指出国学不仅是"文献的学问"，更是"德性的学问"，使得这一看法不仅是对孔孟之教的看法，而亦成为他看待中国文化的基本立场。

经由以上叙述，我们认为，梁启超在《国民浅训》中所说的对孔孟之教的"新有所见"，不可拘泥于词语，实际上应是指他在辛亥革命以后所产生的、与在辛亥革命以前（如新民说

---

① 葛懋春、蒋俊编选：《梁启超哲学思想论文选》，第490页。
② 参见夏晓虹：《"铸造全国青年之思想"——欧游前后梁启超讲学路径的变动》，《岭南学报》，2015年复刊第4辑。
③ 梁启超：《与〈大公报〉记者谈今后之社会事业》，《大公报》，1917年1月30日。

时期）所见不同的认识。这些对孔孟之教的主要观点和认识，涉及他有关文化道德伦理的根本立场，始发于1915年的两篇文章中，而贯穿于此后他的一切著书。从伦理学上说，在这一时期，他不再利用公德、私德这类分析，而专重在从养成人格、人格修养来理解孔孟之教的普适意义，并对这些意义给予了高度的肯定。可惜的是，从五四时代到今天，人们只记得他在《新民说》前半部中的呐喊，而不甚留意乃至忽略了他在辛亥革命后十几年的成熟思考。

总结以上所说的梁启超辛亥以后的道德思想，其观点主要有以下几点：1.道德有不变者，有可变者；不变的是精神，可变的是条目；不变的是通义，可变的是别义。可变者含有时代性，不可变者不含时代性。2.道德的公私，很难区分，道德的新旧，也很难区分，一切道德行为，从动机上讲都是私德；从结果之影响上讲，都是公德，所以可以说道德无公私之分。3.哲学伦理学的研究只适合于教育家的研究，这些都是精英文化，并不能广泛普及到凡民大众，也不能有益于国家。要关注道德德目背后的心理观念，要注重伦理普及。4.孔孟之教在养成人格，其说放诸四海而皆准。儒家的内圣之学和美德传统不含时代性，儒家人格修养之学具有永久之价值。

应该说，这些思想不仅对于20世纪初期的道德思考有代表性，其中对孔子与儒家思想的认识，作为与五四新青年派同时而又与之完全不同的结论，也是有代表性的。这些思考对于我们当代的道德思考，仍有其可供借鉴参考的价值。

梁漱溟《人心与人生》的人心论[①]

1921年，梁漱溟出版了他的成名之作《东西文化及其哲学》，这是新文化运动后期的一部重要著作。但是由于当时主流文化思潮在文化思考方面的简单化，以及此书的深刻性和复杂性使得梁漱溟的这部著作长期未得到正确的理解。对此书的评价，论态度之持平和议论之公正，应首推贺麟。贺麟说："他虽用力于比较东西文化路向的异同，然而他却有一长处，即他没有限于狭隘的中西文化优劣的争执。且很着重地说，西方人的科学和民主，中国人应全盘接受，认为这两种是人类生活中'谁能出不由户'的普遍要素。不用讳言，他隐约地暗示着东方的人生态度比西方人向前争逐的态度要深刻要完善。……这不能不说是他立论圆融高明的地方。"[②]

而梁漱溟自己，在1924年，即《东西文化及其哲学》出版后不久，就自觉其书有重大错失，立志要写一部《人心与人生》加以改正，并进一步发展其思想。梁漱溟自己对《东西文化及其哲学》的不满，倒不是在引起争论的"东西文化"问题上，而是在

[①] 原载于《国际儒学研究》第九辑，国际文化出版公司，2000年。原标题"《人心与人生》和梁漱溟的人心论"。
[②] 贺麟：《当代中国哲学》，宗青出版公司，1978年，第12页。

有关"人类生命"与"人类心理"的问题上。他在1975年《人心与人生》写成后作《书成题记》说:"1921年愚既有《东西文化及其哲学》讲稿发表,其中极称扬孔孟思想。1923年又因北京大学哲学系开讲'儒家哲学'一课,在讲儒家伦理思想中,辄从我自己对人类心理的理解而为之阐说。此种阐说先既用之于《东西文化及其哲学》,其中实有重大错失。此番乃加以改正,其改正要点全在辨认人类生命(人类心理)与动物生命(动物心理)异同之间。"①

梁漱溟在1926年、1927年、1934年,曾三次以"人心与人生"为题作过讲演,但1960年才开始撰写此书。1966年已写成三分之一,后因"文革"一度中辍,1970年乃重理旧绪,1975年写成全书。可见《人心与人生》是梁漱溟早年立志要写,而晚年用十年以上的心血所写成的,其中的思想观点,是他积数十年心思深思熟虑的结果。②如果说《东西文化及其哲学》是其早年的代表作,在内容上属于比较哲学与文化的研究;《中国文化要义》是其中年代表作,在内容上偏于中国古代社会结构和价值取向的研究,则《人心与人生》是其晚年的代表作,在内容上集中于人类心理的自然基础和基本特征。这部书可谓为一位中国现代哲学

---

① 梁漱溟:《梁漱溟全集》第三卷,第758页。
② 梁漱溟1958年曾说:"那年我六十岁,我对主席说我或许还能再活十年吧,在此十年中我有一件事是必须做的,那就是几十年来想写而未写的《人心与人生》一书。"见《梁漱溟全集》第七卷,55页。1965年他又说:"《人心与人生》则必定要写,四十年来未尝一日忘之,今年已开始着笔,约得出十之三。"亦见《梁漱溟全集》第七卷,第137页。

家所著的"精神现象学"。①这本书的写作历史表明,人类心理问题是梁漱溟思想始终关怀的基本问题。

一、"心理"与"伦理"

梁漱溟何以如此重视心理学?梁漱溟对此有清楚的说明。以下我们就来看看他之重视心理学的原因何在。需要说明的是,梁漱溟的文字多直抒胸臆,往往冗长,但语脉不断,我们只能照录其所说而叙述之,俾使读者了解其全部立场。

1929年《东西文化及其哲学》第八版自序中,梁漱溟说:"我这书于民国十年秋间出版后,不久便有几处颇知自悔。所以于十一年付三版时曾为自序一篇特致声明。其后所悔更多,不只是于某处某处晓得有错误,而是觉得根本有一种不对。于是在十五年春间即函请商务印书馆停版不印。"这所谓"根本有一种不对"是指什么呢?他说:"总起说来,大概不外两个根本点:一是当时所根据以解释儒家思想的心理学见解错误;一是当时解释儒家的话没有方法,或云方法错误。"然后,他对心理学之重要性加以说明:"大凡一个伦理学派或一个伦理思想家都必有他所据为基础的一种心理学。所有他在伦理学上的思想主张无非从他对于

---

① 梁漱溟说:"当《东西文化及其哲学》未成书时,满怀兴奋不自察。书既出版,胸次皆空,问题渐以呈露,顿悔其出书之轻率,曾一度停止印行,其后复印,则加一序文声明中杂取滥引时下心理学来讲儒家,实为错误。1923—1924之学年在北京大学开讲儒家哲学,即在纠正原书之误,但口授大意,未成书文,1949年出版之《中国文化要义》,其第七章约可代表新认识而不能详。今此一节叙出我对人心之最后认识。"《人心与人生》第七章第二节,《梁漱溟全集》,第599页。

人类心理抱如是见解而来。而我在此书中谈儒家思想,尤其喜用现在心理学的话为之解释。自今看去,却大半都错了。盖当时于儒家的人类心理观实未曾认得清,便杂取滥引现在一般心理学作依据,而不以为非;殊不知其适为根本不相容的两样东西。至于所引各派心理学,彼此脉路各异,亦殊不可并为一谈;则又错误中的错误了。十二年(1923)以后于此有悟,知非批评现在的心理学,而阐明儒家的人类心理观,不能谈儒家的人生思想。十三四五年积渐有悟,乃一面将这书停版,一面拟写成《人心与人生》一书。"[1]

其实,这个意思在1926年他已经详细表述过。《人心与人生》虽在1975年始写成,但梁漱溟早在1926年即写好了一篇《人心与人生自序》,其中说:

> 为什么有《人心与人生》这本东西出来?我为什么要谈心理学?我们应当知道,凡是一个伦理学派或一个伦理思想,皆必有他的一种心理学为其基础;或说他的伦理学,都是从他对于人类心理的一种看法而建树起来。儒家是一个大的伦理学派;孔子所说的许多话都是伦理学上的话;这是很明显的。那么,孔子必有他的人类心理观,而所有他说的许多话都是或隐或显地指着那个而说,或远或近地根据着那个而说;这是一定的。如果我们不能寻得出孔子的这套心理学来,则我们去讲孔子即是讲空话。益古人往矣!无从起死者

---

[1]《东西文化及其哲学》第八版自序,《梁漱溟全集》第一卷,第324页。

而与之语。我们所及见者,唯流传到今的简册上的一些字句而已。这些字句,在当时原一一有其所指;但到我们手里,不过是些符号。此时苟不能返求其所指,而模模糊糊去说去讲,则只是掉弄名词,演绎符号而已,理趣大端,终不可见。……所以倘你不能寻出孔子的心理学来,即不必讲什么孔子的伦理学,进而言之,要问孔子主张的道理站得住站不住,就须先看他心理学的见解站得住站不住。所以倘你不能先拿孔子的心理学来和现在的心理学相较量、相勘对,亦即不必说到发挥孔子道理。这两方的心理学见解明明是不相容的……所以倘你不能推翻今日的心理学,而建树孔子的心理学,亦即不必来相较量、勘对![1]

在他看来,任何一种伦理思想,一定以一种心理学作为基础和根据;不了解作为儒家伦理学基础的儒家心理学,就不能根本了解儒家伦理和儒家思想。从这个角度来说,《人心与人生》的写作目的就是要阐明整个儒家思想的基础,而这个基础就是儒家对"人心"的看法。从梁漱溟以上的说法,联系他的思想归宿,可以说,梁漱溟的儒学,是一"注重心理学诠释的现代儒家哲学",心理学的进路是梁漱溟发展现代儒家思想的基本方向。这与熊十力以宇宙论为进路发展现代儒家思想,是一"注重宇宙论建构的现代儒家哲学",大异其趣。

那么,梁漱溟所谓的"心理学"是否就是近代以来学术分类

---

[1]《人心与人生》自序,《梁漱溟全集》第一卷,第327页。

中的心理学呢？还是说他讲的心理学确实是属于心理学范畴，只是与现有各派不同的一派呢？他的所谓儒家心理学，与近世（宋明）儒家哲学中的心性论是同是异？可否说他的心理学即是一种"心学"？这一切，我们要等到本文的最后才能回答。

二、"本能"与"理智"

梁漱溟把人心看作人之所以为人的根本，他说"讲到人，离不开人心"，"人之所以为人，独在此心"，又说："说人，必于心见之；说心，必于人见之。人与心，心与人，总若离开不得。"① 什么是人心？梁漱溟对人心有所定义，而其定义有两大特点，第一，他强调心与生命的同一，他说："人心非它，即从原始生物所萌露之一点生命现象，经过难计其数的年代不断地发展，卒乃有此一伟大展现而已。人类之有人心活动，同于其他生物之有生命表现，虽优劣不等，只是一事。应当说：心与生命同义。"② 可见，他在讲心的时候，是很重视生命的，他把心看作宇宙间生命表现的一种形式，主张不能脱离整个自然界生命现象来讲心。所以他也说："说人心，应当是总括着人类生命之全部活动能力而说。"③ 第二，他又把人心定义为比本能更高的心理，如说："说心，指人类生命从机体本能解放而透露出来那一面，即所谓理智理性者。"④ "何谓心？心非一物也；其义则主宰之义也。主谓

---

① 《梁漱溟全集》第三卷，第527页。
② 同上，第540页。
③ 同上，第536页。
④ 同上，第528页。

主动，宰谓宰制。对物而言，则曰宰制，从自体言之，则曰主动。"①这里所说的对物的宰制就是指理智，而所谓主动则包含了理性。

梁漱溟论述人心的方法也有一基本特点，他认为，一般的心理学，"大抵着眼在个体生命上"，"而于人类社会发展史中随有之人心发展顺未及之"。②梁漱溟自己的方法则不同，《人心与人生》之所以要经如此长时间后才得写成，就是因为梁漱溟是要从生物进化过程和人类社会发展过程论述人心的发展和特征，而这需要较多的知识准备。《人心与人生》分"心理学"部分和"伦理学"部分，前者是"从人生以言人心"，从人类生命活动的起源和发展叙述人心的发展，"指示出事实上人心有如此者"；后者是"从人心以谈论人生"，"即其事实之如此以明夫理想上人生所当勉励实践者"。由前面梁漱溟的自述可知，心理学的部分是此书的主要部分。而其心理学部分的主题，就是叙述生命如何从"本能"发展出"理智"，又如何从"理智"发展出"理性"。本文的讨论也集中在其心理学的部分。

我们首先来看梁漱溟对本能和理智关系的讨论。梁漱溟认为，"为了说明人心，必须一谈理智与本能的问题"。为说明此问题，他阅读过不少进化论、生物学、生理解剖学、脑神经学、心理学的书籍，其看法如下：

> 动物界在演进中实有本能与理智两大脉路之不同。于

---

① 《梁漱溟全集》第三卷，第539页。
② 同上，第538页。

虫、鱼所见之计划性，出自天演，虽迹近思深虑远，却非有意识，不过率循本能之路以发展，达于高致耳。另一路归趋在发展理智，即脊椎动物之所循由，必待人类出现而后造于高致，乃有意识而擅长计划。……盖理智、本能第为生命活动之两不同倾向，彼此互为消长，相反而不相离。①

他又说：

> 从生物界言之，则见有植物、动物两大分派。植物为自养生物，恒就一地资取营养而不移动；动物为异养生物，恒游走觅取植物或其他动物以为食。两派同出一源，只在营求生活的方法上有其不同趋势而已。再从动物界言之，亦见有两大分派，其不同亦在生活方法上：节肢动物依循乎本能，而以蜂若蚁为其代表；脊椎动物则趋向乎理智，唯人类乃信乎其有成就，其他高等动物谓之半途而废也。②

梁漱溟以为，动物的生命活动有两种类型，一是"率循本能"，一是"趋向理智"。若从进化的过程来看，则可以说理智是一种反乎本能的倾向，本能是天然的，理智是后起的，虽然两者是一源所出，相反而不相离的。③梁漱溟认为，动物的趋向理智的一类，只有在人类才得到真正的发展和实现。后本能而起的理智，

---

① 《梁漱溟全集》第三卷，第538页。
② 同上，第561页。
③ 同上。

在长久的生命进化中经过量变而发生质变,终成为人类生命不同于动物生命的基本特征,他说:

> 理智对于本能,原不过是生活方法上趋向不同的问题,然其反本能的倾向到末后突变时,却变成人类生命本身性质根本不同了(不再是生活方法上比较的不同)。由此一根本性的变化,遂使人类成就得理智,而其他动物概乎未能焉。①

为什么说理智是一种反乎本能的倾向呢?从生命进化中理智与本能的相互消长来看,"本能是一项一项专业的能力,各项本能在生活上各有其特定用途或命意;而理智反之,倾向于有普泛之用。虽其势相反,而一源所出,固不相离。当生物生命向理智发展之时,即其本能或淡退或松弛或削弱之时。此一长一消,即是生命智能一向用于专途者改向普泛有用而转化"②。就是说,理智的每一步发展,都以其本能的同时削弱为代价。

为了说明理智是反乎本能的,梁漱溟以人类理智为理智之代表型,以动物式本能为本能之代表型,把理智与本能的相对反,具体化为以下诸点:

> 本能活动紧接于生理机能,十分靠近身体;理智活动则较远于身体,主要关系到大脑。
> 本能是个体生命受种族遗传而与生俱来的生活能力,既

---

① 《梁漱溟全集》第三卷,第562页。
② 同上,第563页。

不能从个体生命中除去，也非可从其一生中获得，故本能生活无借于经验。而高等动物本能减弱，理智开启，接受后天生活经验的影响，生活经验必资于经验、学习，乃得养成建立。

本能是即知即行，知行合一，其知觉活动完全是与特定环境的活动对象紧密关联的。动物生活即是如此。人则优于理智，知行间往往有间隔；间隔远者，离知于行，就是说，人类的知觉活动早超出对特定环境的反应，可以是为知而知，知自成为一种活动而单独成立，科学知识及一切学问都是如此。

本能所得可说是实体的知识，理智所得则是空式的知识。

本能之知对于生命活动可说是直接的、断定的；理智之知对于生命活动可说是间接的设定的。本能之所感知是有限具体的，理智所感知普泛于一切无限。[1]

梁漱溟指出："此中一个要点，即在吾人生命中便带来静以观物的态度（所谓'离知于行，为知而知'）。静观亦即客观。"[2] 他认为这种静观体现了理智反乎本能的最高发展，体现了人类生命的"根本性变化"。

为什么这么说呢？梁漱溟认为，一切生物都围绕两大生活问题：一是"个体生存"，一是"种族蕃衍"。解决这两大问题，一般动物以本能为手段，高等动物则可借助于理智。梁漱溟认为，理智在人类才发展完成，理智本来是解决两大生活问题的方法，

---

[1]《梁漱溟全集》第三卷，第561—565页。
[2] 同上，第565页。

但人类的理智形成后,其活动就逐渐得以远离两大生活问题,他说:"高等动物理智启蒙之表征即在其大脑发达,大脑发达即智力之发达也。其生命之所重,即从行而移于知,如顷所谓若稍远于两大问题者。……低等动物兴趣至隘,其知与行牢锢在两大问题上。高等动物探究之本能密接于其防卫本能而来,其去两大问题未云远也。若灵长类之有好奇心,乃似较远矣。至于人类而有知识欲焉,兴趣广泛,无所不到,斯可谓之远矣。"①也就是说,人类的理智活动可以不再与生存问题直接关联,而有广大丰富之发展。

他举出科学与哲学来说明理智活动超越于生存问题:"知识欲及于一切与两大问题渺无干涉之事务,而在科学家、哲学家却莫不为之忘寝废食。此其兴趣之无边扩展果何而来? 即由理智反本能倾向之发展而来也。动物的本能生活,于其特定相关之事物情味浓烈,而于此外则漠不关心。理智反之,渐从特定关系中松弛一直最后脱开。"②梁漱溟认为,这是一个重要的发展,在这一点上,人类获得了与一切动物根本不同的生命特征。他说:

> 生命发展至此,人类乃与现存一切物类根本不同。现存物类陷入本能生命中,整个生命沦为两大问题的一种方法手段、一种机械工具;浸失其生命本性,与宇宙大生命不免有隔。而唯人类则上承生物进化以来形势,而不拘拘于两大问题,得继续发扬生命本性,至今奋进未已,巍然为宇宙大生

---

① 《梁漱溟全集》第三卷,第568页。
② 同上。

命之顶峰。[1]

梁漱溟把人类理智的发展看成生物进化的自然之势,但也没有忽视人类生产实践和社会活动对人类理智发展的意义,在这方面,他特别提出劳动、语言对人类的感觉、知觉、心智的重要影响。[2] 只是他在这一方面的叙述甚为简略,并无特出见解。故本文亦不赘及。

三、"能静"与"自觉"

这里涉及梁漱溟对"人心的基本特征"的认识。梁漱溟在此书的开始,从《论持久战》的提法入手,讨论人的主动性、灵活性、计划性,他认为这三种性略当于理智,但他并不认为这三个概念最适于说明人心的基本特征。在他看来,这三种性可归结为他一贯讲人心所用的概念"静"。他说:"吾以为人心特征要在能静耳。"[3] 据其解释,心之能静,是指头脑冷静、心气静持。这个说法相当特别。他说:"人心能静之所从来,其亦有可得而言者乎。此盖生物进化脊椎动物与非脊椎动物分途,乃有理智生活一路,从而发展出之结果也。"[4] 也就是说,在进化过程中,脊椎动物与非脊椎动物的分途,导致了理智的发展,而人类理智的发展达于能静之心的形成。按照这个说明,所谓"心静"其实是关

---

[1]《梁漱溟全集》第三卷,第570页。
[2] 同上,第610—613页。
[3] 同上,第559页。
[4] 同上,第560页。

于人类理智特征的一种说法,或即是人类理智的另一种说法,他为什么需要这种说法呢?

上面所说的"离知于行,为知而知"的人类理智活动,梁漱溟以为正是此能静之心的表现。他指出,理智摆脱两大问题的直接性,兴趣广泛,"唯其不拘定在有限关系上,而后其可能有之关系乃无边际之可言,或关注于此,或关注于彼。对于任何事物皆可发生兴趣,正为其对于任何事物亦可没一定兴趣,甚至一些兴趣不生。兴趣不生者,谓此心之能静也。正为其能静,是其所以能动"①。"动物原是要动的,原无取乎静也;然静即从动中发展出来。本能急切于知后之行,即偏乎动;理智着重乎行前之知,即偏乎静矣,理智发达云者,非有他也,即是减弱身体器官对于具体事物近似机械的反应作用,而扩大大脑心思作用;其性质为行动之前的犹豫审量。犹豫中自有某种程度之冷静在;更加延长发展,卒达于纯静。"②

他更指出:

> 人类果何从而得突破两大问题之局限乎?此即以理智之反本能,而两大问题固寄托于种种本能之上也。本能活动无不伴有其相应之感情冲动以俱来。……然而一切感情冲动皆足为理智之碍。理智恒必在感情冲动屏除之下——换言之,即必心气宁静——乃得尽其用。于是一分理智发展,即屏去一分之感情冲动而入于一分之宁静;同时对于两大问题亦即

---

① 《梁漱溟全集》第三卷,第568页。
② 同上,第569页。

解脱得一分自由。继续发展下去，由量变达于质变，人类生命乃根本发生变化，从而突破了两大问题之局限。①

这是说，本能带来感情冲动，理智反乎本能，故必排除感情冲动才能发挥其作用。"静"就是不为本能所动，不受感情冲动所动。

梁漱溟又认为，用理智趋向求静来说明心的特征，其实不如用"自觉"更能显明之。他说：

> 人心以理智之趋求乎静，不期而竟以越出两大问题之外，不复为所纠缠……自觉与心静是分不开的。必有自觉于衷，斯可谓之心静；唯此心之静也，斯有自觉于衷焉。但今点出自觉来，较之徒言心静，其于知识及计划之关系，乃更显明。②

什么是自觉？梁漱溟说："自觉蕴于自心，非以对外，而意识则是对外的。"③又说："自觉是随在人心任何一点活动中莫不同时而具有的，不过其或明强，或隐没，或显出，殊不一定耳。……人有感觉、知觉皆对其境遇所起之觉识作用；而此自觉则蕴乎自心而已，非以对外也。它极单纯，通常除内行微微有觉而外，无其

---

① 《梁漱溟全集》第三卷，第570页。
② 同上，第575页。
③ 同上，第577页。

他作用。然而人心任何对外活动却无不有所资籍于此。"①他又说："大抵心有走作即心向外倾斜去，自觉即失其明……盖心神不定，有所牵于外，自觉即失。"②"总而言之，既从本能解放而进于理智的人类，于静躁之间是很大伸缩性的。其往往出入乎自觉或不自觉者在此。从可知陷于本能而不得自拔的物类生命，岂复有自觉可言！更申以明之：动物生命中缺乏自觉是确定的；人类生命既进于自觉之域，亦是确定的。但人们临到生活上，其生命中的自觉一时昏昏然不起作用，又几乎常常有的。虽说是常有的，却为懈怠不振之像，而非其正常。且其作用亦只在当时隐没不显而已，其作用自在未尝失也。"③所以，他说，只说"人之所以为人在其心"还不够，还应当说"心之所以为心在其自觉"。只说"人心基本特征为能静"还不够，应指出"人心基本特征即在具有自觉"④。

心之自觉的重要表现，是不计利害以求真的力量。梁漱溟说：

> 求真恶伪实存于人心活动之随时自觉中，是为吾人知识学问得以确立之本。……本真恶伪是随着人心对外活动之同时自觉中，天然有的一种力量。例如吾人核算数字必求其正确；苟有迷糊不清，无以自信，则重行核算，一遍两遍以至数遍，必明确无误乃快。此非有利害得失之顾虑存乎其间

---

① 《梁漱溟全集》第三卷，第576页。
② 同上。
③ 同上，第577页。
④ 同上，第582页。

也。例如在核算生产经营之盈亏数字时,吾人初不因喜盈恶亏辄以亏为盈,而必求其数字之真而已。此不顾利害得失而是则是、非则非者,盖所谓是非之心也。是非之心昭昭乎存于自觉之中。……如或稍有牵动于利害得失,例如急于求成而不能是则是、非则非,立言不苟,则不成其为科学家,不成其为科学矣。①

这种不计利害以求真的理智作用,梁漱溟称其为"无所为的冷静"。他的说法是"理智必造乎无所为的冷静地步,而后得尽其用"②,这就与他所说的心之能静接起来了。

如果说前节所论从本能到理智的发展,梁漱溟的叙述与心理学差别不大,则本节所谓心静与自觉,其讨论实已经超出心理学的范围。心静就是他所理解的理智的特征,而心静关联着的不动于利害,又使他得以导出"理性"的观念,故成为其哲学心理学的一个重要的中介性概念。

四、"理性"与"无私的感情"

"无所为的冷静"在梁漱溟的论述体系中应当是一个具有重要性的观念,从它才能顺理成章地导出梁漱溟哲学的最核心的观念:"理性"。让我们来看他的论述。

上节所说的是理智,理智可以不计利害而求真,这是人类

---

① 《梁漱溟全集》第三卷,第578—579页。
② 《中国文化要义》,《梁漱溟全集》第三卷,第125页。

心理的一大突破。那么,人类整个感情意志的作用是否也有这种突破?梁漱溟认为,人类的感情意志可以简单地用"好"和"恶"两大方向加以概括。上节所说的在知识活动中人求真恶伪,这种求真恶伪是人心天然所自有的,不杂有生活上得失利害的关系。为什么人类会有这种理智的作用?他认为这要从生物的生命活动来看。高等动物都有好恶取舍,生物生命上表现出来的好恶,直接来源于图存和传种两大生活问题,有利者为利为得,反之则为害为失;利得者"好"之,害失者"恶"之。一般动物都是根据本能而好之恶之。人类已经进化至理智阶段,其理智作用已摆脱与生存问题的直接相关性,故其好其恶,非皆以本能根据两大问题而发生之。他说,感情意志也是如此,人的感情意志的好和恶,"一般说来,固然或直接或间接来自两大问题的利害得失;非限止于此,而有超乎其上者。此即在计较利害得失外,吾人时或更有向上一念者是。此向上一念何指?要晓得,人类生命是至今尚在争取灵活、争取自由而未已的,外面任何利害得失不能压倒它争取自由的那种生命力。当初理智的发展,原作为营求生活的新途径而发展,故从乎营求生活的立场吾人时时都在计较利害得失是理所当然的。但理智的发展却又是越出两大问题之外不复为其所纠缠的;尽管时时用心在应付和处理问题,却可不受牵累于任何问题。所谓不受牵累于任何问题,即不以任何利害得失而易其从容自主自决之度也"[①]。当初理智的发展不复为利害得失所纠缠,达到了超越两大问题的飞跃;同样,人类感情意志的发展也有达于向

[①]《中国文化要义》,《梁漱溟全集》第三卷,第580页。

上一念，即超越生存问题、不受得失牵累的自由追求。

也就是说，理智可以达于"无所为"，感情意志亦可达"无所为"。他指出："凡在动物不无感情意志之可见者，一一皆与其本能相伴者也。人类生命既得解放于本能，其感情意志不必与本能相关联。然一般说来又大多难免关联于本能，如靠身体一类是也。各项本能都是围绕着两大问题预为配备的方法手段，一一皆是有所为的。因之，一切伴随本能而与之相应的感情亦皆有所为而发（从乎其利害得失而发）。不论其为个体，抑或为种族，其偏于局守一也。则其谓之私情可也。"①动物的感情是基于本能，是"有所为"的，人类的感情可超于本能，达到"无所为"：

> 动物生命是锢蔽于其机体本能而沦为两大问题之机械工具的。当人类从动物式本能解放出来，便得豁然开朗，通向宇宙大生命的浑全无对去。其生命活动主于不断地向上争取灵活、争取自由，非必出于更有所为而活动；因它不再是两大问题的机械工具，虽则仍必有所资借于图存与传种。原初伴随本能恒必因权乎利害得失的感情，恰似发展理智必造乎无所为的冷静而后得其用，乃廓然转化而现为此无私的感情。

在人类的进化与社会过程中，理智从原来营求生活的方法而发展达到"无所为的冷静"，与之相应，感情从原来依乎本能而发展出"无私的感情"。所以，他说：

---

① 《中国文化要义》，《梁漱溟全集》第三卷，第581页。

> 盖理智必造乎"无所为"的冷静地步，而后得尽其用；就从这里不期而开出了无所私的感情——这便是理性。①

"无私的感情"就是无所为的感情，也就是不从利害得失而发的感情。它也是"后起之反乎本能的倾向"。"无私的感情"与"无所为的冷静"虽然都是"无所为"的，反乎本能的，但二者并非一回事，其不同处就在于，理智之用是无所为的冷静，而感情（无私的感情）之用是无所为但非冷静。

"无私的感情"就是"理性"的内涵。他说："此情意在性质上、其方式上不属本能者，即上文所云无私的感情是已。而理性之所以为理性，要亦在此焉。"②梁漱溟所用的"理性"概念与一般西方哲学不同。如果说梁漱溟哲学中的"理智"是指人的知性方面，理性则是指人的情感意志方面。所以，他说："我乃于理智之外增用理性一词代表那从动物式本能解放出来的人心之情意方面。""理智趋于静以观物，其所重在知而已。理性之所为提出，要在以代表人心之情意方面；理性与理智双举，夫岂可少乎。"③

理性和理智不同，理智的作用是发为知识，而理性是"人心纯洁伟大光明公正之德"，发为道德感情。理智是求真之心，理

---

① 《中国文化要义》，《梁漱溟全集》第三卷，第125页。
② 同上，第600页。按此句全集本作"而理性之所以为理者"，疑者字之前遗一性字，故我在引文中据意补之。
③ 同上，第540页。

性是好善之心。①梁漱溟说：

> 理智者人心之妙用；理性者人心之美德。后者为体，前者为用。虽体用不二，而为了认识人心有必要分别指出之。
>
> 理智静以观物，其所得者可云"物理"，是夹杂一毫感情不得的。理性反之，要以无私的感情为中心，即从不自欺其好恶而判断焉；其所得者可云"情理"。……然一切情理虽必于情感上见之，似动而非静矣，却不是冲动，是一种不失于清明自觉的感情。②

理性也就是人的道德心，其伦理含义我们在后面还会详细讨论。

以上几节，是梁漱溟所要陈述的"心理学"，即他所要特别说明的人类心理发展。其实是他为儒家思想所提供的一种心理发展史的基础。在他的这个所谓心理学体系中，主要的观念有三个，即本能、理智、理性。他的全部理论就是要说明人类在进化和发展中，从本能发展出理智，又最终发展出理性这样一个自然历史过程。他说："人类之出现，亦即人心之出现，是在生物进化上有其来历的，却不是从衔接动物本能有所增益或扩大而来。……从生物进化史上看，原不过要走通理智这条道路者，然积量变而为质变，其结果竟于此开出了理性这一美德。人类之所贵于物类者在此焉。世俗但见人类理智之优越，辄以为人类特征之所在。而不知理性为体，理智为用，体者本也，用者末也；

---

① 《中国文化要义》第七章，《梁漱溟全集》第三卷，第125页。
② 同上，第603页。

固未若以理性为人类特征之得当。"① 对比上节所说，可以这样理解，在梁漱溟的思想里，从根本上说，心之能静、自觉都还不是人类最根本的特征，理性才是人类最根本的特征。②

五、"生命本性"与"宇宙生命"

照梁漱溟的看法，在历史的长河中，理智和理性的开出，是和所谓"生命本性"关联着的。他在叙述从本能到理性的人类心理发展中，不断地提到"生命本性"在这一过程中的主导作用。"生命本性"完全是一个哲学的概念，在这里已经完全脱掉了任何心理学的外衣。

生命本性首先是主动性，他说："心与生命同义，又不妨说：一切含生莫不有心。这里彻始彻终一贯而不易者即后来所见于人心之主动性是已。"③ 这种主动性乃是生命本有的，主动性的本源是生命，故说"主动性非他，即生命所本有的生动活泼有力耳"④。这种主动性在人类的表现他称其为"自觉主动性"。

在他看来，主动就意味着日新向上："一切生物的生命原是生生不息，一个当下接着一个当下的；每一个当下都有主动性。而这里所说的人心的主动性，则又是其发展扩大炽然可见的，曰努力，曰争取，曰运用，总都是后力加于前力，新新不已。……

---

① 《梁漱溟全集》第三卷，第606页。
② 《中国文化要义》中也说："一般的说法，人类的特征在理智，这本来是不错的。但我今却要说，人类的特征在理性。"《梁漱溟全集》第三卷，第123页。
③ 《梁漱溟全集》第三卷，第540页。
④ 同上，第543页。

起头又起头,不断地起头,其曰新新不已,正谓此耳"[1]。他强调说:"生命本性可以说就是莫知其所以然的无止境的向上奋进,不断翻新。它既贯穿着好多万万年全部生物进化史,一直到人类之出现;接着又是人类社会发展史一直到今天,还将发展下去,继续奋进,继续翻新。"[2]

生命本性的特点又在争取自由,他说:"生物界犹层层创新,进化之不已,岂不充分证明生命本性之不在此(两大问题)乎?生命本性是在无止境地向上奋进;是在争取生命力之扩大、再扩大;争取灵活再灵活;争取自由再自由。……惟一代表此生命本性者,今惟人类耳。"[3]自由就是摆脱两大问题的局限,这种自由的取得是根源于生命本性的要求。他指出,理智的发展,最初不过是在生活方法上别开一路,以求得对两大问题的解决,但在发展中不期然而越出两大问题之外,他说:"此殆生命本性争取灵活、争取自由有不容己者欤。"不仅理智的发展是生命本性所使然,"人类行为上见有理性,正由生命本性所显发"[4]。

照梁漱溟的思想,生命本性存在于一切事物之中,但在动物的本能活动中被遮蔽着。理智、理性从本能中解放出来,"生命本体(亦即生命本性)乃得以透露,不复为障蔽"[5]。生命本性从本能的遮蔽中解放出来,这只在人类才真正实现。

---

[1]《梁漱溟全集》第三卷,第542、543页。
[2] 同上,第544页。
[3] 同上,第569页。
[4] 同上,第606页。
[5] 同上,第528、606页。

在梁漱溟的思想当中,"生命本性"不是孤立就生物或人类讲,而是关联着宇宙大生命普遍地讲。如他说:

> 争取自由、争取主动、不断地向上奋进之宇宙生命本性,今惟于人类乃有可见。说"无所为而为"者,在争取自由、争取主动之外别有所为也。①

可见,争取自由、奋进向上是人类生命本性,也是宇宙生命本性。"宇宙生命"更是一个哲学概念,而且是一个本体的概念。其实,他在此书开始时便告诉我们:"吾书言人心,将从知识引入超知识、反知识,亦即从科学归到形而上学,从现实生命中起作用的人心归到宇宙本体。——此愿为预告读者。"②宇宙生命本性的观念和梁漱溟喜欢使用的"宇宙大生命"的观念都是宇宙本体的范畴。

所谓宇宙大生命,就是指整个宇宙的生命是一体的,他说:"在生物界千态万变,数之不尽,而实一源所出。看上去若此一生命彼一生命者,其间可分而不可分。说宇宙大生命者,是说生命通乎宇宙万有而为一体也。"③每一个体有其生命,而万物的生命实际上是一不可分、不可隔、互相关联的总体、整体,此即是宇宙大生命。因此,所谓生命本性,既见之于人类,也是宇宙大生命的本性。这就是宇宙本体。在这里可以看到梁漱溟早年受柏

---

① 《梁漱溟全集》第三卷,第605页。
② 同上,第539页。
③ 同上,第571页。

格森思想影响的痕迹。

照梁漱溟的说法,所谓生命本性在动物的本能活动中被遮蔽,换言之,也就是在本能活动中生命与宇宙大生命相隔。他说:"生命发展至此,人类乃与现存一切物类根本不同。现存物类陷入本能生活中,整个生命沦为两大问题的一种方法手段,一种机械工具,浸失其生命本性,与宇宙大生命不免有隔。而惟人类则上承生物进化以来之形势,而不拘于两大问题,得继续发扬生命本性,至今奋进不已,巍然为宇宙大生命之顶峰。"[1]消除与宇宙大生命的相隔,就是达到与宇宙大生命的相通。

宇宙大生命本身是通为一体的,宇宙生命本性也是"求通",因此每一类、每一个体能够体认到万物一体的事实,发挥"通"的生命本性,就是最重要的。梁漱溟说:

> 认识生命必先要认识这不容限隔……,生命本意要通不要隔,事实上本来亦一切浑然为一体而非二。吾人生命直与宇宙同体,空间时间俱都无限。古人"天地万物一体"之观念,盖本于其亲切体认及此而来。[2]

宇宙万物的生命本来是联通一体的,但物类受其气质机体的局限,其生命的求通本性无以得显,通不出去,这就是隔。只有人类的精神才能超越机体本能的局限,充分体现生命的本性。故梁漱溟又说:

---

[1] 《梁漱溟全集》第三卷,第570页。
[2] 同上,第572页。

梁漱溟《人心与人生》的人心论 | 239

一切生物莫不各托其机体以为生，然现存物类以其生活方法随附于其机体落于现成固定之局也，其生命遂若被分隔禁闭于其中焉；所得而通气息于广大天地者几希矣。人类则不然。机体之在人，信为其所托庇以生活者，然譬犹重门洞开、窗牖尽辟之屋宇，空气流通何所碍隔于天地之间耶。人虽不自悟其宏通四达，抑且每每耽延隈奥而不知出，然其通敞自在，未尝封锢也。无私的感情时一发动，即此一体相通无所隔碍的伟大生命表现耳。①

在发挥生命本性方面，理智与理性的作用不同。"通"的意义是不要划分各种界限，把事物分隔开来，而要把事物看成一体相通。而理智的作用往往是分，梁漱溟说："人们从其擅长划分的理智，极容易分划出空间上时间上的自己个体来，而外视一切，若不相干。"②理性与理智不同，理性能"亲切体认到一体性"。

由以上分析可见，梁漱溟所说的"生命本性"和"宇宙本性"，主要之点有二。

第一是"奋进向上"，梁漱溟说："吾人意识对外活动皆应乎生活需用而起，无时不在计较利害得失之中；但同时内蕴之自觉，只在炯炯觉照，初无所为。吾人有时率从自觉直心而行，不顾利害得失者，心主宰乎身；此时虽对外却从不作计较也，此不落局限性的心，无所限隔于宇宙大生命的心，俗不有'天良'之

---
① 《梁漱溟全集》第三卷，第605页。
② 同上，第573页。

称乎,那恰是不错的。它是宇宙大生命廓然向上奋进之一表现,我说人心是生命本原的最大透露者正谓此。"[1]其在人心的体现,应在理性的意志方面。向上亦即是不断地争取自由。

第二是"通为一体"。"通"对于"人"来说,亦有二义,首先是"与物同体",是指个人与他人、万物的相通。由于理性主要是情感方面的,所以"通"是理性的情感方面的特征。这是与"奋进向上"偏于意志有所不同的。梁漱溟说:"人与人之间,从乎身则分则隔,从乎心则虽分而不隔。……人类生命廓然与物同体,其情无所不到。凡痛痒亲切处都是自己,何必区区数尺之躯。惟人心之不隔也,是以痛痒好恶彼此相喻又相关切焉。"[2]这个思想与宋明儒学"仁者与天地万物为一体""民胞物与"的思想完全一致。这是"通"的伦理义。

其次,通又指"通于无对",即指个人与宇宙本体的相通。梁漱溟说:"阳明咏良知诗云'无声无臭独知时,此是乾坤万有基'。乾坤万有基者,意谓宇宙本体。宇宙本体浑一无对,人身是有对性的,妙在其剔透玲珑的头脑通向无对,而寂默无为的自觉便像是其透出的光线,一即一切,一切即一,宇宙本体即此便是。人心之用寻常可见,而体不可见,其体盖即宇宙本体耳。人身虽有限,人心实无限际。"[3]这是"通"的本体义。

从上面"一即一切,一切即一,宇宙本体即此便是"的说法可知,梁漱溟认为,人心的自觉便是宇宙本体,人心之体即

---

[1]《梁漱溟全集》第三卷,第640页。
[2] 同上,第604页。
[3] 同上,第656页。

宇宙本体，这已经是一种本体论了。这种本体论实是以精神、生命本性为宇宙本体，这与熊十力、马一浮"把心说为本体"的思想距离未远，可以说他在本性论上相当接近近代"心学"的看法。

六、"人性善"与"人性清明"

宇宙本性、生命本性的观念在梁漱溟思想中的意义已如上述，现在来看他关于人性的看法。他在《绪论》中曾说"吾书盖不啻如一篇《人性论》也"。故《人心与人生》全书虽然以本能、理智、理性的分析为主要框架，但其关于人类心理的思想，亦可从人性论的角度加以了解。

什么是人性？笼统地说，是"人之所不同于其他动物，却为人人之所同者，即人类的特征是已"。但人类的特征很多，"人性"所指为何种心理特征？梁漱溟说，"人性"所指的特征则是指"心理倾向"而言。但心理倾向也非单一，"所谓心理倾向，例如思维上有彼此同喻的逻辑，感情上于色有同美，于味有同嗜，而心有同然者是已"。

梁漱溟肯定人有共同的人性，有阶级性所不能掩蔽的人性，其理由首先是："生物有相同之机体者，必有相同之性能；其在人，则身与心之相关不可离也。在不同时代、不同种族、不同阶级的人，果其身的一面基本相同矣，岂得无基本相同之心理倾向？"[①]这是从人有相同的机体必有基本相同的心理基础、心理功

---
① 《梁漱溟全集》第三卷，第534页。

能、心理素质和心理倾向来论证的。所以梁漱溟对"人性"的定义是:"说情,我指人的情感意志;而情感意志所恒有的倾向或趋势,我便谓之性。"①

那么,梁漱溟所理解的人性,其内涵具体何指呢?他说:

> 素纸、白纸太消极、太被动,人性固不如是。倘比配虎性猛、鼠性怯、猪性蠢而言之,我必曰:人性善。或更易其词,而曰:人之性清明,亦无不可。②

说人性是白纸,梁漱溟是反对的,人性如果只是如白纸,这样的人性完全是消极的、没有作用的。梁漱溟主张说人性善,但这是在比照"虎性猛、鼠性怯、猪性蠢"的意义上说的。我们可以问,"倘不比配"这种说法,应当如何了解人性呢?

梁漱溟很重视人性的后天影响。他认为人性是受后天影响而形成的,所谓后天并不是仅指个体出生之后,而是包括人猿相别以来在进化过程中所不断发展的体质、性情、心智。他认为受后天影响的人性有三个层次,在这三个层次上,后天的影响各不同:

第一性格,指人类百万年来进化到今天所获得的,而此一性格在进化中已成为人类不分南北东西,所具有的共同点,这种共同点就是"自觉能动性"。梁漱溟称此第一性格为"人类基本性格"。

---

① 《梁漱溟全集》第三卷,第659页。
② 同上,第536页。

第二性格，即"得之于不同时代、或不同地方，以及不同时又兼不同地的人群生活之所感染陶铸的那种性格"。这应即是指文化与民族性而言。各不同族群文化中的人的族群性格多少有所不同。梁漱溟称此第二性格为"人类第二性格"。

第三性格，是在第一和第二性格基础上才有的，是受后天社会环境影响但较易改变的，与此相比，第二种性格虽是后天的，但较不易改变。第三性格"较为肤浅较易改变"。梁漱溟认为"阶级性应属此第三层内"，可见第三性格是指人的社会性而言。

以上三种性格都是构成人性的内涵。但梁漱溟并未说人性就是这三种性格的复合。很明显，人性中的三种性格都可谓得自后天，那么人心中有没有得自先天者呢？梁漱溟说："然则竟无所谓先天耶？是亦不然，先天即宇宙生命本原或宇宙本体。"① 可见，梁漱溟在肯定人性中受后天影响的三种性格以外，同时肯定人性中有先天的部分，这就是生命本性和宇宙本性。

从上节的论述，我们可以很清楚地知道，梁漱溟不可能赞成人性白纸说。既然宇宙生命体现为人类生命，宇宙本性即是生命本性，而生命本性是奋进向上、通而不隔的，人类的心理倾向也绝不可能外乎此。如果说人类生命是宇宙生命的最高峰的表现，如果说理性是生命本性的体现和透露，那么人性必然和理性、自觉有关，和生命本性有关。

再者，现实的人性中既然涵有以上三种性格，当然不是白纸

---

① 《梁漱溟全集》第三卷，第660页。

了。但何以说人性是善呢？其实，第一性格并不是在进化过程中自外获得的，而是人类在进化过程中生命本性自身摆脱机体局限的显现，它与第二第三性格不同，后二者是可以改变的，而第一性格只会向前发展，不会向后后退，因此它是人类本质的特征。梁漱溟说：

> 人性之云，意谓人情趋向。趋向如何非必然如何，而是较多或较大地可能如何。事实上，人之有恶也，莫非起于自为局限，有所隔阂不通。通者言其情同一体，局者，谓其情分内外。肯定了恶起于局、善本乎通，而人类所代表的宇宙生命本性恰是一直向着灵通而发展前进，昭昭其可睹，到人性善之说复何疑乎？

如果人性只是生命本性，那就是必然如何，而不能说只是较多可能如何。正因为人性对梁漱溟来说，是一个综合的现实，它是生命本性及第一、第二、第三性格的复合物，所以虽然生命本性发挥着主导作用，但与其他因素相互作用，对人的行为只能体现为趋向和较大可能。然而，生命本性毕竟是主导性的，在此意义上，"向上奋进""通为一体"当然是属于善的了。他又说：

> 前文曾说人之性清明，此正谓人从动物或本能解放出来，性向非同其他动物恒落一偏，而有如素丝白纸易于染色；却又不是那样消极被动，而是其生命富有或变性和极大可塑性以积极适应其生活环境。……人之性善，人之性清

明，其前提皆在人心的自觉活动。①

可以这样说，说人性善，对应的人心是理性；说人性清明，对应的人心是理智。"清明"所指的，就是指理智"不拘定在有限关系上，而后其可能有之关系乃无边际之可言，或关注于此，或关注于彼。对于任何事物皆可发生兴趣，正为其对于任何事物亦可没一定兴趣，甚至一些兴趣不生。兴趣不生者，谓此心之能静也。正为其能静，是其所以能动"。人的理智与动物的不同，在于其活动已经超越生存问题的直接束缚，动物则只能恒落在生存问题一偏。人的理智可对生存以外的任何问题发生兴趣，受这些问题的影响。人性善是指人类的理性而言，人性清明是指人类的理智而言，而人的自觉实包含了这两者。

在《东西文化及其哲学》中，梁漱溟据以解释儒家思想的心理理论，是克鲁泡特金对人类心理的两分法，即本能和理智两分。而把道德心作为一种社会的本能，认为是接着动物的社会本能而来的。在这个时期，梁漱溟强调本能及其相应不离的感情冲动是人类行为的源泉。②这与他在这一时期把道德心归源于本能有关。后来，经过多年用心观察、思考、反躬体认之后，他终于省悟本能、理智两分说的不妥，而改造地接受了罗素的三分法，即本能、理智、灵性三者和谐均衡。所谓灵性，在罗素即是以无私的感情为中心，是社会之有宗教和道德的来源。梁漱溟以"灵

---
① 《梁漱溟全集》第三卷，第661页。
② 《梁漱溟全集》第三卷，第590—595页。

性"有神秘气味，所以用理性来表达之[①]，并结合中国文化对"理性"这一观念大加发展。在这里，他把道德心安置为理性。可见，他的心理学哲学的结构无论如何变化，道德心与其相应的范畴始终居主导地位。

从梁漱溟关于人心的思想来看，其目的是要为儒家的道德伦理思想提供一个心理学的基础。他的这一套所谓心理学，其实在整体上还是哲学，有别于科学意义上的心理学。这一心理学理论的基本线索是从西方近代哲学中有关心理的一些思考而来，如本能、理智、理性都是近代西方哲学、心理学的概念。由此形成了他的哲学心理学的基本概念和理论结构。他在本体论上的宇宙大生命的观念，也是来自近代西方哲学中柏格森的一派。但是从其早年讲"人心与人生"到在其晚年完成《人心与人生》中，也有一些讲法，如论心之主宰、论心之体用、论心之动静，是明显与中国古代哲学（及佛教）有关的。这使他的思想与古代思想有一种交涉，如不细加辨析，往往会将其思想与古代思想混同。比如，若以古代哲学的心性论范畴诠释梁漱溟的人心论，很容易得到这样的印象："本能"即是情，"理智"即是心，"理性"即是性，本能、理智、理性的三分法相当于理学的心性情三分法；"理性心之体，理智心之用"的说法，相当于理学的性体心用说。在这种理解之下，其思想与宋明理学的心性论便没有什么区别。其实，这样的理解不见得合乎梁漱溟的思想。最明显的就是，他说的理性并非宋明理学所讲的未发的性，而是已发的，是情意方

[①]《梁漱溟全集》第三卷，第599—603页。

面的心理范畴。他说的理性是心之体,此体亦非内在深微的未发之体,而是指主导、主宰而言。

梁漱溟自诩其人心论为一种科学的心理学,其实仍然是一个注重吸收了有关生理心理科学理论成分的心灵哲学,其目的是为儒家伦理提供一种心理史的支持,在这个意义上,其功能与宋明理学的心性论是一致的。在他的这个体系中,有不少矛盾不清之处,仍未解决。其中最主要的就是理性和理智之间的紧张。按照他的说法,理智必屏除感情始得其用,而理性反之,理性是不能离开感情的。如此,则理性与理智如何共处?虽然他自己不认为二者间有冲突,但其中的问题却是存在的。其次,他所说的理智实指认知理性,他所说的理性则是道德感情,他说人心是以道德感情为体,以知识理性为用,突出热动的情感的作用,这个思想作为儒家的主张,自成一家之主义,但若说这是人类心理发展的事实,则又未然。这涉及他的最根本的方法预设:论证一种理想之合理,必证明其合于事实。他说他的《人心与人生》分两部分,前一部分讲心理学,"指出事实上人心有如此如此者";后一部分讲伦理学,根据人心事实之如此,以明夫人生所当然者。这些都充分表现出他的想法:"理想必要归合事实","你懂得了人心是怎样一回事,你便懂得人生道路该当怎样走"[①]。事实上,一切理想都是对实在加以导引,而不是对事实的证实,梁漱溟从儒家理想出发本无问题,但他企图以人类心理发展史作为儒家伦理的"事实基础",这就使得

[①]《梁漱溟全集》第三卷,第529、678页。

他不自觉地要突出事实的某一方面，把道德感情说成是人心的主体，不能辨别实然和当然的距离。他的这种"以事实证理想"的信念贯穿其一生，虽支持他终于在晚年完成了他的心理学之作，但实际上，其心理学部分的价值并不甚高，他的更重要的贡献可能仍然是在其伦理学的部分，只是，这要在另一篇文章中才能详加讨论了。

此心即万物之本体：熊十力论实体与仁[①]

熊十力哲学的贡献是确认有宇宙本体、确认本体与大用的不二关系、确认本体是生生健动的，这些对仁体论的建构都有其意义。下面我们从仁体论的立场讨论一下熊十力哲学哪些说法是需要检讨的或不必为我们采取的。

我们来看熊十力是如何论实体和仁的。

熊十力在1932年《新唯识论》文言本出版之前，在1930年的《尊闻录》中已经开始发挥万物一体的思想，他从王阳明的万物一体说而提出"众生同源"说：

> 同源之说，有明证也（指王阳明），所谓万物而为一体之仁者。仁即源也，我与万物所同焉者也，是无形骸之隔，物我之间，故痛痒相关也。否则根本互不相通，见孺子入井乃至草木毁坏，其有恻隐顾惜之心也哉？[②]

所谓明证即是证明，熊十力的证明是引用王阳明"万物一体"论。从这里可以看出，同源说就是"万物一体"说。表面上看，

[①] 原载于《仁学本体论》，生活·读书·新知三联书店，2014年。
[②] 《尊闻录》，《熊十力全集》一，第569页。

他把万物一体理解为同源说，认为仁就是源，似乎含有了仁体论，关于这一点，他解释说：

> 在人情计度，则以为说到同源，好像是外于万物而建立一个公共的大源，叫他做宇宙实体，我与一切人和物都从它分赋而出生。……所以我底生命不是我元来自具足。旧稿外藉而凭虚之说，盖即此意。……大抵同源者，虽已承有万物公共之大源，而它毕竟不是外于万物而别为空洞独立之物，他遍为万物实体，无有一物得遗之以成其物者，万物皆以他而成其为万物。我固万物之一，即亦以他而成其为我，所以我与一切人和物，虽若殊形，而语及实性，则是浑然一体。①

同源即公共的大源，亦即宇宙实体，但实体不外于万物而存在，实体也不是在万物之外产生万物的东西，实体是遍为万物的实体，实体是万物得以成其为物的"他"。按照此说，万物一体说和同源说即意味着建立实体，或宇宙实体，但这里并未说明此实体和万物一体的关系。他又说：

> 吾学贵在见体，人能安住于实体，超越个人的生存，即没有为达个体生存之目的而起之利害计较。易言之，即不为生存而生存。②

---

① 《尊闻录》，《熊十力全集》一，第571页。
② 同上，第460页。

可见实体不仅是万物存在论的根源，也是人心可以安住的所居，人心安住于实体，就能超越利害计较，达到不为生存而生存的境界。

不久，在《新唯识论》开篇，他也说到同源：

> 真见体者，反诸内心，自他无间，征物我之同源。①

不仅人的内心可证明物我同源，此心即是此同源的实体。他解释说：

> 内心之内，非对外之词，假说为内耳。此中心者，即上所言自性。盖心之一名，有指本体而言者，有依作用而言者，切不可混。……语曰"一人向隅，满座为之不乐"。此何以故？盖满座之人之心，即是一人之心，元无自他间隔故耳。足知此心即是物我同源处，乃所谓实体也。②

可知，熊十力所谓同源的问题即是实体的问题，但他并不认为仁就是实体、就是同源处，而是认为仁心才是实体。熊十力认为实体就是此心，此心就是实体，这是其新唯识论的主导思想。他说："心虽近主乎一身，而实遍全宇宙无有不周也。""是故体万

---

① 《新唯识论》，《熊十力全集》二，第10页。
② 同上。

物不遗者,即唯此心,见心乃云见体。"①《新唯识论》文言本的主张重在唯心,所以文言本当时还并没有提出"体用不二""即体即用"这一熊十力后来认为是他最重要的慧见。体用不二的体用论是在语体本中才完整形成的。

因此,文言本中,他说的一体更多是基于唯识唯心的一体,如他说"日星大地乃至他身等境,皆为自识所涵摄流通而会成一体""境识我不可分之全体,显则俱显,寂则俱寂,一体同流,岂可截然离之乎"。②他认为,只有认识到心体广大无外,在实践中才能超脱小己利害计较之心的作用,真正以天地万物为一体。

熊十力在《新唯识论》中批评空宗以体为空,以为凭空可以起用,他提出只有实体才能起用,才能生化成用:

> 我克就大用流行的相状上说,这个确实刹那刹那乍现,都无自性。然而由此可悟入大用流行为本体。因为用上虽无自性,而所以成此用者,即是用之实性,此乃绝对真实的,常生常寂的,用之流行则虽是千变万化,无有故常,而所以成此流行者,即是流行之主宰;流行是有矛盾的,于流行而识主宰,便是太和。③

熊十力是在语体本《新唯识论》中才全面论述体用问题:"因

---

① 《新唯识论》,《熊十力全集》二,第10页。
② 《新唯识论》,中华书局,1955年,第53、55页。
③ 《熊十力全集》三,第181页。

为体是要显现为无量无边的功用的，用是有相状乍现的，是千差万别的，所以体不可说，而用却可说。用就是体的显现，体就是用的体，无体即无用，离用元无体……便见得大用流行不住，都无实物，即于此，知道他只是真实的显现。"①此后他大力发明体用不二、即体即用，来处理实体和大用的关系，直至晚年作《体用论》，正式申明他的哲学要义在体用论，不在唯识（心）论。其成熟的体用论，主张体用皆为实有，实体不在功用之外，实体是大用的自身，实体自身完全变现为大用，即用即体，即体即用，实体自身是生生变动的。其具体思想可参看我的旧文《熊十力哲学的体用论》，就不在这里细论了。

熊十力在四十年代也强调：

> 吾心之本体即天地万物之本体。②

又说：

> 就明觉的本体言，吾人与宇宙，无内外可分故，此明觉凭吾人之官能而发现，以感通于天地万物，天地万物待此明觉而始显现，足征此明觉为一切形物之主宰。所以说，明觉即是吾心与万物的本体，非有舍吾心而别寻造物主也。③

---

① 《新唯识论》语体本卷上，第45页。引自郭齐勇《熊十力思想研究》，第57页。
② 《答谢又麟》，《十力语要》卷一，全集四，第102页。
③ 《十力语要》卷二，《熊十力全集》四，第221页。

所以，他从来不说宇宙实体是仁体，只说心和明觉是本体。熊十力的这些思想表明，他的哲学还未真正达到仁的本体论或仁的宇宙论。真正的仁的本体论必须以仁为本体，而不是以心为本体。真正的仁的宇宙论不能以心的德用（炤明通畅）为根本，而必须以仁的作用为根本。

他在语体本《新唯识论》中说，"直指本心之仁，以为万化之原、万有之基，即此仁体……"①。在《读经示要》中也说："本心即万化之实体。"②

可见，在熊十力哲学中，心才是本体，他讲的仁也多是指仁心，所以并不能建立真正的仁的本体论宇宙论。应当指出，不能摆脱"心—物"问题为中心，不是熊十力个人的局限，而是20世纪哲学的主要局限。在20世纪哲学看来，或是唯心，或是唯物，或是对心对物作出其他安排，总之，哲学以心或物为中心。这样的问题导向限制了仁体哲学的多样的可能发展。在这方面，熊十力也好，梁漱溟也好，都是如此。（事实上，熊十力自己也承认，把心说为宇宙实体乃是权说。③）以上主要简单论及熊十力关于实体的思想。关于仁为本体，熊十力在《新唯识论》语体本倒是明确讲过，如："仁，本体也。"④不过，这是因解释《论语》而发，意义并不明确，如明代儒者也讲本体，但明儒的本体是心之本体，不是本书所讲的本体论的本体。在《新唯识论》里，熊十

---

① 《新唯识论》语体本卷下之一，引自郭齐勇书第33页。
② 《读经示要》，上海正中书局本，第37页。
③ 《新唯识论》，中华书局，1985年，第44页。
④ 《新唯识论》语体本，《熊十力全集》三，第404页。

力也明确说明，仁即人的本心，所以他的以仁为本体，就是以心为本体。此类说法，在宋代明代的儒家已经有了。

熊十力说：

> 仁者，本心之名。本心备具生生、刚健、炤明、通畅诸德，总括而称之曰仁德，故本心亦名为仁。①

可见他讲的仁，还是就本心来讲的，不是仁的本来全体。其实，生生、刚健、炤明、通畅诸德都是心之德，不可径称为仁德，因熊十力思想的焦点不是仁，而是心，这从《新唯识论》开首所说即可见。

他说："仁者，本心也，即吾人与天地万物所同具之本体也。"②这也证明他讲的本体是本心，是本心之仁，不是真正的仁体。

关于仁心，他在50年代后期所写的《明心篇》中仍多处谈及仁心：

> 人类则因其身体构造精利，仁心已显发出来，实主乎吾人之身。然仁心即是生命力之发现。此不唯在吾身，亦遍在天地万物。故仁心之主乎吾身，常于吾人一念乍萌乃至著乎行动之际，恒诏示吾人可与不可。其可者，必其超脱乎小己之私图，高履公道正义者也；其不可者，必其同于禽兽只遂

---

① 《熊十力全集》三，第51—52页。
② 《新唯识论》，中华书局，第567页。

躯体之欲，不知其他，背公道而叛正义者也。①

这里说的仁心就是良知，其功能就是提示人们行为的可与不可，也即是与非。可者即超脱私欲履行公道正义，不可者即顺从私欲背离公道正义。照这里所说，仁心是宇宙之普遍生命力的显现，这一生命力遍在于天地万物，这样，宇宙生命力是最根本的，仁心是生命力的显发。用宇宙生命讲仁心，熊十力与梁漱溟一致，把仁心作为宇宙生命的显现，这是二人宇宙论（离开实体论）的一个特色，也显示出柏格森生命哲学对近代心学的影响。在这一点上，晚年的梁漱溟，由于没有一种体用论作为前提，所以对宇宙生命阐发得更为明确。

> 夫仁心之存乎人者，刚健炤明、生生而能爱，不为小己之私欲所缚，常流通于天地万物而无间隔，此乃根于实体之德性，而为一切德行之源泉也。人皆有是心，而不幸甚易为形气的独立体所锢蔽。独立体既成，便自有权能，故其锢蔽仁心也甚易，而仁心之发露颇难。然仁心是人所本有，反己而求之即得。求仁而得仁，不至陷于不仁，仁心以天为其根，故曰得仁即得天也。仁心即是实体之德用，故说仁心以实体为其根。有根故，如流水之有源而常不竭，如草木之有种而恒不绝，此人生之生活内容所以丰富无穷、充实不可以已也。②

---

① 《明心篇体用论》，中华书局，1994年，第214页。
② 《明心篇体用论》，第263页。

仁心的德性，被认为是刚健炤明，仁心的德性是根源于实体的德性。又说仁心以实体为其根，仁心以天为其根，则实体便是天，可是熊十力从未这样肯定过。况且，仁心的爱从何而来？ 如果从熊十力后期哲学思想看，实体并非本心，本心只是实体的功能而已，与这里所说可以相通。若参照下段所说，实体似乎是生命，生命实体有作用，有德用：

> 德者，众善淳备之称。人之德行出于性，德修矣，而性适赖人之德以弘。生命具有生生、刚健、炤明、通畅等德用，是一切德行或善行之所从出。然生命之德用，必须吾人返在自家内部生活中，亲自体认良心，而不敢且不忍失之，确然自动乎中，直发之为行事，始成吾人之德行。①

本来实体才有德用，这里他就把实体直接换为生命了，故说生命具有刚健、炤明的德用。按其体用论之说，辟为宇宙大心，为宇宙大生命，宇宙大心遍在一切之无量心，一切人之无量心即是宇宙大心。但辟毕竟不是实体本身。

又说：

> 余以为生命心灵同有生生、刚健、亨畅、升进、炤明等等德用。生生，言其大生广生，常舍故创新，无穷无尽也。刚健，言其恒守至健而不可改易也，故能干运乎物质中，终

---

① 《明心篇体用论》，第226页。

不为物所困。亨畅，言其和畅开通、无有郁滞也。升进，言其破物质之锢蔽，而健以进进不坠退故，俗云向上是也。炤明，言其本无迷暗性，《易》云"大明"，是乃最高智慧与道德之源泉也。如上诸德用，皆是生命、心灵所法尔本有，而不可诘其所由然者。惟人独能努力实现生命、心灵之一切德用，此人道所以尊也。然人与万物本为一体，人乃万物发展之最高级，则人之成功即万物之成功已。①

熊十力此说只是发明易学，发明心学，但还不是仁学，所说德用不能表达仁之德用，只是生命心灵之德用，属于乾之德。说心灵有德用，等于以心灵为体，为实体本体，这与《体用论》的思想相悖，因为依照体用论体系，心灵只是实体的用，不能说心灵反而有刚健炤明，这些德用只是辟的体现、乾的体现。

他又说：

> 默识法者，返求吾内部生活中，而体认夫炯然恒有主在，恻然时有感来。有感而无系（恻隐之感同情于万物，本无私意私欲之杂，故无系），有主而不可违，此非吾所固有之仁心与？识得此心，非可只守之而勿失也，要在事上磨练。随事随物，知明处当，以扩充吾之仁，是乃孔子敦仁之学，非程明道识仁之说可得而托也。②

---

① 《明心篇体用论》，第170页。
② 同上，第221页。

这是说，仁心不可空守，必随事磨炼，明智的扩大即是随事扩充之功。所以熊十力认为这种以智扩仁的功夫，与大程子的识仁方法不同。又说："孔子日新之学，敦仁以立其大本，爱智格物以行其达道。"

> 《易大传》曰：显诸仁，藏诸用。一言而发体用不二之蕴，深远极矣。显仁者何，生生不息之仁，此太极之功用也。藏者，明太极非离其功用而独在。余读《易》，至显仁藏用处，深感一藏字，下得奇妙。藏之为言，明示实体不是在其功用之外。故曰藏诸用也。藏字只是形容体用不二。①

熊十力以仁为太极之用，此说不知仁体，不知太极乃是仁体之至极，非离开仁体而独立的实体，生生不息即是仁体大用，实体即体即用。

熊十力在《体用论》中说："圣人直亲合于全体大用，视天地万物为一己，忧患与同，而无小己之执迷，坦荡荡与大化同流。"②如何从全体大用到万物一己，熊十力毫无说明，事实上从熊十力的以心为实体的宇宙论到万物一体的仁学，中间明显存在着跳跃，与我们从仁体说到万物一体自是不同。熊十力论刹那亦然，他说："本论则以一切行只在刹那刹那，生灭灭生，活活跃跃，绵绵不断的变化中，依据此种人生观，人生只有精进向上。"③刹那和向上之间也没有联系，也明显存在跳跃，而且若事

---

① 《体用论》，第118页。
② 同上，第46页。
③ 同上．第48页。

物只是刹那生灭,价值如何保守,文化如何传承,都是问题。他说:"余乃复为穷原之学,近取诸身,深悟、深信万有之实体即是万有之自身。参透及此,形形色色皆是真理遍现,屎尿瓦砾无非清净本然,至于中夏圣哲洞见大本而含养其天地万物一体之德慧,皆所以完成天地万物一体之本性而无私焉。"① 这里仍然不能说明何以从实体即万有自身,便能推到天地万物一体的德慧和本性。其未能拈出,天地万物一体之圣学即是仁学,天地万物一体即是实体。可见,唯心的实体论,和儒学的"仁"始终不能顺畅地结合,这对熊十力和梁漱溟都是如此。

在20世纪50年代写《新唯识论》删定本、《原儒》之后,熊十力不再说用上无自性,而改为充分肯定用,而且《原儒》中说:"改造现实世界即是实现本体,现实世界发展不已,即是本体发展无竭。"②

20世纪50年代后期,他在《体用论》中一改《新唯识论》批评有宗的态度,肯定有宗的缘起说把宇宙看成个体事物相互联系的整体,认为很有价值:

> 大有破斥大自在天变化之迷误,而创发宇宙缘起论,从一切事物之互相关联处着眼,来说明宇宙,确有不可磨灭之价值在。③

---

① 《体用论》,第145页。
② 《熊十力全集》六,第643页。
③ 《体用论》,《熊十力全集》七,第69页。

《体用论》还说：

> 宇宙万有是从过去至现在，方趋未来，恒不断绝之完整整体。[1]

他还说：

> 惟所谓实体即是现实世界的实体，现实世界以外没有独存的实体……本此而经纬万端以发展现实世界，亦即是发展现实世界的实体。[2]

值得一提的是，熊十力在20世纪50年代后期的《明心篇》中，否定了"以仁为体"的思想，提出："明儒以仁为本体，甚失孔子之旨，仁是用，究不即是体，谓于用而识体可也，谓仁即是本体则未可。"[3]显示出他始终坚持体用不二论，但终究不能走向仁本体论。强调仁是用，这和梁漱溟后期思想有一致处。

我之所以始终重视熊十力后期哲学，当然不是就其对仁的看法而发，也并不是单从研究熊十力在20世纪中国哲学史的地位和实际贡献来看的。如果就哲学史的实际影响和贡献，当然还是要以《新唯识论》文言本、语体本为最能代表他的哲学影响和

---
[1]《体用论》，第134页。
[2]《乾坤衍》，《熊十力全集》七，第452页。
[3]《明心篇》，第162页。见郭齐勇《熊十力思想研究》，天津人民出版社，1993年，第90页。

理论独特性。然而，熊十力晚期思想虽然与其前期哲学关系非常密切，但不能不说其晚期哲学的变化亦已独立地构成为另一种哲学形态，具有了另一种意义。《原儒》《体用论》《明心篇》《乾坤衍》，这几部著作可谓是他在1949年以后与当时主流哲学调适的结果，其目的之一是辩白其哲学并非唯心论而又要尽量保持其哲学的体用论。于是，他一改前期《新唯识论》把心说为本体、摄用归体的宇宙论，而变为重视大用流行的摄体归用的宇宙论，以实体的非心非物来化解新哲学对其哲学的可能批判，以便保有他最重视的体用不二论。这个由新唯识论改写的体用论体系，在实体思想上接近于斯宾诺莎，而在宇宙论方面远比斯宾诺莎为精细。不管外缘的因素如何，熊十力由此而成立的"体用论"哲学（与"新唯识论"相区别），自有其特别的意义，这就是熊十力晚期的体用论哲学为现代儒家哲学提示了一个实体非心非物的哲学发展方向，一个超越新心学和新理学的方向，而这个方向在21世纪应有其特别的意义。从本书的立场来说，这就是仁体论可以与"即体即用"的本体论结构结合而成为仁学本体论的基础。这也是我在本书中仍然强调熊十力晚期哲学的根本原因。我以为在20世纪50年代特殊时代环境下熊十力的哲学调适及其后来的发展方向，正是今日中国哲学新发展的方向之一，也是当代儒家哲学发展的重要方向之一。当然，熊十力的哲学打上了个人心结的深深印记，这就是，虽然他的哲学得益于佛学的理论思维，但其哲学论述太多关于简别佛学的内容，他用了太多篇幅与佛学对话，辨析他与空有二宗的分别，这显然是他为了克服自己、说服自己原有的对佛教理论的信持。

境界伦理学的典范及其改善

——有关冯友兰《新原人》的思考[①]

众所周知，在冯友兰先生的"贞元六书"中，《新原人》一书最受关注，其主题是讲四种境界。冯先生此书所谓的"境界"是指人生境界，他晚年更强调他所说的境界就是"精神境界"。从伦理学史来看，西方伦理学从来不讨论人的精神境界问题。虽然西方哲学史上也有个别哲学家谈到过与境界相关的哲学精神阶段，如克尔凯郭尔所提出的审美阶段、伦理阶段、宗教阶段，都可以看作与境界有关，但西方哲学始终并未把境界问题看作伦理学的一部分，只在宗教哲学中有所涉及。冯先生的贞元六书始于《新理学》的新实在论建构，而终于《新原人》的境界学说，整个体系落脚在中国哲学的传统，对现代中国哲学作出了重要贡献。

人生境界的讨论亦属人生哲学。"人生哲学"的概念晚近已很少见提起，人生哲学似乎已经不被认为属于哲学的领域。古代从亚里士多德到斯多葛学派认为研究人生即是伦理学，所以，对人生哲学的讨论更多地被归属于古代伦理学的讨论，而在现代伦

[①] 原载于《北京大学学报》（哲学社会科学版），2016年第1期。此文为纪念冯友兰先生诞辰120周年所做。

理学中却已经找不到人生哲学的地位。不过，在20世纪前期的中国，情况并不完全如此，当时人生哲学颇受重视，如冯先生特别重视人生哲学，他在美国作的博士论文的主题即是人生哲学。他在其早年的《人生哲学》中指出，哲学包涵三大部分，即形上学、知识论和人生论，人生论的目的在求一对于人生的道理，伦理学是人生论的一部分。

20世纪90年代以来，很多学者都谈到冯先生晚年对新理学体系的回归，其实，冯先生晚年并没有完全回到新理学，特别是在形上学方面。虽然冯先生晚年重新强调共相和殊相的问题在哲学史上的根本重要性，但他吸收了黑格尔和马克思对具体共相的哲学思维之后，重新建立了他对共相殊相的哲学理解，对新理学的形上学作了改造。而冯先生晚年真正完全回到新理学时期的思想是关于精神境界的思想。甚至可以说，"精神境界"是冯先生从前期到后期的始终不变的一个基本思想，因为，即使在20世纪50年代他深入批判自己新理学体系时，他最想不通的也是关于批判其精神境界论的问题。[①]另外，晚年冯先生不仅没有改变其境界说，对《新原人》的境界论也有了更进一步的理解。[②]

一、总论四种境界

在《新原人》的一开始，冯先生提出意义的问题：

[①] 冯友兰的《四十年的回顾》中有"质疑与请教"一节，其中表示对《新原人》的"境界说"遭遇的批判"有些想不通的地方"。冯友兰：《三松堂全集》十四卷，河南人民出版社，2000年，第1066页。

[②] 这主要是指在《三松堂自序》中对《新原人》的"大全"的理解。

> 一件事的意义，则是对于对它有了解底人而后有底。如离开了对它有了解底人，一事即只有性质，可能等，而没有意义。我们可以说一事的意义，生于人对此事底了解。人对于一事底了解不同，此事对于他们即有不同底意义。①

这是说，事物的性质是客观的，是事物客观地具有的，或者说存在于事物之中的。而意义是人对事物的了解，了解亦即认识，但这种认识不是指对事物的科学式认识，而是了解事物对于人的意义。事物也不只是静态存在的外物，也可以是人正在参与其中的事物。

冯先生紧接着提出觉解的问题：

> 解是了解，我们于上文已有详说。觉是自觉。人做某事，了解某事是怎样一回事，此是了解，此是解；他于做某事时，自觉其是做某事，此是自觉，此是觉。若问：人是怎样一种东西？我们可以说：人是有觉解底东西，或有较高程度底觉解底东西。若问：人生是怎样一回事？我们可以说，人生是有觉解底生活，或有较高程度底觉解底生活。这是人之所以异于禽兽，人生之所以异于别底动物的生活者。②

冯友兰区别了解和觉，解是了解，觉是自觉。解与觉合而称为觉

---

① 《冯友兰文集》第五卷，长春出版社，2008年，第5页。
② 同上，第9页。

解。了解是对意义的了解，觉则是一种意识状态，是主体对其做事的自觉状态。扩大来看，觉解也就是一种心的状态。如他说："人之所以能有觉解，因为人是有心底。人有心，人的心的要素，用中国哲学家向来用的话说，是'知觉灵明'。"[1]冯先生在《新原人》中把觉解作为境界说的基础。

按冯先生的思想，严格地说，各种不同的境界就是层序不同的意识自觉状态。所以，我们可以说，境界是指心言。这与古代佛教所说的境界的意义是不同的，古代华严宗所说的境界是指事相而言。在此基础上，冯先生提出了从低到高的四种境界，他说：

> 境界有高低。此所谓高低的分别，是以到某种境界所需要底人的觉解的多少为标准。其需要觉解多者，其境界高；其需要觉解少者，其境界低。自然境界，需要最少底觉解，所以自然境界是最低底境界。功利境界，高于自然境界，而低于道德境界。道德境界，高于功利境界，而低于天地境界。天地境界，需要最多底觉解，所以天地境界，是最高底境界。至此种境界，人的觉解已发展至最高底程度。至此种程度人已尽其性。在此种境界中底人，谓之圣人。[2]

人的境界有高低不同，这是《新原人》最基本的观点。而境界的高低取决于觉解的多少，需要觉解多的境界高于需要觉解少的境界。于是，冯先生依据觉解的多少，提出了四种境界说，这四种

---

[1]《冯友兰文集》第五卷，长春出版社，2008年，第14页。
[2] 同上，第30页。

境界从低到高是：最低的是自然境界，比自然境界高的是功利境界，比功利境界高的是道德境界，最高的境界是天地境界。

四种境界中，第一是自然境界：

> 自然境界的特征是：在此种境界中底人，其行为是顺才或顺习底。此所谓顺才，其意义即是普通所谓率性。我们于上章说，我们称逻辑底性为性，称生物学上底性为才。普通所谓率性之性，正是说人的生物学上底性，所以我们不说率性，而说顺才。所谓顺习之习，可以是一个人的个人习惯，亦可以是一社会的习俗。在此境界中底人，顺才而行，"行乎其所不得不行，止乎其所不得不止"；抑或顺习而行，"照例行事"。无论其是顺才而行或顺习而行，他对于其所行底事的性质，并没有清楚底了解。此即是说，他所行底事，对于他没有清楚底意义。就此方面说，他的境界，似乎是一个浑沌，但他亦非对于任何事都无了解，亦非任何事对于他都没有清楚底意义。所以他的境界，亦只似乎是一个浑沌。①

顺才就是顺着本性，顺习就是顺着习惯。冯先生这里所讲还是有些矛盾的，一方面，他定义的自然境界应该是浑沌，什么都不清楚，什么都不了解；另一方面，他又说自然境界的人"亦非对于任何事都无了解，亦非任何事对于他都没有清楚底意义"。于是他又说：

---

① 《冯友兰文集》第五卷，长春出版社，2008年，第28页。

>有此种境界底人，并不限于在所谓原始社会底人。即在现在最工业化底社会中，有此种境界底人，亦是很多底。他固然不是"日出而作，日入而息"，"凿井而饮，耕田而食"，但他却亦是"不识不知，顺帝之则"。[1]

本来，从历史和逻辑统一的立场来看，最低的境界应该是原始社会的人，但因为他又说自然境界的人"亦非对于任何事都无了解，亦非任何事对于他都没有清楚底意义"，于是他说自然境界的人并不限于在原始社会的人，在现在最工业化的社会中，有此种境界的人也是很多的。这样一来，他把原始社会的人与现代社会大多数人看成境界是一样的，都是自然境界，这个说法恐怕是有问题的，我们在后面再加以分析。

第二是功利境界：

>功利境界的特征是：在此种境界中底人，其行为是"为利"底。所谓"为利"，是为他自己的利。凡动物的行为，都是为他自己的利底。不过大多数底动物的行为，虽是为他自己的利底，但都是出于本能的冲动，不是出于心灵的计划。在自然境界中底人，虽亦有为自己的利底行为，但他对于"自己"及"利"，并无清楚底觉解，他不自觉他有如此底行为，亦不了解他何以有如此底行为。在功利境界中底人，对于"自己"及"利"，有清楚底觉解。他了解他的行为，是怎样一回事。他自觉他有如此底行为。他的行为或是

---
[1]《冯友兰文集》第五卷，长春出版社，2008年，第29页。

求增加他自己的财产，或是求发展他自己的事业，或是求增进他自己的荣誉。他于有此种种行为时，他了解这种行为是怎样一回事，并且自觉他是有此种行为。①

在这个说法中，自然境界的人似乎与动物一样，是出于本能的冲动，而没有心灵的计划。功利境界是人自觉其对名利的追求，其实，人对名或利的追求没有全无自觉的。由于冯先生所说的功利境界是对自己的利益的追求，所以这个功利境界实际是"私利境界"。其实，在冯先生下面的界说中，功利境界不只是对私利的追求，同时也代表了一种对个人与社会关系的理解，即个人与社会是对立的，这属于个人主义的立场。其实，把个人和社会关系的理解置于功利境界，似没有必要，反而让人觉得支离了。价值与境界应有区别。

第三是道德境界：

道德境界的特征是：在此种境界中底人，其行为是"行义"底。义与利是相反亦是相成底，求自己的利底行为，是为利底行为；求社会的利底行为，是行义底行为。在此种境界中底人，对于人之性已有觉解。他了解人之性是涵蕴有社会底。社会的制度及其间道德底政治底规律，就一方面看，大概都是对于个人加以制裁底。在功利境界中底人，大都以为社会与个人是对立底。对于个人，社会是所谓"必要底恶"。人明知其是压迫个人底，但为保持其自己的生存，

---

① 《冯友兰文集》第五卷，长春出版社，2008年，第29页。

又不能不需要之。在道德境界中底人，知人必于所谓"全"中，始能依其性发展。社会与个人，并不是对立底。离开社会而独立存在底个人，是有些哲学家的虚构悬想。①

可见冯先生所说的道德境界的特征有两点，一点是行为者主观地行义，自觉地行义，行义即践行道德价值，追求社会的利。另一点是行为者对个人和社会的关系能正确理解，知道部分不能离开全体，个人不能离开社会全体，个人必须在社会中发展完善。

第四是天地境界：

> 天地境界的特征是：在此种境界中底人，其行为是"事天"底。在此种境界中底人，了解于社会的全之外，还有宇宙的全，人必于知有宇宙的全时，始能使其所得于人之所以为人者尽量发展，始能尽性。在此种境界中底人，有完全底高一层底觉解。此即是说，他已完全知性，因其已知天。他已知天，所以他知人不但是社会的全的一部分，而并且是宇宙的全的一部分。不但对于社会，人应有贡献；即对于宇宙，人亦应有贡献。②

天地境界的特征也有两点，一点是行为者主观地"事天"而行，从天的角度看问题。另一点是在理解个人与社会全体的关系之基础上，还能理解个人和宇宙全体的关系。个人只有达到对宇宙的

---

① 《冯友兰文集》第五卷，长春出版社，2008年，第29页。
② 同上，第30页。

全体理解，才能真正达到知性尽性。

冯先生强调，行为和境界不同，境界不是以外在行为来划分的，而是以内在觉解来划分的：

> 此四种境界中，以功利境界与自然境界中间底分别，及其与道德境界中间底分别，最易看出。道德境界与天地境界中间底分别，及自然境界与道德境界及天地境界中间底分别，则不甚容易看出。因为不知有我，有时似乎是无我或大无我。无我有时亦似乎是大无我。自然境界与天地境界，又都似乎是浑沌。道德境界与天地境界中间底分别，道家看得很清楚。但天地境界与自然境界中间底分别，他们往往看不清楚。自然境界与道德境界中间底分别，儒家看得比较清楚。但道德境界与天地境界中间底分别，他们往往看不清楚。①

用晚年冯先生的说法，自然境界是原始的混沌，天地境界是后得的混沌。但对儒家而言，儒家最高的境界是天人合一或万物一体，并不是混沌，对儒家尤其是理学家而言，道德境界与万物一体的境界的分别是清楚的。最后，冯先生提出，人的境界和他所做的事不是一回事，他说："虽在天地境界中底人，其所做底事，亦是一般人日常所做底事。"又说："在不同境界中底人，可以做相同底事，虽做相同底事，但相同底事，对于他们底意义，则可以大不相同。此诸不相同底意义，即构成他们

---

① 《冯友兰文集》第五卷，长春出版社，2008年，第34页。

的不相同底境界。"① 这说明，人的境界的不同，并不能体现在行为上，不同境界的人所做的事可能是相同的。所以，人之境界的不同，不是从行为去看，而是从其内心去看。这与现代伦理学关注行为不同。冯先生的境界说心、事两分，心、行两分，是以心为主，不是以事为主，是唯心论（这里说的唯心论与一般所说的唯心论不同），不是事功论。对于人的评价，不是看其所做的事，而是看其心的境界。这是《新原人》主题思想所决定的，而我们觉得，其体系若能趋向心事合一、心行合一，则能在哲学上更进一层。

二、对"自然境界"的反思

以下，我们对冯先生的四种境界依次提出一些思考，以图在冯先生境界说的基础上，使有关境界哲学的分析继续向前深入。先看自然境界，冯先生说：

> 我们于上章说，在自然境界中底人，其行为是顺才或顺习底。过原始生活底人，其行为多是如此底。小孩子及愚人，其行为亦多是如此底。所以小孩子及愚人的境界，亦多是自然境界。因为过原始生活底人，小孩子及愚人，其境界多是自然境界，所以说自然境界者，多举他们的境界为例。道家常说黄帝神农时候底人的情形，常说及赤子，婴儿，愚人等。于说这几种人底时候，他们所注意者，并不是这几种

---

① 《冯友兰文集》第五卷，长春出版社，2008年，第35页。

人,而是这几种人于普通情形下所有底境界。①

什么是自然境界? 照这里所说,典型的自然境界是原始人、小孩子、愚人的境界。这样的境界应该是觉解最低的。最低到近于无:

> 上所说底几种人,"少知寡欲","不著不察",他们的境界有似乎浑沌。
>
> 先秦底道家所谓纯朴或素朴,有时是说原始社会中底人的生活,有时是说个人的有似乎浑沌底境界。他们要使人返朴还纯,抱素守朴。②
>
> 先秦底道家赞美浑沌。……他们赞美素朴,赞美在原始社会中底人,婴儿及愚人的生活。用我们的话说,他们赞美自然境界。③

一方面这种最低的觉解,是少知、无知,不著、不察,素朴、浑沌。但另一方面,冯先生又用顺才、顺习来说明自然境界,应该说这还是两个不同的性质的意识状态。如果说,自然境界的是觉解接近于无的愚人、小孩子的境界,那么,这样的境界实在不必提出来作为人生精神境界的一种,因为境界说是要提高普通人的精神境界,而冯先生所说的愚人、小孩的自然境界是低于普通人

---

① 《冯友兰文集》第五卷,长春出版社,2008年,第37页。
② 同上,第38页。
③ 同上。

的境界,没有意义。尤其是把这种愚人、小孩的境界称作自然境界,不甚恰当。"自然"就其直接意义应该就是普通人,"自然"的另一意义应该是道家推崇的自然的人生态度。冯先生的说法容易把道家的自然的人生态度混同于愚人、小孩的境界,是不恰当的。因为道家的自然的人生态度已经是"超"自然了,即超越了人的直接现实境界。

> 在同天的境界中,其境界有似乎自然境界。道家于此点,或分不清楚。①
>
> 过原始生活底人,小孩子,愚人的境界,固多是自然境界,但有自然境界者,不一定都是这几种底人。在任何种社会中底人,任何年龄底人,任何程度底智力底人,如所谓智力测验所决定者,其境界都可是自然境界。例如美国的社会,是高度工业化底社会,然其中底人,但随从法律习惯,照例生活者,亦不在少数。他们照例纳税,照例上工厂,照例领工资,亦可以说是"不识天工,安知帝力"。他们并不是小孩子,亦不尽是智力低底人。他们生活在最近代化底环境中,而其境界还是自然境界。②

现代美国社会中的人多数是随从法律习惯、照例纳税的人,这些人的境界是不是就是最低的类似原始人、傻子、小孩的一种境界? 应该不是。其实,原始人也会有求生存的意识。在历史上,

---

① 《冯友兰文集》第五卷,长春出版社,2008年,第40页。
② 同上,第43页。

即使是最闭塞的农村中生活的农民,也知道养家糊口,养家糊口的意识就已经不是不知不觉的浑沌境界了,养家糊口是中国普通人最普遍的功利意识,可见功利意识也不都是否定性的。传统社会最普通的农民也有孝的观念,也会受到社会道德文化的影响,而不可能是不知不觉的浑沌生活。现代社会的人更是如此,现代社会的工人,不仅受社会文化的影响,还可能有阶级自觉。任何文化,都是超越自然状态的。所以,除了傻子和一岁以下的小孩子,没有不受社会文化影响的人,这样的人是不可能没有任何自觉的,他们的境界也就不可能是冯先生所说的自然境界。

> 孟子说:"由仁义行,非行仁义也。"行仁义当然亦是依照仁义行,不过不仅只是依照仁义行。于依照仁义行的时候,行者不但依照仁义行,而且对于仁义有了解,自觉其是依照仁义行。此是有觉解地依照仁义行。有觉解地依照仁义行谓之行仁义。若虽依照仁义行,而对于仁义并无了解,亦不自觉其是依照仁义行,则虽依照仁义行,而不能说是行仁义,只能说是由仁义行。没有人,其行为可以完全不合乎仁义。此即是说,凡人的行为,都必多少依照仁义。但有些人依照仁义行,只是顺才或顺习,所以只是由仁义行,而非行仁义。此所谓"民可使由之,不可使知之"。此亦即是说,一般人对于道,多是由之而不知。就其由之而不知之说,其境界亦是自然境界。[1]

---

[1]《冯友兰文集》第五卷,长春出版社,2008年,第43页。

冯先生在这里把孟子的话解释反了①，其实孟子所说的"由仁义"与《论语》的"由之"不同，是主动自觉依据内在动力行仁义，"行仁义"是无自觉地行仁义、合于仁义。但冯先生作的这一区分，即自觉依照和不自觉依照是不同的，这是可以成立的。但是不自觉依照道德规则，应该是指很多不自愿的依照道德规则，勉强自己做合于道德原则的行为，是有选择的行为，这样的人的境界也绝不是自然的境界。

> 换言之，智力最高底人，其境界亦可以是自然境界。②

唐君毅《人生九境》中讲的境界是综合认知和道德、宗教境界，而冯先生则把智力活动的意识状态排除在外，只注重人生觉解，于是智力最高的人却被归属于最低的境界，这显然有其不合理处，其中必然有其问题。我们认为，智力最高的人的精神境界不可能是与愚人、小孩一样的最低境界。

> 我们于上文说：无论何人，其行为必多少合乎道德规律，但他可只是由之而不知，有些人，是所谓"生有至性"底。有许多人的传记，碑文，墓志等，说他们"孝友出于天性"，"孝友天成"。对于有些人，这些话固然只是恭维之词，但亦不能说事实上绝没有这一类底人。譬如韩非子所谓"自直之箭，自圜之木"，虽为数不多，但亦不能说是绝对没有底。这种人顺其所有底天然倾向而行，自然很合乎某道德规律，或竟超过某

---

① 熊十力当时在给冯先生的信中指出此点。
②《冯友兰文集》第五卷，第43页。

道德规律所规定底标准。虽是如此，但其人却未必了解某道德规律的意义，亦不自觉其行为很合乎某道德规律，或竟超过某道德规律。这种行为，我们称之为自发底合乎道德底行为。这种行为，就其本身说，是自然的产物。就有此等行为者在此方面底境界说，其境界是自然境界。①

禀性淳厚，自发地合乎道德规律，在冯先生的分类中，也属于自然境界，被看作是最低的境界，与小孩子愚人一般。这恐怕也是不合理的。其实，小孩、愚人智力虽不发达，自利意识却很直接，并不是行为都自发地合乎道德规则的。而禀性淳厚的人不用努力要求自己，行为便能自发合乎道德，就其不必用力修养而言固可说是自然，不用人为，但此种境界与小孩、愚人还是不同的。

道德底行为，及艺术，学问，事功等各方面的较大底成就，严格地说，都是精神的创造。艺术，学问，事功等方面的成就，其比较伟大者，都不是专凭作者的天资所能成功底。作者的境界，虽可以是自然境界，但其活动则不能只是自然的产物。作者但凭其兴趣以创作，于创作时，可以不自觉其天才，亦可以不自觉其创作的价值。他可以有许多伟大底创作，但他不自觉其创作是创作，更不自觉其是伟大。由此方面说，他的创作是顺才底。就其顺才而不觉说，其境界是自然境界。②

---

① 《冯友兰文集》第五卷，第44页。
② 同上，第44—45页。

这也是说，自然境界的人可以在各方面得到较大的成就，如艺术，如学问，甚至如道德；反过来说，在艺术、学问等方面有大成就的人可能只是最低的境界，甚至道德行为有较大成就的人，其境界可能是自然境界；作者凭兴趣进行创作，便是自然境界，这种说法使得自然境界的意义变得很模糊。事实上，即使大多数伟大作品的作者在创作时都不自觉其伟大，难道他们的精神境界只是最低的境界，如愚人、小孩的境界吗？冯先生还把所有无意于惊人成名的活动，都看作这种自然境界："有意于出语惊人以成名者，其境界是功利境界。随其兴趣，无意于出语惊人者，其境界是自然境界。"[1]"无意于"的自然，可以是近于道家的态度，和愚人、小孩的自然并不是一个层次的意识状态，这也是需要加以分析的。

三、对"功利境界"的反思

冯先生认为：

> 我们于本章论功利境界。所以在本章中，我们专论人以求他自己的利或快乐为目的底行为。[2]

> 我们只说，大多数底人的行为，或普通人的大多数行为，都是以求他自己的利为目的底。人于有以求他自己的利

---

[1]《冯友兰文集》第五卷，第45页。
[2] 同上，第50页。

为目的底行为时，其境界是功利境界。①

"境界"本来与"行为"不同，但冯先生常常不自觉地结合两者，这说明在他看来，境界的讨论不能完全与行为分离。

如上所述，我们认为，在人生哲学中提出小孩、愚人的境界其实没有意义，境界应该就常人而言。因此，功利境界就是常人的境界，亦即人的最低的境界。冯先生也承认"大多数普通人的行为，都是为其自己的利底行为。大多数普通人的境界都是功利境界"②。但功利境界有两种，一种是自利不害人，另一种是自利而害人，前者有所自律，而后者毫无自律，后者无疑是比前者低的境界。这一点在冯先生的书中只提了英雄和奸雄之分，并没有在一般的意义上加以明确区分。

由于在西方伦理学中有所谓功利主义，因此冯先生在阐发功利境界时不时以西方的功利主义哲学为对照：

> 所以在功利境界中底人，都是"为我"底，都是"自私"底。……边沁以为，凡人的行为，无不以求快乐或避痛苦为目的。边沁说："自然使人类为二最上威权所统治。此二威权即是快乐与苦痛。只此二威权，能指出人应做什么，决定人将做什么。"（边沁《道德立法原理导言》）避苦痛亦可说是求快乐。所以边沁可以更简单地说：人的行为的目的，都是求快乐。亦可以说，自然使人类为一惟一威权所统治，此

---
① 《冯友兰文集》第五卷，第49页。
② 同上，第50页。

惟一威权，即是快乐。①

冯先生在讨论功利境界时引用边沁的思想，显然是因为在西方伦理学中边沁是所谓功利主义的代表。然而，西方伦理学从近代到现代，其所谓功利主义并不是指为求个人私利的行为，而是要求增加全体的幸福。不过，功利主义自古希腊以来也包含了快乐主义，故冯先生界定功利境界是求其私利或求其快乐的境界。

西方近代伦理学功利主义的代表还有穆勒（又译密尔），所以冯先生也引用了穆勒的话，不过也是引用其论快乐的思想：

> 穆勒说：人若对于高等快乐及低等快乐均有经验，他一定愿为苏格拉底而死，不愿为一蠢猪而生。为苏格拉底而死的快乐与为一蠢猪而生的快乐，有性质上底不同。但照上文所说底，快乐是不能比较底。即令其可以比较，我们还可以问：一个人为什么愿为苏格拉底而死，不愿为一蠢猪而生？②

边沁已提出人的快乐有多种，如简单的快乐有十四种，简单的痛苦有十二种，还有复杂的快乐与痛苦。密尔则不再把快乐作为生活的目标，而提出内涵广泛的幸福作为基础。冯先生对西方功利主义伦理学只是为我所用，并没有按其原貌原意来定义其所说的功利境界，只是借用其中有用的东西如快乐主义作为辅助说明，

---

① 《冯友兰文集》第五卷，第50页。
② 同上，第51页。

所以他所说的功利境界与功利主义有所不同,也不奇怪。

> 若人在宇宙间,只以对付过日子为满足,则在功利境界中底人,即可对付而有余。若世界上所有底人,其境界都不高过功利境界,人类仍可保持其存在,并仍可保持其对于别种生物底优越地位。人类可以是万物之灵,可以"夺取造化之机","役使万物",如道教中人所希望者,如近代人所成就者。只须人人各真知其自己的利之所在,则虽人人都为其自己的利,而亦可以"并育而不相害","并行而不相悖"。不但如此,而且可以"分工合作",互相辅助,以组织复杂底社会,以创造光辉底文化。①

> 所以只须各个人各真知其自己的利之所在,他们即可组织复杂底社会,创造光辉底文化。这种人的境界是功利境界。事实上大多数底人,都是功利境界中底人。我们的现在底社会,事实上大部分是这一种人组织底。我们的现在底文化,事实上大部分亦是这一种人创造底。②

如果人只为己谋私利的功利境界既可以过日子,也可以保持人类的存在,保有人类对别种生物的优越性,也可以夺取造化、分工合作,可以创造光辉的文化,那么从人类文化的角度来看,人为什么还要追求更高的境界? 他甚至认为,人类古往今来的文化大部分都是功利境界的人所创造的。(这涉及冯先生说的光辉的

---

① 《冯友兰文集》第五卷,第53页。
② 同上,第55页。

文化是什么。我想冯先生所说的应该是指希腊神话故事、雕塑、组织城邦这样的文化行为。人类的事业是不能止于此的，人类的精神追求也不可能止于此，必须有精神的文化、道德的文化。）显然仅仅从人类文化创造的方面是不能论证更高的精神境界的必要的。这也说明冯先生此书对提高境界的必要性没有提供充分的证明。

> 一切利他的行为，都可以作为一种利己的方法。古今中外，所有格言谚语，以及我们的《新世训》，虽都是"讲道德，说仁义"，但大都是以道德仁义作为一种为自己求利的方法。老子书中，有许多地方，都把合乎道德底行为，作为一种趋利避害的方法。如说："非以其无私耶，故能成其私。""夫惟不争，故天下莫能与之争。"无私不争，是合乎道德底行为，但老子都将其作为一种为自己求利的方法。①

> 快乐论者或功利论者的此种说法，若作为一种处世底教训看，亦有其用处，但作为一种道德哲学看，则说不通。②

《新世训》、快乐论、功利主义，冯先生认为可以作为处世术，但这些处世术属于功利境界，不是道德境界。他们的行为可以合乎道德，但不是为道德而道德，他们的出发点是为了有利于个人。冯先生说，他们的行为是合乎道德的行为，但不是道德行为，也不是道德境界。这在道德境界部分还会讨论。我们所注意的是，

---

① 《冯友兰文集》第五卷，第55页。
② 同上，第56页。

冯先生的看法是，从功利境界的人来看，古人的道德教训和外人所见的利他行为都可以作为自己求利的手段，最直接的办法就是把这些作为处世的方法，比如把忠恕仁义作为处世的方法，而不是实现道德的方法。换言之，对功利境界的人而言，去行忠恕仁义的行为，在动机上是为了自己求利的目的，比如赢得世人的掌声。功利境界的人，其做出合乎道德的行为，不是为了道德本身，而是为了对自己有利。他说：

> 在功利境界中底人，有合乎道德底行为，是将其作为求其自己的利的方法。但以为道德行为不过是如此，则即是对于道德，未有完全底了解。而照此种说法，以做道德底事者，其行为只是合乎道德底行为，而不是道德行为。其境界是功利境界，而不是道德境界。①

境界是就主观而言，既然这些合乎道德的行为，其动机是为自己求利，当然是功利境界。伦理学中康德一派认为，从功利境界出发的行为，即使合乎道德，也不能说是道德行为。但在这里有一个问题，"境界"是以心论，故完全以主观世界而论定，但"行为"不是主观的，为什么一切行为的性质要依照其主观动机而论定？这里为什么专取康德的立场？这一点冯先生此前并没有加以论证。

冯先生论功利境界，特别引人注目的是关于才人、英雄的论点。他说：

---

① 《冯友兰文集》第五卷，第56页。

立言底人，谓之才人。他们有很多底知识，或伟大底创作，但不常有很高底境界。立功底人，谓之英雄。他们有事业上很大底成就，但亦不常有很高底境界。英雄又与所谓奸雄不同。英雄与奸雄的境界，都是功利境界。在功利境界中底人，其行为可以不是不道德底，可以是合乎道德底，但不能是道德底。其行为可以不是不道德底，但亦可是不道德底。其以不道德底行为，达到其利己底目的，以成其利己底成就者，谓之奸雄。其以不是不道德底行为，以达到其利己底目的，以成其利己底成就者，谓之英雄。奸雄的行事，损人利己。英雄的行事，利己而不损人，或且有益于人。历史上底大英雄，其伟大底成就，大部分都是利己而且有益于人底。就其有益于人说，其人其事，都值得后人的崇拜。但就其利己说，其成就不是出于道德底行为，其人的境界，是功利境界。①

才人是在文化创作方面有大成就的人，英雄是在事业建功方面有大成就的人，但这些成就属于"事"，而境界则论"心"，所以从《新原人》来看，文化创作和事业建功方面有大成就的人，他们的心的境界不一定是高的境界，因为境界的判定和事功无关，只看其主观的世界，不决定其外在的行为和成就是否有益于人。然而，冯先生所理解的英雄只是功利境界而有大成就的人，而排除了英雄可以包括既有成就又有很高境界的人，在这一点上他的分

---

① 《冯友兰文集》第五卷，第56—57页。

析还需要完善。所以他说"英雄与奸雄的境界，都是功利境界"，英雄的建功立业出于利己而不损人，奸雄的建功立业出于利己而损人。英雄与奸雄的动机都是利己，所以都是功利境界。在伦理学上说，英雄的行为是合道德的，奸雄的行为是不道德的（反道德的），但都表示道德的行为必须不是从利己出发，而从道德本身出发。

冯先生关于英雄与奸雄的区分，提示我们功利境界内部的重要分别，也就是我们前面提到的，功利境界有两种，一种是自利不害人，另一种是自利而害人。这两种人其实有很大的差别。自利不害人的人不见得是英雄，他们的行为可以完全合乎《新世训》的要求，成为被现代社会肯定的人，自利不害人而且有益于人的人，更为现代社会所推重；而自利害人的人及其行为，是真正为人所不齿的人。把这两种人同归于一种功利境界，在实践上有所不妥，由此可见，唯心的境界论的缺陷，即在综合论评人物方面的乏力。冯先生的分析支点在英雄与奸雄两个具体的类型，而没有把这种分别看作功利境界内部重要的类型分别。

> 无论哪一种底学问，只要能成为一种学问，无论哪一种艺术，只要能成为一种艺术，总是有益于人底。不过才人研究学问，或从事创作的目的，可以只是为求他自己的利。若其目的是如此，则他的境界是功利境界。①

才人也是如此，其动机为自己求利，但可在艺术、文学等领域有

---

① 《冯友兰文集》第五卷，第57页。

大成就，有益于人。而虽然才人可有文化上的大成就且有益于人，但他们的动机多是为了求自己的利益，所以其境界还是功利境界。从这个角度看，才人与英雄是一类的。

冯先生之所以突出英雄和才人的问题，明显地与宋明理学论英雄事功的讨论有关联，南宋的朱熹和陈亮就此曾有一场著名的辩论。冯先生说：

> 所以以为才人英雄既能有伟大底成就，所以其所常有底境界，亦必是很高底，这亦是常人的一种偏见。才人英雄所常有底境界，虽不是很高底。但他们的成就，可以是伟大底。他们的成就，事实上可以有利于社会，有利于人类。除此之外，他们的为人行事，亦往往表现一种美的价值，如作为自然中底一物看，亦往往是可赏玩赞美底。①

> 在此种境界中底人，其行为虽可有万不同，但其最后底目的，总是为他自己的利。他不一定是如杨朱者流，只消极地为我，他可以积极奋斗，他甚至可牺牲他自己，但其最后底的，还是为他自己的利。他的行为，事实上亦可是于他人有利，且可有大利底。如秦皇汉武所做底事业，有许多可以说是功在天下，利在万世。但他们所以做这些事业，是为他们自己的利底。所以他们虽都是盖世英雄，但其境界是功利境界。②

对于历史人物或现实人物，个人的精神境界不应是人物评价的唯

---

① 《冯友兰文集》第五卷，第59页。
② 同上，第29页。

一尺度，甚至不应是主要的尺度。冯先生所讲的，正如陈傅良总结朱熹的观点，是"功到成处不必有德"，这是对的。但问题是对重要历史人物，道德境界的评价不能成为唯一的尺度，而要综合看其对人类文化和历史的贡献。可见《新原人》的境界说是不能作为人物评价的综合体系的。当然，《新原人》的境界说本来也不是针对人物评价而立的，但是因为冯先生论述中常常提到历史人物如秦皇汉武等，就会使人觉得其境界说在评价历史人物上角度太狭窄，不能对历史人物做出合理的综合评价。

此外，冯先生指出英雄才人与圣贤的不同：

> 而英雄才人与圣贤，则绝不是一类的人。英雄与才人都是功利境界中底人，而圣贤则是天地境界或道德境界中底人。这并不是说，圣贤不能有如英雄所有底丰功伟烈，不能有如才人所有底巨著高文。圣贤亦可以有如才人英雄所有的成就，但才人英雄不能有如圣贤所有底境界。[①]

英雄才人是功利境界中的人，贤人是道德境界中的人，圣人是天地境界中的人，冯先生虽然没有这样细分，但其逻辑应该是如此。英雄的概念本身就包含了成就事功的意义，而圣贤的概念则不涉及成就，而只是最高境界的人格。圣贤的概念虽不涉及成就，但圣贤可以有很高的成就，如英雄与才人的成就一样。

冯先生还认为，英雄和才人可以是自然境界的人：

[①]《冯友兰文集》第五卷，第57页。

>有此种境界底人，亦不限于只能做价值甚低底事底人。在学问艺术方面，能创作底人，在道德事功方面，能做"惊天地，泣鬼神"底事底人，往往亦是"行乎其所不得不行，止乎其所不得不止"，"莫知其然而然"。此等人的境界，亦是自然境界。①

>不过才人、英雄的为人行事的此方面，多是"天机玄发"，不自觉其然而然。例如项羽不肯回王江东，不过因其不堪"父老怜而王我"，并非有意藉此表示其倔强。由此方面说，才人、英雄于有此等行为时的境界，是自然境界。其可赏玩赞美，亦是"为他底"，而不是"为自底"。②

自然境界是最低的境界，由于冯友兰把心和行，把境界和行为完全分离甚至分裂，于是在他的《新原人》中，就出现了一般人看来的不合理之处，即在学问、事功、道德、艺术方面做出惊天动地事业的人，即其所谓才人和英雄，却可以只是最低境界的人。这说明其理论必有其局限之处。其中包含的问题与朱熹与陈亮的辩论有一致的地方。

四、对"道德境界"的反思

>人与人的社会底关系，谓之人伦。旧说，君臣，父子，夫妇，兄弟，朋友，谓之五伦。这亦是人伦。不过我们于此

---

① 《冯友兰文集》第五卷，第29页。
② 同上，第59页。

> 所谓人伦，则不必指此。五伦是以家为本位底社会中底人伦，我们于此所谓人伦，则是指任何种类底社会中底人伦。①
>
> 其所应做底不同底事，即是其职。②
>
> 尽伦尽职的行为，是道德底行为。凡道德底行为，都必与尽伦与尽职有关。③

伦是伦理关系，尽伦是完成伦理义务，伦理与道德有别，伦理是客观的，道德是主观的，所以，按冯先生对道德的认识，不能抽象地说尽伦尽职就是道德行为，因为尽伦尽职也可能只是合乎道德的行为。只有主观上为求尽伦尽职的行为才是道德行为。

> 在功利境界中底人，其行为是为利底；在道德境界中底人，其行为是行义底。为利者其行为是求其自己的利。行义者，其行为遵照"应该"以行，而不顾其行为所可能引起底对于其自己的利害。④

这里用"义"的动机和"利"的动机来区别道德的行为和非道德的行为，道德境界和功利境界。这里的利益动机应是指个人利欲的动机。其实，照冯先生在前面所说，"利"也可以是社会之利，求社会的利便是义。则求社会的利是否属于"应当"，这是应该加以分析的。

---

① 《冯友兰文集》第五卷，第63页。
② 同上，第64页。
③ 同上。
④ 同上。

例如有两个军人，都去冲锋陷阵。其一冲锋陷阵，为底是想得到上面的奖赏，或同伴的称誉。其一则以为，这是尽军人的职，此外别无所为。这两个军人的行为，表面上是相同的，但其里面则有很大底不同。前一人的行为，一般人或亦认为是道德行为。但一般人亦以为，后一人的行为，其道德的价值，比前一人的行为更高。为什么更高？岂不是因为无所为而为底行为，是更合于道德的理吗？如无所为而为底行为，是更合于道德的理，则有所为而为底行为，简直是不合于道德的理。所以有所为而为底行为，虽可以是合乎道德底，但并不是道德底行为。[1]

这里所说的有所为，都是指个人利欲的动机。强调无所为而为，是宋代以来理学道德论的传统，宋明理学的"无所为而为"指的是行为没有任何个人功利的动机。

又有些人以为，凡反对快乐论者，必不重视快乐。或以为，凡重视快乐者，必是快乐论者。或以为，凡注重义者，必是不注重任何利者，凡注重任何利者，必是不注重义者。这些以为，都是错误底。这些人都有一种思想上底混乱。哈体门在其伦理学中，分别意向所向底好，及意向的好。例如人以酒食享其父母，其行为是孝。在此等行为中，酒食是意向所向底好，孝是意向的好。酒食并不是孝，但在此等行为

---

[1]《冯友兰文集》第五卷，第65页。

中，孝藉此可以表现。又如教人以孝，其行为是忠。在此等行为中，孝是意向所向底好，忠是意向的好。孝并不是忠，但在此等行为中，忠藉此可以表现。若如此分别，则求他人的利，其行为是义。在此等行为中，他人的利是意向所向底好，义是意向的好。此两种好，不在一层次之内。①

根据哈体门，"意向"和"意向所向"是不同的，"意向"是主观的动机，"意向所向"是意向借以表达的外在形式，因此，善也可以分为意向的善和意向所向的善，意向的善是主观的动机，意向所向的善是意向善藉以表现的行为形式。义是道德，是一种对道德的了解，所以义是意向，是境界。照冯先生前面所说，求他人的利即是义，这是就心而言，但是不能说求他人的利的行为是义，因为行为可以是"合乎"义的。在这里，冯先生肯定他人的利是"意向所向的好"。但意向是境界，意向所向却不是主观世界，便不是境界。义的意向，才是境界；求他人的利的行为是行为，不是境界。冯先生说求他人的利的行为是义，这是逻辑上不一致的。

> 若有此等行为者之所以有此等行为，乃纯是其与别人痛痒相关的情感使然，他的境界，即是自然境界。他的此等行为，虽是合乎道德底，但并不是真正地道德底。若有此等行为者，确有见于此等行为的道德价值，此等行为的意向的好，为实现此价值，此意向的好，而有此等行为，他的行

---
① 《冯友兰文集》第五卷，第66页。

为，即是道德行为，他的境界，即是道德境界。他于实现此价值，此意向的好时，他心中若不兼有与别人痛痒相关的情感，而只因为"应该"如此行，所以如此行，则其行为，即是义底行为。若其兼有与别人痛痒相关的情感，则其行为，即是仁底行为。仁底行为有似乎上所说底在自然境界中底人的行为，但实不同，因其亦是在觉解中实现道德价值底行为也。在西洋哲学史中，关于在自然境界中底人的合乎道德底行为，与在道德境界中底人的道德行为的不同，康德分别甚清。但康德所说道德行为，只是义底行为，而不是仁底行为。道德行为又可分为义底行为与仁底行为二种，康德似尚未见及。①

与古典儒学不同，古典儒学认为与别人痛痒相关的情感是仁的情感的发端，所发的行为是仁的行为。而冯先生认为这种境界不是道德境界，是自然境界。这种说法把古典儒学肯定的仁之端看作最低的如愚人、小孩的境界，这是我们不能赞成的，这只能说冯先生受康德的影响太大。冯先生还认为，只有从道德的认识出发，加上与人痛痒相关的情感因素，所发的行为才是道德行为，其境界才是仁的道德境界。没有这种情感的因素，只从道德的认识出发，是一般的道德境界。这种突出仁，指出康德见义不见仁的看法，才是很值得重视的看法。但是这里对道德境界与道德行为的关系并没有清楚说明，应该是道德行为是跟着道德境界来的，有仁的道德境界，即有仁的道德行为，有义的道德境界，始

---

① 《冯友兰文集》第五卷，第68页。

有义的道德行为，而不应直接就道德行为来讲。

> 严格地说，只有对于道德价值有觉解底，行道德底事底行为，始是道德行为。因此有道德行为者的境界，必不是自然境界。艺术作品是艺术活动的结果，其结果有艺术价值，但艺术活动的本身，则不必有艺术价值。道德行为的道德价值，则即在其行为本身。其行为本身若不是为道德而行底行为，则其行为只可以是合乎道德底，而不能是道德底。一个人可以凭其兴趣，或天然底倾向，而有艺术底活动，但严格地说，一个人不能凭其兴趣，或天然底倾向，而有道德底行为。此种行为，可以是合乎道德底，而不能是道德底，有此种行为底人，是由道德行，而不是行道德。①

"道德行为的道德价值，则即在其行为本身"这一说法是不合其体系的，严格地说，按冯先生的思想体系，行为本身并不能区分道德不道德，只能从内心的动机区分道德和不道德。所以，道德行为的价值不在行为本身，而在其动机如何。冯先生的重视动机的观点是康德式的观点：

> 康德在此点有与我们相同底见解。他以为真正道德底行为，必是服从理性的命令底行为。若是出于天然底倾向，而不得不然者，则其行为虽可以是不错底，但只可称之为合法底行为，而不能称之为道德底行为。例如一人见孺子将入

---
① 《冯友兰文集》第五卷，第45页。

于井,而有自发底恻隐之心,随顺此感,而去救之。另有一人,则因有仇于孺子之父母,坐视不救。从二人的行为的外表看,前一人的行为是不错底,后一人的行为是错底。但就二人的行为的动机说,后一人的动机固是不道德底,但前一人的动机,亦不是道德底。所以前一人的行为,虽是不错底,但只能说是合法底,而不能说是道德底。上文所说自发底合乎道德底行为,都不是自觉地服从理性的命令行为,所以其行为,虽很合乎某道德规律,但不能说是道德底行为。用康德的话说,其行为只是合法底。用我们的话说,其行为只是合乎道德底。①

这就是康德的形式主义看法,与儒学不同。人见孺子将入于井,而发恻隐之心,而去救之,对此传统儒学是完全肯定的。而照康德与冯先生的说法,则这不是道德行为,也不是道德境界,而是自然境界,比功利境界还低。可见,冯先生理解的道德境界与康德一致,但与传统儒学不同。

或可说,这一种说法,似乎是太形式主义底。我们若予道德底行为,下一定义,以为必须对于道德价值有觉解,为道德而行底行为,方是道德行为;则自发底合乎道德底行为,当然不能说是道德行为。②

于此我们说,普通行道德底事底人,其境界不一定即是

---

① 《冯友兰文集》第五卷,第45页。
② 同上,第46页。

道德境界。他行道德底事，可以是由于天资或习惯。如其是如此，则其境界即是自然境界。他行道德底事，亦可以是由于希望得到名利恭敬。如其是如此，则他的境界，即是功利境界，必须对于道德真有了解底人，根据其了解以行道德，其境界方是道德境界。这种了解，必须是尽心知性底人，始能有底。我们不可因为三家村的愚夫愚妇，亦能行道德底事，遂以为道德境界是不需要很大底觉解，即可以得到底。愚夫愚妇，虽可以行道德底事，但其境界，则不必是道德境界。①

他认为，道德境界要很大的觉解，但道德行为不需要很大的觉解。能行道德之事，不必是道德境界。但冯先生过于夸大道德境界与道德行为的距离，也会导致不小的流弊，即轻视道德行为。再者，人有恻隐之心，是其人性的表现，是其德性的表现，不是人的最低境界；而遮蔽了人性的私欲动机，不能说比人性不受遮蔽的表现境界更高。可见，冯先生当时在这方面受康德形式主义伦理的影响是很大的。此外，三家村的愚夫愚妇能行道德行为，其内心若无私意，用孟子的话说，是其本心未曾受到污染，应当高于功利动机的境界，不宜将之视为低于私利的境界。

五、对"天地境界"的反思

冯先生认为天地境界是从天地的角度看问题，那么，人如何才能从天的角度看问题？冯先生强调要以知天为本，知天就是

---

① 《冯友兰文集》第五卷，第32页。

在哲学上掌握宇宙、大全、道体的概念,有了知天,然后可以事天、乐天,达到同天的境界。同天的境界就是天地境界。

> 宗教使人信,哲学使人知。上所说宇宙或大全之理及理世界,以及道体等观念,都是哲学底观念。人有这些哲学底观念,他即可以知天。知天然后可以事天,乐天,最后至于同天。此所谓天者,即宇宙或大全之义。①

宗教是信天,哲学是知天,宗教的信天也能达到超道德的境界,但新原人强调的是从哲学的知天来达到超道德的境界,这种超道德的境界冯先生称为天地境界。

> 天民在社会中居一某位,此位对于他亦即是天位。他于社会中,居一某伦,此伦对于他亦即是天伦。他于居某位某伦时所应做底事,亦即是一般人于居某位某伦时所应做底事。不过他的作为,对于他都有事天的意义。所以一般人做其在社会中所应做底事,至多只是尽人职,尽人伦。而天民做其在社会中所应做底事,虽同是那些事,虽亦是尽人职,尽人伦,而却又是尽天职,尽天伦。②
>
> 能知天者,不但他所行底事对于他另有新意义,即他所见底事物,对于他亦另有意义。③

---

① 《冯友兰文集》第五卷,第77页。
② 同上,第78页。
③ 同上,第79页。

不同的人可以做相同的事，但各人对这一件事的理解不同，即此事对各人的意义不同，从而各人的境界即不同。冯先生的境界说是从心上立论，故其说法能自圆其说。冯先生特别强调人的做事对社会的意义和人的做事对宇宙的意义即对天的意义，仅有对社会意义的觉解是尽人伦，而有对宇宙意义的觉解是尽天伦。

> 在天地境界中底人的最高底造诣是，不但觉解其是大全的一部分，而并且自同于大全。如庄子说："天地者，万物之所一也。得其所一而同焉，则死生终始，将如昼夜，而莫之能滑，而况得丧祸福之所介乎？"得其所一而同焉，即自同于大全也。一个人自同于大全，则"我"与"非我"的分别，对于他即不存在。道家说："与物冥。"冥者，冥"我"与万物间底分别也。儒家说："万物皆备于我。"大全是万物全体，"我"自同于大全，故"万物皆备于我"。此等境界，我们谓之为同天。此等境界，是在功利境界中底人的事功所不能达，在道德境界中底人的尽伦尽职所不能得底。得到此等境界者，不但是与天地参，而且是与天地一。得到此等境界，是天地境界中底人的最高底造诣。亦可说，人惟得到此境界，方是真得到天地境界。知天事天乐天等，不过是得到此等境界的一种预备。①

冯先生对天地境界的定义是自同于大全，所以也称之为同天境

---

① 《冯友兰文集》第五卷，第80—81页。

界。自同于大全,也就是与大全为一,与天为一,这是一种精神境界。

> 知有大全,则似乎如在大全之外,只见大全,而不见其中底部分。知大全不可思,则知其自己亦在大全中。知其自己亦在大全中,而又只见大全,不见其中底部分,则可自觉其自同于大全。自同于大全,不是物质上底一种变化,而是精神上底一种境界。所以自同于大全者,其肉体虽只是大全的一部分,其心虽亦只是大全的一部分,但在精神上他可自同于大全。①

《新原人》所说的天地境界无疑的是以神秘主义为其原型的,"天地境界"的定义与"神秘主义"的定义对冯友兰是完全一致的。正唯如此,他明确肯定:"同天的境界,本是所谓神秘主义底。"

"天地境界"的主要特征是"自同于大全",而"大全是不可说底、亦是不可思议、不可了解底",自同于大全者的境界是超越了一切分别的混沌的境界。因此天地境界中的人自同于大全,我与非我的分别已不存在,因此他感觉到"万物皆备于我"。天地境界包括四个阶段:知天、事天、乐天、同天。人如果自觉了解到自己不仅是社会的一部分,而且是宇宙即大全的一部分,这就是知天;知天的人对他的所作所为,自觉地看作是对宇宙所尽的义务,这就是事天;事天的人在其行为和事物中获得了一种超道德的意义,从而产生一种乐,如古人所说的"孔颜之乐处",

---

① 《冯友兰文集》第五卷,第81页。

有这种乐，叫作乐天。天地境界的最高阶段是同天。

由于冯友兰在《新原人》的境界说中并没有把佛教的精神境界包含其中，因此而受到熊十力的质疑。《新原人》出版后不久，熊十力有书来，对冯先生的境界说有所商榷，冯友兰答熊十力书：

> 先生所说"无相之境"，相当于《新原人》所说同天境界……先生所说无相，《新原人》亦说"在同天境界中人是有知而又是无知底"。先生说真宰，《新原人》亦说"在天地境界中底人，是无我而又有我底"、在天地境界中底人自觉他的"我"是宇宙的主宰。先生说"不舍事而未尝有取"，《新原人》亦说，在天地境界中底人"是有为而无为底"。先生若就此诸节观之，或可见吾二人条流之合，于此亦甚多也。①

熊十力所说的"无相之境"和"不舍事而未尝有取"，取自佛教，其实与新儒家程明道、王阳明所说的"物来而顺应""情顺万物而无情""不要著一分意思"也是一致的，而冯友兰在《新原人》中确实没有涉及这一点。这显示出，冯先生的境界说，还没有完全包容佛教的境界思想。

不仅没有包容佛家的境界，冯先生的系统中，道家的精神境界也没有完全包容其中。冯先生只是以同天的境界来包容道家境界的所谓神秘主义的一面，但对道家所讲的"自然"境界却没

---

① 《致熊十力》，《三松堂全集》十四卷，第34页。

有表达出来。冯先生的自然境界与道家的崇尚自然的人生态度是不同的。而道家自然的境界在宋明理学中也被吸收，最明显的就是陈白沙。这种超功利的"自然境界"与冯先生所说的最低如愚人、小孩的境界是根本不同的，是比较高级的人生境界。

六、境界伦理学及其改善

黑格尔指出，道德是涉及心灵的，有关个人良心、动机、目的、意图等内在意识，是意识的主观世界，是内在性和主观性的世界，他说"在道德中，意志返回到它自己的主观性"，意志是内在状态，家庭、国家、社会是客观制度。道德如果客观化、现实化，就成为社会伦理。但是，黑格尔未能指出，道德涉及的是意识的主观世界，但道德意识是主观世界的一部分，意识的主观世界要远大于道德意识，而包含非道德、超道德等各种意识，冯先生的境界说正是面对这一包含各种不同层次的意识世界。

境界是主观的，那么人们怎么认知、评断某一个人的精神境界呢？其实并不难。言为心声，行为心形，对于一个人的精神境界，人们通过观察其言辞行为，是可以观察到其内心的，而且这种了解可以达成共识，表明其具有客观性。所以，一个人的精神境界到达哪种层次，并不是他个人独知自知的，而是别人可知可了解的，尽管深藏不露的例外是有的。

在冯先生的"贞元六书"中，《新世训》可以说是一种德行伦理学，但它偏重在非道德的德行，而《新原人》则把非道德的德行降低为功利境界。《新原人》承认非道德的动机可以做出合乎道德的行为，但因《新原人》的基点是作为主观世界的精神境界，评价系统的基点发生了变化，对于非道德的动机的评价结论便不同了。《新原人》不是德行伦理学类型，而可以说是境界伦理学类型。在这个意义上，《新原人》的贡献是提出了一种境界伦理学。

为什么冯先生倡导境界论，而不是注重德性论呢？这不能不说是由于他在早期受到道家思想的影响而在相当程度上成了他的哲学思维的路径依赖。因为先秦儒家重德性论，而道家重境界论，冯先生在20世纪20年代受道家影响较大。他后来提出的自然境界、天地境界都和他20世纪20年代开始的对道家的理解有直接关联。不过，如果我们考虑20世纪50年代强调革命觉悟的时代，相比而言，境界似比德性更适合说明这个时代人民精神的变化，虽然冯友兰的境界说与冯契的德性说都远不及觉悟说普遍而有力。

与《新世训》相比，《新原人》可以说与之大不相同。广义地看，二书都属于伦理学范围的著作，前者讲人生方法，后者讲人生境界。主要的区别是，《新世训》是讲"行"的，而《新原人》是讲"心"的。近代西方伦理学关注在道德行为、道德品行，而《新世训》的关注在非道德的德行，《新原人》则关注在超道德的境界，这些都与西方伦理学主流不同。境界是中国古代伦理学关注之点，近代西方哲学伦理学的精神要求已经降低，自然也就不重视而且放弃了追求崇高的精神境界，最多重提德性而已。

其实，不仅西方伦理学没有把精神境界作为一个重要问题关注，近代以来的中国伦理学史著作，受西方的影响，也未能突出此点。如张岱年先生的《中国伦理思想研究》中讲了人性论、修养学说，但没有涉及境界论。晚近中国哲学的研究关注了功夫论，但也没有突出境界论，其实如我早在《有无之境》中已经明确指出的，在宋明理学中基本的问题是本体论—功夫论—境界论，三者一体不可分割。当然，宋明理学所讲的本体是心性本体，与一般所说的本体论的本体有所不同。

古代儒家哲学，除了孟子，先秦汉代的儒学的道德论主要是德行论，并不突出心的概念，宋明理学才突出心的概念。但先秦道家已经很注重心的概念，并影响到荀子虚一而静的思想。但秦汉的儒学主流仍是德行论，不是心德论。西方伦理学当然始终不把心的问题作为重要的伦理学问题，而始终围绕道德行为来展开。

如果把道德境界作为核心，可以说《新原人》在以道德境界为中心的同时，一方面关注在道德境界之下的自然境界、功利境界，以求把自然境界、功利境界提高为觉解更高的道德境界；另一方面关注在道德境界之上还有更高的觉解阶段，即天地境界。在这个意义上，《新原人》提出了一种境界伦理学，即以"境界"为中心的伦理学，与以"德性"或"原则"为中心的理论体系都不同的一种伦理学。在冯先生看来，古代道家和儒家都以自己的方式上达至天地境界，而与古代儒家道家不同的是，冯先生的新理学主张天地境界的达到要以哲学理性为基础为方法，而不是以精神修养为方法。

境界说的提出，主要是要解决什么问题？是解决对人物的评价，还是提出一种精神提升的目标？如果说境界论只是对人物的一种评价体系，应该说其标准过于单一，不能评断历史人物的总体及其贡献，这是我们在读《新原人》时常常感觉到不满的。所以，《新原人》应明确申明其体系并不针对人物评价，亦不承担历史人物评价的功能，以免除读者的疑惑。但作为人生哲学，指引人生境界，致力精神的发展，则境界说的确有重要意义。应该说，境界论的提出不是为了建立人物评价的基点，而是致力于提升人的精神境界。

事实上，中国文化中对人物的评价不总是历史评价，也不总是行为评价，在现实生活中多直指人心。如说"这个人太功利""这个人太自我""这个人不怎么样""这个人太假""这个人一心往上爬"，这些说法表示"这个人"缺乏优秀的德性，也表明"这个人"达不到君子的人格境界。这是中国文化在现实生活中常见的评价语言。

不过，应当指出，这样的人并不一定犯道德错误，或做出不道德的行为。这表明在中国文化中，对人的评价中，对人心，对人格境界很为看重，人们对人格的评价不是只看他的行为，而是看他的人心。说"这个人太假"，是说缺乏真诚的德性，德性是分而言之。说"这个人不怎么样"，是说人格境界不高，境界是总而言之，境界适合于对人心的总体评价。可见，境界论与德性伦理确有接近之处，但又有所区别。

当然，当一个人把功利的追求当作根本追求时，这样的人虽然精神境界不高，但并不一定在生活中就犯道德错误，并不一定在生活中就做不道德的行为。只是说，这样的人较境界高的人容易犯道德错误，特别在关键时刻。而在实际生活中，我们看到的是，有些人虽然精神境界不高，但并不会犯道德错误。

可以说，这样的人在现代社会已经成为常态人，这些人的境界甚至被合理化为韦伯所说的"资本主义精神"。这可能是古典人格和现代人格的根本分别，贵族人格和平民人格的根本分别。那么，对现代人来说，在合法性行为之外，我们还能期待更高的精神境界吗？也就是说，在合法性行为之外，我们还能提出道德境界和超道德境界吗？这个时代，道德境界的君子已经十分难得，超道德境界还有意义吗？《新世训》只要求人行为"合乎"道德规则，《新原人》则要求人行为"出乎"道德原则（行为出乎良心算什么境界？），更提示人可以达到更高的境界即天地境界亦即"超乎"道德境界的境界，这在今天还有没有意义？

应该说，道德境界和超道德境界的意义是必须肯定的，这就是，对功利境界与合法性行为以上的精神境界的追求，是人性的内在要求，是精神的内在要求，人在内心是不满足于合法性行为的功利境界的，人对人格境界的内在要求高于现代社会的常态人，这是人类几千年生活所积累的对人的自身发展的追求和理想。人对事业卓越的追求与人对精神超越的追求没有任何冲突。一个作家要求自己写出最好的小说，这不是功利，不是私欲，是对人生繁荣发展的合理追求。

伯纳德·威廉姆斯说："我们最深的伦理信念往往更像古希腊的伦理思想，而不那么像后启蒙运动的道德系统"，"近代伦理学和现代道德哲学已经把古代伦理学的'我应该如何生活'转变为'人要服从什么道德规则'的问题。"①可以说，冯先生的《新原人》及其境界思想，更像古代伦理学的思想，因为现代道德哲学已经把人生意义、人生境界的问题抛诸脑后，完全为"资本主义"精神所局限了。我认为，境界伦理学在当代社会仍有重要的意义，值得进一步发展，境界伦理学具有可发展为与目前西方德性伦理学和规范伦理学并立的一种伦理学的前景。

境界伦理学是冯友兰先生奠定的，而作为伦理学的一种形态，境界伦理学应该进一步完善或多样化，应该有更多的学者对境界伦理学进行研究。这里，我想结合当代生活实际，简要提出一些对冯先生境界说改良和修正的想法。在继承冯先生把精神境界作为人生境界的前提下，第一，取消冯先生所谓的"自然境界"，而以大多数普通人的功利境界为最低层的境界，其中又可分为几层，即利己害人、利己心强而不害人以及有利己心而不强。在现代社会要对一般的合理利己境界加以宽容，有所肯定。第二，以无功利境界为第二层次的境界，亦可分为几层，儒家的道德境界、道家的自然境界，和佛教的无相境界，以对治功利境界，改造人生的精神境界。第三，以终极关怀境界为第三层境界，其中又可分为几层，社会理想境界、万物一体的境界、东西方古今宗教境界，作为更高的精神境界。这里所说的更高，并不一定是指此类境界在个体心灵实现的难度，亦是指此种境界可能掌握群众的广度和可能发生的巨大转化作用。于是，在我们的改良体系中，有三个层次，共九种境界。

---

① [英] 伯纳德·威廉斯：《道德运气》，上海译文出版社，2007年，第10、15页。

这种体系是把一般人的功利境界作为最低的境界，在功利境界之上，道德境界是否定功利，自然境界是淡化功利，无相境界是取消功利，它们都是中国文化中固有的对治功利之心的精神系统。而这里所说的终极关怀境界则包括儒释道之外其他宗教尤其是西方宗教的信仰，也包括其他政治社会信仰如共产主义信仰。信仰的特色是能迅速改变庸常的功利生活境界，而迅速提升信仰者的精神境界，使之焕然一新，获得新的人生意义，以及全新的人生态度。冯先生的《新原人》一书中没有提到这种信仰境界，在新中国成立后他对《新原人》的反思中也忽视了这一点。本来，他应该面对解放初期革命给青年人带来的巨大精神变化而调整《新原人》的境界说，包容革命信仰的境界。虽然，革命境界不同于道德境界，也不同于宗教境界，特定的革命境界也不一定和其他宗教的信仰境界一样是恒久的，但在转化、改造人的精神境界方面有同样明显的作用。而冯先生执着旧说去解释新的现实，与旧说的改进失之交臂，这是我们今天要注意的。

价值、权威、传统与中国哲学[①]

"传统"(Tradition)与"过去"(Past)在中国哲学中一直受到高度尊重,以至有学者称中国哲学为"过去取向的"或"崇古"的。可以说,中国哲学这种对于作为传统的过去的崇敬的取向,既是它源远流长、连续发展的内在动力,也使得它在19世纪中叶以来受到现代化和西方文化的巨大挑战。本文的目的是简略地来检视中国哲学对于传统和过去的态度的历史文化原因及其基本哲学假定,并由此揭示中国哲学的内在矛盾性,以及探讨它在回应现代挑战以进一步发展所应采取的方式。为简便起见,讨论将集中于儒家哲学的基本观念,这并不表示我企图以儒家之偏,概中国哲学之全,只是在有限篇幅中进行讨论的"方便法门"而已。

一

世界文化史上几支大文化中经典的形成,都是在所谓"哲学突破"的历史时期由那些克里斯玛式的卓越人物承当的。这些伟大的先知以他们非凡的人格力量与深邃智慧,把人类的基本价值

[①] 原载于《哲学研究》,1989年第10期,原标题"价值·权威·传统与中国哲学"。这是作者1989年8月在夏威夷大学召开的"第六届东西方哲学家会议"上宣读的论文。会议主题为"文化与现代性、过去的权威"。原文为英文,中文稿略有删改。

和文化的早期积累凝结为系统的文献形式，取得了经典的意义。在每一宗教精神传统中，权威的究极根源来自最高存在（Supreme Being），内在于宗教传统的立场，最高存在者的启示通过克里斯玛的系统化提供给人们以精神方向以及价值和规范，因而经典之具有的神圣性与权威性乃是由最高存在者引申出来的，是依赖于最高存在者的信念的。

经典一经形成和被认可，经由历史上世代的诠释、延续为一种传统。它参与历史，也成为历史的一部分。因而，尽管究极言之，即使在一个宗教传统中，精神的、文化的、哲学的传统，其权威来自超自然的存在，但同时也来自历史本身。历史作为过去，其本身可以具有权威的意义，因为它代表了人类过去超出个体经历的经验。从而，任何一种在历史上绵延发展的传统本身具有一种由时间性赋予的、相对独立的权威，即历史性权威。

在所谓"轴心时代"发生的几支大精神传统中，中国文化呈现出一种特殊的性格。以儒家为主的中国古典文化虽然有其宗教性，其文化基本上属于人文主义的类型。特别是儒家文化，汉以后越来越趋向于一种泛神论或无神论。尽管"天"在儒家哲学中始终是一个最高的范畴，但至少自11世纪以来"天"已被理性化，被剥夺了最高主宰的意义，而变为一种宇宙秩序与宇宙理性。我们看到，一方面是儒家思想的十分明显的人文主义性格；另一方面是儒家文化又具有一个世界文化史上最长久的、连续的经典解释传统。这样一个传统的存在显然是与经典的权威性联系在一起的。换言之，儒家具有一个不依赖最高存在者权威的经典体系和以此为基础的精神传统。这个以经典解释为基本形式的精神传统同时具有世界上最长久的连续性。与世界上另外几支大的精神传统相比，这是一个极为特殊的历史文化现象。

在中国哲学中，经典记载的圣人箴言是中国人权威的根源。尽管每一哲学传统中都有相信良心权威的理论，然而，即使以"超越的外在"为特征的文化系统中，以"超越的外在"为价值来源的价值仍须内化为人的动机才能真正存在。从这个意义上说，无论唯心主义者怎样强调良心的先验性，它必然是某种外在的东西的内化结果。因此，在这个意义上，中国文化与其他文化的不同也许不在于"外在"和"内在"的对立，而在于什么样的外在，怎样内化为人的价值观念。质言之，价值不取得一种外在的权威形式，或通过某种权威性的途径，其内化必定是不充分和不完善的。每一社会必须依某种形式建立价值的权威，价值不具有权威性就无法对社会进行引导，对个体实现制约。但价值的权威性不是自身本有的。价值必须也必然从历史或通过历史来获得自己的权威形式。如果一个文化系统中价值的权威不能依赖于宗教性的最高存在，那么，它必然地，至少在某一程度上依赖传统的历史性权威，即"过去"本身的权威及经典的历史性权威。在这个意义上，"过去"当然不是指曾经发生的经验事实，而是指古典文化传统与价值体系。"设教"的观念表明中国哲人早就认识到价值必须取得一种外在的权威形式。由此来看，中国文化中为了保障这一价值理性而必然具有的某种尚古取向或某种传统主义以及某种权威崇拜，就是可以被历史地理解的了。就是说，既然中国文化并没有整体地走向以神道设教的方向，它的"以古为训""以述为作""以经为学""以圣为极"，至少可被视为在功能上对"神道设教"的补偿。然而,在这样一个相当程度上崇尚"过去"的权威的文化中,何以能取得了两千多年连续不断的发展?

二

也许可以这样说,中国文化与中国哲学在维护着某种传统主义的取向的同时,也发展了其中的一种调节机制,从而使"过去"能够成为一个开放的"过去",使文化的连续性与创发性、稳定性与变革性之间构成一种紧张和和谐的对立统一关系。它的具体实现是通过圣人与道统、经典与诠释几个环节的辩证联结。

(一) 圣人

孔子不仅是儒家的圣人,也是中国文化的圣人。孔子是一个文化传统主义者,他认为他的使命不是发展宗教精神,而是承继文化发展。他提出"述而不作"(《论语·述而》,以下只注篇名)的原则,即诠释和重新表述传统的精神资源,而不是抛弃既有的宝藏凭空创建未经考验的东西。这个原则成了中国哲学表达方式的典范。他相信"温故而知新"(《为政》),即通过对经典涵具的丰富意蕴与哲理的反思和再体验可以使我们汲取到精神的动力以应付新的挑战。孔子毫不怀疑历史与文化的连续性,"殷因于夏礼,所损益可知也。周因于殷礼,所损益可知也。其或继周者,虽百世可知也"(《为政》)。这表明在孔子的理解中,文化的嬗延必然是连续的,同时,在基本价值上,这种连续性表现为恒常性。因而,从孔子的立场,人必须重视学习传统精神与价值寓于其中的文献。古代的中国历史学家都相信，是孔子删定了六部文献成为中国文化的基本经典，即六经。这些经典代表了中国文化的原初智慧，而其启示性是无穷的。同样，孔子的另一名言"信而好古"（《述而》）表示他对历史的尊重和确立"古"作为"过去"的权威（the authority of the past）的努力。

传统的权威需要一种人格的体现。孔子大力发展了"圣"的观念。"圣"的原始意义为聪明之士，孔子将其提高为人文智慧和德性人格的象征，而先秦时代的人们已认定孔子即是这种人格，即圣人的体现。于是，为了体现传统与价值的权威，圣人与经典借助孔子的人格达到了合一。孔子提出君子有"三畏"："畏天命、畏大人、畏圣人之言"（《季氏》），圣人的教训应具有权威性，德性的人必须服从这个权威。反过来说，尊重圣人的教训是一种基本的德性，因而这种尊重本质上是对价值的尊重，而不是对个人的崇拜。孟子则提出了"师"的观念，认为"圣人，百世之师"（《孟子·尽心》），也就是说，中国哲学中的"圣人"首先是作为导师的权威被承认的。从这个观点来看，圣人的权威性并非来自他是超人或超自然的存在以为人类生活的主宰，而是在于他代表人格的最高典范。圣人是历史经验、道德智慧的象征，它的权威来自人们确信他所具有的伟大人格和智慧。人们信赖圣人的权威是因为圣人为人们指出了精神进步的方向，也来自人类生活对"师"的权威的需要。

（二）经典

公元前二三世纪，孔子删定的六部文献得到了普遍承认，至汉代正式成为经典，即五经。六至七世纪，经典的数目增加为十三种（十三经）。这说明经典体系本身也是发展的，从五经到十三经，仍以五经为基础，增入了相传为孔子所作或其弟子所作的著作，以及重要的古典注释。经典的这种变化似乎表明一种需要，即为了扩大、发展哲学思考所需汲取的精神资源，经典必须至少在某一程度上是开放的，由此来保证思想在连续的同时有所发展。无论政治实践、社会礼仪，还是思想文化，所能凭依的经典越多，越容易使人们扩大选择的视野，以从容应付各种复杂的挑战。

11世纪后，一组新的经典被构成，即包括孔子《论语》和《孟子》在内的四书。四书不但成为与五经并立的经典，其地位在宋代以后甚至高于五经之上。从五经到四书，经典的这种变化似乎意味着经典在增加到一定程度后又面临另一个需要，即价值的凝炼。《诗》《书》《易》《礼》《乐》《春秋》六种原始典籍为孔子手订，构成了中国文化之源。《诗》以道志，《书》以道事，《礼》以道行，《易》以道阴阳（见《庄子·天下》）。先秦的哲学家已认为六经是圣人通过情意的宣泄、历史的记述、行为的规范来表现他们的意旨。五经虽然是中国文化最古老的文献，但一个精神传统要有效地支配人的心灵，它的经典须能集中体现价值理性（Value rationality），反过来说，价值理性也必然在历史中取得经典的地位。正如《圣经·旧约》中大量的历史、诗歌、预言一样，五经中如《书》《诗》《易》，与之类似，从价值关怀来看，其意义与其是伦理的，毋宁是文化的。《礼》所指示的生活仪节规范相当于《圣经·旧约》的教训，也表现出中国古代社会的礼仪文化特征。四书的经典意义可比于《圣经·新约》。与五经相比，四书显然把注意力集中在价值关怀上。四书系统的经典提供了一套完整的明确的士的价值理想、规范、原则、人格标准及实践方法等。所以，北宋哲学家程颐说："四书既治，则六经可不治而明矣。"（《二程遗书》二十五）南宋哲学家朱子也有一句名言："《语》《孟》工夫少，得效多，六经工夫多，得效少。"（《朱子语类》卷十九）他还把五经比喻为粗禾，把四书比为熟饭，认为四书是整个古典文献体系的精华。这似乎表明，文化愈发展，经典的文化古典意义愈不重要，而价值意义则愈重要。

（三）解经

经典一经确立，学习和解释就成为最重要的课题。荀子提出学"始乎诵经，终乎读礼"（《荀子·劝学》），还认为有了五经，"在天地之间者毕矣"，即五经囊括了宇宙、自然社会和人生的基本法则，这种法则不是科学意义的，而是实践的、价值的。

承认圣人与经典的权威是一切儒家的共同特色，但在经典学方面一直有两个基本不同的方向。一种是把经典作为纯粹古典文献去训诂，另一种则是对古典进行时化的阐释，通过创造性的思想活动来发挥经典的功能。"经学"与"理学"的这种不同具有普遍意义。只要语言是变化、发展的，古老传统的经典就不断地需要训诂学。而过分注重经典的文字或执着于原意，都可能束缚哲学思考的进步。甚至在理学内经典解释的方向与方法也有分歧。程朱理学强调经典作为载道之书的权威性，要求知识分子必须努力诵读经典，从中获得基本价值和古典教养。陆王心学则不鼓励读经，他们尽管也在一般意义上承认孔子作为圣人的地位和早期儒家著作的经典权威，但他们并不认为经典是价值的唯一来源。他们认为，价值真正的终极根源只在每个人的本心，一切经典不过是先得吾心和吾心的表现。个人的修身最重要的不是研读经典，而是发明本心，站在本心的立场上，"六经皆我注脚"，所以提出"六经注我，我不注六经"。在这种体系中，按其逻辑，经典的权威实际上被减弱了。这种完全信任良心的学说被反对者讥为狂妄，即蔑视权威。王阳明也反对把经典作为衡量真理的终极标尺，要求以个人的心检验是非，"求之于心而非也，虽其言出于孔子而不取以为是也，而况其未及于孔子者乎"（《阳明全书》卷二）。在心学体系中，有意无意地必然要求用个体的理性凌驾于历史传承和经典之上，尽管他们的本意并非贬弃经典而是极力突出个人的创造性。

然而，程朱派毕竟是解经派的正统，其基本观念是"观圣人所以作经之意与圣人所以用心，圣人之所以至于圣人"（《二程遗书》二十五），这体现了一种古典解释学的立场。他们还认为，经典蕴含的不仅是理性的体系，还有圣人的个人经验，表达了圣人的体验—境界。因此，读经的方法，不仅不是训诂，也不是纯粹的义理诠解，还须注重"玩味"和"涵咏"。从这个意义上说，中国文化中对经典的理解，有着强烈的体验的特色。

（四）道统

9世纪之后，一种新的观念在中国哲学中出现，即"道统"。道统的观念主要是指圣人相传的系谱。圣人是"道"的先知先觉者，又是使"道"对象化为经典形式的担当者。道统作为正统的传承包含了"传统"的意义，但它的意义是比较狭小的，即仅指儒家基本价值的传统。道统的观念既有其保守性，即维护儒学核心价值的连续性的强烈意向，更有其开放性，因为它的基本意义无非是说，"圣人"永远是一个开放的序列。最著名的经典大师朱子也强调，圣人本身是一个历史性的存在，即圣人并非在历史上只出现一次，每个时代都可以产生自己的圣人，他们共同构成了一个正统的传承，这种传承不一定是直接授受，也可以是超越时代的心传。前圣、后圣的思想或提法肯定不会完全同一，而是各有侧重，互相补充。站在理学的立场，价值传统是稳定的，至于哲学思维，如对价值的本体论的论证与解释，则后来的人可以"迥出常情，不顾旁人是非，不计自己得失，勇往直前，说出人不敢说的道理"（《朱子文集》三十六），从而对价值的保守和对哲学思维的创造发展可以并行不悖地结合起来。陆九渊也说："古之圣贤惟理是视，言当于理，虽妇人、孺子有所不弃；或乖理致，虽出古书不敢尽信。"（《陆九渊集》卷二）道统是开放的，每个时代都可以有人接续它、发扬它，接承道统的人不需要重复前圣的语言，而是以其精神发展和创新，故朱子说："此道更前后圣贤，其说始备。"

道统使"圣人"成为开放序列变为可能，解释使"经典"转化为发展创新成为可能。从正统的意义上说，道统使后来者可以在精神传统中取得合法的影响，相当程度上保证了思想发展需要的权威和资源。一有了道统的观念，对经典是一个有力的补充，因为在这种观念下，后贤的著作不论是否称为经典，实际上可以被作为经典来对待。

三

在中国哲学思想的历史上,每当思潮变化的时代,常常发生围绕传统的几个有关因素的变换。首先是经典崇尚的变化,如魏晋时代三玄风行,隋唐时代内典独步,宋明时期四书统治,每一时代的思潮都以相应地被尊崇的经典为基础。其次是解释方法的变化,如汉《易》、魏晋《易》与朱《易》各自不同。汉《易》象数之学,晋人以老庄解《易》,宋人发挥儒家义理。再次是圣人的扬抑与道统的建构,汉人以孔子为素王,晋隋间人以孔子为老子弟子,唐人以孔子为佛陀弟子,宋人则各自有自己的道统观念。

中国哲学对传统的一般态度是把传统看作一种积极的力量,一种保持文化认同的价值稳定的力量。这种态度是基于如下观念:

> 历史是连续的、同质的,因而历史的经验必然对今天和未来有意义。圣人和经典体现的历史与前人的智慧和经验,具有普遍性。尊重传统即尊重历史发展的普遍性。

个体作为有限的历史存在,其理性、知识和经验都是有限的,既然如此,每个人就必须在历史上的文化积累中吸取智慧。历史文化越长久这种应付社会挑战的遗产愈丰富,越需要人们付出精力去攀登前人已经达到的高度,荀子说:"不登高山,不知天之高也；不闻先王之遗言，不知学问之大也。"因此，人必须承认个体的局限，尊重整个人类理性的发展成果。

传统的权威是历代人经过理性的检讨而确认的，经典是被历史筛选出来并得到世代人们确认的价值，因而尊重传统即信任历史的选择和历史的实践。

传统的核心部分为价值体系。中国哲学家们同时认为，这些人类社会的基本价值也体现了宇宙的真理，因而体现在传统的价值具有超时代的意义，具有高度的稳定性而非随时变易的东西。过去的价值和思想，在这个意义上，不仅属于过去，也属于现在和未来，而对传统的尊重也就是对价值的尊重。

中国哲学中，哲学和历史被看作与人类生活密不可分的东西：哲学的主要目的是为人指出最好的生活方式和精神方向，历史则提供了应付各种冲突的有效方法。终极的"道"与理想的"至善"不是由每个人任意创造的，因而重要的问题不是每个人去寻找自己的新起点以建构思辨体系的大厦，而是在他们日常生活和经验中体现"道"，培养理性和智慧的成熟。他们主张通过尊重他人的智慧来探求人文智慧，以代替那种妄自尊大的自由。

由此可见，中国哲学认为尊重传统本质上是尊重历史，尊重权威，尊重理性，尊重价值，尊重文化的连续性，这种取向为中国哲学与文化带来了一些重要的特点，即文化的连续、价值的稳定、经典学与古典解释学的发达、历史记述学的完备等，而就其本意来谈，是并不排斥理论思维的多样发展的。

孔子曾说自己是"述而不作，信而好古"，按照朱子的解释，

"述,传旧而已,作则创始也""夫子盖集群圣之大成而折衷之,其事虽述,而功则过于作矣"(《四书集注》卷四)。传统史家认为,孟子"序《诗》《书》,述仲尼之意"(《史记·孟荀列传》),这样看来,古典儒家都给予了整理古典("序")、传述传统("述")以特别注意。从孔子对前"轴心时代"思想的发展和孟子对孔子思想的发展来看,"述"不表示思想的停滞,不排斥思想的发展,只是表示思想的发展不能割裂传统。在利用经典的权威方面有不同形式:一种是经典的变形或重构,如孔子"删定"六经,朱子集结四书,对经典的文本加以改变;另一种是对经典的解释。此外,还有一种著作方式也仍属常见,即基于经典的范畴或思想,但不采取经典注解的形式的写作方式。

当代哲学家冯友兰教授曾把中国哲学的传统主义表现归为两种:一种是"照着讲",一种是"接着讲"(《新理学》"绪论")。前者为消极的传统主义,后者为积极的传统主义。"照着讲"即努力重复古典的原意或传统的既有表述,"接着讲"则是自觉地继承传统的思想课题,站在已经获得的思想高度上,通过新的理解和解释结构,依传统思想的方向和逻辑推进思想的进一步发展。"照着讲"与"接着讲"的紧张,构成了中国哲学运动的内在矛盾性。

面对以下问题,即在传统主义取向的支配下,即使是积极的传统主义是否能获得新的思考起点呢?有什么理由认为所有思考的起点都已由古人提供无遗了呢?为了理解中国哲学的立场,似应注意,中国"哲人"并不注重纯粹思辨的概念"游戏"。中国哲学家更重视的是价值关怀与生存智慧。常有这种经验,一个人不管曾读过多少次《论语》或福音书,他可能收益甚微,只有经历了复杂的生活考验和内心体验之后,他才会头一次感到他从前没有注意的东西是那么有意义。从这个意义上说,站在中国哲学的立场,经典的主要意义在于为我们指示了精神与价值生活的方向,引导人们去追求"受用",因此,人在生存的体验上重要的并不是常常去寻求新的思考起点,而是在日常生活中反复体验经典中已有的智慧,发展我们每个人自己具备的潜能。

有些学者如马克斯·韦伯曾认为,中国人因找不到一种力量使人摆脱传统,故陷入传统主义。其实,中国人并非找不到超越力量以摆脱传统,而是从根本上把传统看成积极的、不应摆脱的东西。传统通过圣人和经典取得的权威使人类的价值理想获得一种神圣性,导引了对历史经验的尊敬和对文化遗产的珍重。在中国的历史文化环境中,古代哲人往往把理想寄托为"古者""圣王所作""三代""先王之道",这远非复古倒退,因为究竟古代是否有过他们需要的东西常常根本上是无法确定的,这些说法只是为了使理想获得一个权威的说服力。把"古""三代"美化为理想社会,可以使人把一切与现实丑恶对立的美好愿望在"三代"的名义下用以规范、批判现实,因而这种传统主义也是"批判的"。儒家赋予"古"的东西从来都代表一种理想,在这里,颂古作为一种形式只是服务于使理想具有权威、使批判成为合法的目的而已。

但是,当原先合理的传统主义演为支配社会的泛传统主义时,社会文化的发展不可能不为此付出代价。这就是,它虽然取得了价值的稳定、文化的延续,却很难自发地跃入新的社会形态(近代社会),这一点已经是无可争议的了。然而,是否为了现代化必须赞成全盘反传统主义呢？上述分析已表明，在中国文化中，文化与历史传统是保障价值理性的重要基础，因此，在近代化的过程中，由文化危机引发的激烈的反传统思潮势必在相当程度上导致价值失落的危机，从而破坏价值的连续性与民族的文化自信力，伤害现代化秩序建构过程本身。

当旧有的源远流长的传统的神圣性的观念破碎了，价值的危机也就不可避免了，近代历史发展的复杂性使这种危机时隐时显，这也是近代文化保守主义特别强调道德关怀的基本原因。在过去一段时间内，人们天真地相信"彻底决裂"一切传统是马克思主义世界观的本质特征，它代表了一种与传统精神资源没有任何继承性的价值系统。然而事实上人类的价值必然具有连续的、超越具体时代的普遍性。要幻想建立一种与过去的价值完全不同的价值体系，只能是自欺欺人。人类对于价值理性的需要是不会因为人为地破坏某种既定传统的权威而中断的。这种需要会借助于另一种权威（如意识形态或政治领袖的权威）展示出来。而这种价值的权威形式也依然在某种程度上以某种"圣人"和"经典"的观念为前提才能实现其功能。但是，如果这个被借用的权威同时是政治权威，那么这种借用也要付出代价，即伦理价值的权威必然会随意识形态与政治运动的变动发生剧烈的动荡和波动。无论如何，民族的精神权威应当植根于深厚的文化传统中，今天我们应该重新考虑对"过去"的态度，至少在一定程度上与过去的权威重新接续起来，这个权威不应是纯粹政治象征的权威，而是伦理—精神的权威。在这个意义上，包括恢复和维护植根于深厚文化传统并体现这种价值的"圣人"与"经典"的某种权威，非但不是提倡复古的崇拜，恰恰是基于对中国特殊历史文化的发展和对现代社会的理性检讨而确认的需要。而这不仅将为现代化过程创造一个有益的人文环境，而且还有助于提高作为现代化过程主体的人的道德—文化素质，从而对现代化本身作出自己的贡献。

仁统四德

——论仁与现代价值的关系[①]

"仁"有多种表现形式,在伦理上是博爱、慈惠、厚道、能恕,在感情上是恻隐、不忍、同情,在价值上是关怀、宽容、和谐、和平,万物一体,在行为上是互助、共生、扶弱、爱护生命等。同时,古代儒学的价值体系以仁义礼智或仁义礼智信并称,仁和儒学肯定的其他价值之间被设定、被理解为一定的结构关系。这种结构关系也诉诸宇宙论的形式,从宇宙论来说明和论证,这是儒学价值论体系建构的需要。当代儒学仁体论如何对待现代社会所需要的其他社会价值和道德价值,如何处理仁与这些价值的关系,从儒学的角度看,是一个重要而且不能回避的问题,这个问题既对现代儒学具有理论意义,也对中国社会有现实意义。

一、仁包四德

要处理仁与现代其他价值的关系,有必要回顾历史上儒家

---

① 原载于《江苏社会科学》,2016年第4期。

如何构建仁与其他诸德的关系。在儒学史上已经对仁与儒学其他价值的关系进行过讨论。如二程已经把仁和四德的关系进行了讨论，伊川《程氏易传》乾卦卦辞注："元亨利贞谓之四德。元者万物之始，亨者万物之长，利者万物之遂，贞者万物之成。"① 又解释乾卦彖辞"大哉乾元"句说："四德之元，犹五常之仁，偏言则一事，专言则包四者。"② 这就是说，专言之，仁可以包括其他德性。又如伊川言："读《易》须先识卦体。如乾有元亨利贞四德，缺却一个，便不是乾，须要认得。"③ "自古元不曾有人解仁字之义，须于道中与他分别五常，若只是兼体，却只有四也。且譬一身：仁，头也；其他四端，手足也。至如易，虽言'元者善之长'，然亦须通四德以言之，至如八卦，《易》之大义在乎此，亦无人曾解来。"④ 他认为，元必须通四德而言，仁必须通五常而言，兼体是指元可以兼亨利贞，仁可以兼义礼智信。这些地方都是突出"元"或"仁"对于其他诸德的统领地位。"元亨者，只是始而亨者也，此通人物而言（通，元本作咏字。），谓始初发生，大概一例亨通也。及到利贞，便是'各正性命'后，属人而言也。"⑤ 始而亨通，是继承了彖传本来所说的"大哉乾元，万物资始"；以利贞为各正性命，则更直接用彖传意"乾道变化，各正性命，保合太和，乃利贞"。这就把元亨利贞看成从初始发展到成熟和结束的系列过程了。可以说，孔子并没有明确地强调德

---

① 《二程集》，中华书局1981年，第695页。
② 同上，第697页。
③ 同上，第248页。
④ 同上，第154页。
⑤ 同上，第33页。

性的统一性,而宋明理学的四德说,则明确强调德性以仁为本的统一性,仁统领一切,贯通一切,并且用一种宇宙论来说明这种统一性的根源与性质。

二程又说:"孟子将四端便为四体,仁便是一个木气象,恻隐之心便是一个生物春底气象,羞恶之心便是一个秋底气象,只有一个去就断割底气象,便是义也。推之四端皆然。此个事,又着个甚安排得也?此个道理,虽牛马血气之类亦然,都恁备具,只是流形不同,各随形气,后便昏了佗气。"[①]这里所说的"气象",就是后来朱子所说的"意思",即一个道德概念的精神、取向及一个价值概念在形象上的表达。这种讲法认为每一道德概念都有其"气象""意思",即都有其蕴含并洋溢的特定气息、态度,如说仁有春风和气的气象(意思),义有萧萧割杀的气象(意思)等。这种德气论的讲法得到了朱子四德论的继承和发展。朱子主张仁包四德,主张仁统五常。

朱子说:"'仁'字须兼义礼智看,方看得出。仁者,仁之本体;礼者,仁之节文;义者,仁之断制;智者,仁之分别。犹春夏秋冬虽不同,而同出于春:春则生意之生也,夏则生意之长也,秋则生意之成,冬则生意之藏也。自四而两,两而一,则统之有宗,会之有元,故曰:"五行一阴阳,阴阳一太极。"又曰:"仁为四端之首,而智则能成始而成终;犹元为四德之长,然元不生于元而生于贞。盖天地之化,不翕聚则不能发散也。仁智交际之间,乃万化之机轴。此理循环不穷、吻合无间,故不贞则无以为元也。"又曰:"贞而不固,则非贞。贞,如板筑之有干,不

[①]《二程集》,中华书局,1981年,第54页。

贞则无以为元。"又曰:"《文言》上四句说天德之自然,下四句说人事之当然。元者,乃众善之长也;亨者,乃嘉之会也。嘉会,犹言一齐好也。会,犹齐也,言万物至此通畅茂盛,一齐皆好也。利者,义之和处也;贞者,乃事之桢干也。'体仁足以长人',以仁为体,而温厚慈爱之理由此发出也。体,犹所谓'公而以人体之'之'体'。嘉会者,嘉其所会也。———以礼文节之,使之无不中节,乃嘉其所会也。'利物足以和义',义者,事之宜也;利物,则合乎事之宜矣。此句乃翻转,'义'字愈明白,不利物则非义矣。贞固以贞为骨子,则坚定不可移易。"[1]这个讲法就是价值上的仁的一元论的讲法,仁是仁之本体,礼是仁之节文,义是仁之断制,智是仁之分别,在这种讲法中,义礼智都是仁体的某一方面的作用,朱子强调,这种关系正如天地生意与四季的关系一样,四季总体上都是天地生意的流行,但生意流行的不同阶段显示的特性不同,故有春夏秋冬四季。生意贯通四季,仁体贯通四德。

与中年的《仁说》不同,后期朱子更强调对仁的理解要合义礼智三者一起看,而这种四德兼看的方法要求与四季的看法相参照。如春夏秋冬四季不同,但夏秋冬都出于春起的生意,四季都是生意的流行的不同阶段,即生、长、成、藏;本来,元亨利贞是生长收藏的性,而不是生长收藏的过程,而在这里,仁义礼智不像是性理,而成了流行总体和过程本身。与四季类似,仁是仁的本体,礼是仁的节文,义是仁的断制,智是仁的分别,四德都出于仁,是仁的由始至终的不同阶段。于是,仁义礼智作为人事

---

[1] 朱杰人主编:《朱子全书》(修订本)第十四册,上海古籍出版社,第249—250页。

之当然，与元亨利贞作为天德之自然，成为完全同构的东西。虽然朱子并没有说人事四德即来源于自然天德，但他把这些都看成天地之化的法则或机轴。虽然，生意流行与生气流行不一定就是一回事，但整体上看，两种说法应是一致的。

在这样的视野下，仁有两种，一种是贯通总体流行的仁，另一种是与义礼智并立的仁，前者亦可谓理一的仁，后者可谓分殊的仁；前者即二程所谓专言之仁，后者即二程所谓偏言之仁。分殊的仁与理一的仁有所不同，专言的仁是普遍的、完整的、可以通贯一切的大德，而偏言、分殊的仁则有差别的表现，有局限性，有偏面性，偏言的仁需要义礼智来制约、协调以互补。刚才我们说义礼智都是仁体的某一方面的作用，偏言的仁也是仁体或仁之全体的一个方面的作用，只是在刚才的语境下我们不能清楚说明这一点。朱子《玉山讲义》有云：

> 然后就此四者之中又自见得"仁义"两字是个大界限。如天地造化、四序流行，而其实不过于一阴一阳而已。于此见得分明，然后就此又自见得"仁"字是个生底意思，通贯周流于四者之中。仁固仁之本体也，义则仁之断制也，礼则仁之节文也，智则仁之分别也。正如春之生气贯彻四时，春则生之生也，夏则生之长也，秋则生之收也，冬则生之藏也。故程子谓"四德之元犹五常之仁，偏言则一事，专言则包四者"，正谓此也。孔子只言仁，以其专言者言之也，故但言仁而仁义礼智皆在其中。孟子兼言义，以其偏言者言之也，然亦不是于孔子所言之外添入一个

"义"字，但于一理之中分别出来耳。其又兼言礼智，亦是如此。盖礼又是仁之著，智又是义之藏，而"仁"之一字未尝不流行乎四者之中也。[1]

朱子认为仁义礼智统是一个生意，即整体上都是一个生意之流行，正如四季，如果没有生意的无间流行，就没有生长遂成的连续发展，而夏长、秋遂、冬成都是春之初生的生意的不同发展阶段。在这个意义上仁的生意包括"四者"。他认为，仁义礼智、恻隐羞恶辞让是非，都是一个生意，如春夏秋冬四季不同，但夏秋冬都出于春起的生意，四季都是生意的流行的不同阶段，即生、长、成、藏；本来，元亨利贞是生长收藏的性，而不是生长收藏的过程，而在这里，仁义礼智不像是性，而成了流行总体和过程本身。与四季类似，仁是仁的本体，礼是仁的节文，义是仁的断制，智是仁的分别，四德都出于仁，是仁的由始至终的不同阶段。仁的流行所形成的仁义礼智四阶段与生物流行自然成春夏秋冬四季对应一致。

关于仁义礼智四德与儒学另一德目"信"的关系，朱子指出：

> 问："向蒙戒喻，说仁意思云：'义礼智信上着不得，又须见义礼智信上少不得，方见得仁统五常之意。'大雅今以树为喻：夫树之根固有生气，然贯彻首尾，岂可谓干与枝、花与叶无生气也？"曰："固然。只如四时：春为仁，有个生意；在夏，则见其有个亨通意；在秋，则见其有个诚实

---

[1] 朱杰人主编：《朱子全书》（修订本）第二十四册，第3589页。

意；在冬，则见其有个贞固意。在夏秋冬，生意何尝息！本虽凋零，生意则常存。大抵天地间只一理，随其到处，分许多名字出来。四者于五行各有配，惟信配土，以见仁义礼智实有此理，不是虚说。又如乾四德，元最重，其次贞亦重，以明终始之义。非元则无以生，非贞则无以终，非终则无以为始，不始则不能成终矣。如此循环无穷，此所谓'大明终始'也。"①

仁义礼智配春夏秋冬，信在这个系统格局中难以配置，故古人需要在五行中配置仁义礼智和信，即用信与五行之土相对应。其解释则强调信的"实有"义，于是信的独立的德性意义被模糊了，信只成了四德的实有的保障。朱子又说：

或问："仁义礼智，性之四德，又添'信'字，谓之'五性'，如何？"曰："信是诚实此四者，实有是仁，实有是义，礼智皆然。如五行之有土，非土不足以载四者。……"②

照这样的说法，信和仁义礼智四德的关系，是承载、保证的作用。应该承认，这个讲法是不完整、不完美的。

近代康有为虽然以仁为体，但在德性上、在价值上，有时重视智超过了仁。如他说："惟其智者，故能慈爱以为仁，断制

---

① 《朱子语类》卷六，朱杰人主编《朱子全书》（修订本）第十四册，上海古籍出版社，第243—244页。
② 同上。

以为义，节文以为礼，诚实以为信。夫约以人而言，有智而后仁、义、礼、信有所呈，而义、礼、信、智以之所为，亦以成其仁，故仁与智所以成终成始者也。……就一人之本然而论之，则智其体，仁其用也，就人人之当然而论之，则仁其体，智其用也。……"他反对宋儒的仁统四德说，这就改变了宋儒以来仁的统帅一切的地位[①]。

在现代社会，四德论应有所发展，已有的仁义礼智四德，仍有其价值和意义，但儒家仁学必然以仁为基础，来对现代社会的普适价值原则，加以贯通。在这个意义上，我们提出仁爱、自由、平等、公正为内容的"新四德"，而以和谐为社会目标。正如汉代儒学在仁义礼智四德之外，加上信对应五行之土，如果我们今天在仁爱、自由、平等、公正之外，加入和谐对应于土，表述为"新五德"，则是仁爱、自由、平等、公正、和谐。传统四德多就道德价值或私德而言（当然不限于私德），而新四德或五德则主要内容就社会价值而言，但两者不是相排斥的，可以说是相补充、相配合的，这一点梁启超已经讲得很清楚[②]。

新四德的关系完全可以以固有的传统四德的关系来理解，即以仁为基础确定新四德的关系，亦即仁统四德。用传统宇宙论的语言或方式来说，仁体的大用是生气流行，通贯周流于四者之中，比喻言之，仁爱是仁之春，自由是仁之夏，平等是仁之秋，公正是仁之冬；仁爱是仁之本体的本然流行，其他三者是仁的流行的不同表现。自由是仁之活动无碍，平等是仁之一视同仁，公

[①] 《康子内外篇》，《康有为全集》一，上海古籍出版社，1990年，第190页。
[②] 参看陈来《梁启超的私德说》，《清华大学学报》，2013年第1期。

正是仁之正义安排，和谐则是仁体流行的整体要求。仁统四德，这种对四德关系的处理，正是基于仁的宇宙论而有的。

仁统四德，表明儒学仁体论视野下的价值论是一元的，由一元（仁）统领多元（义礼智信或平等自由公正和谐）。伯林主张的价值多元冲突论，对我们来说，是不必然的。这里还涉及另一个问题，讲仁统四德，与我们一贯主张的在多元文化中确立儒学的地位，反对用一元化的功能要求儒学，有没有冲突？我认为没有冲突，尽管在理论上我们主张仁学不否定自由、平等、公正，但毕竟阐发自由、平等、公正这些社会价值不是儒学的主要着力所在，儒学的主要关注始终在道德伦理的领域，贞定价值理性，确立道德方向。因此，儒学期待社会结构能够使得其他以自由、平等、公正为核心关注的思想体系也能与儒学一起，共同构成多元互动的文化结构，以满足中国社会文化的发展需要。

我们认为，不同价值不一定那么不相容，故价值多元论不一定是价值冲突论，更不一定导致文明冲突论。特别是伯林反对以一种价值压制另一种价值体系，而希望理性地对话，这是大家都赞成的。但伯林认为不同价值和谐相处似乎只是一元论的假设，这是我们不能同意的。除了仁作为最根本的普遍价值，人类或一个国家要根据历史过程的特性来确定某个阶段的任务而突出一种价值，而不是把一种价值作为意识形态绝对化去主宰一切。价值差别的要害不是要素的，而是结构的，而且结构本身也是历史性的。价值的历史实践有历史性，故价值概念的理想世界本身并没有冲突，价值的实践则有偏重。阿玛提亚森也认为，不需要坚持必须具有一致同意的完整排序①，所谓价值的冲突更多的是属于实践中的安排，不是理念本身的问题。而化解实践的冲突，根本地，还是需要宽容、理解、沟通，也就是还要把仁的价值作为基础。而儒家仁的态度在本质上是倾向于宗教宽容、多元文化、文明交流，而反对以冲突的态度对待这一切。

二、仁与平等

古人也有平等思想的萌芽，如《周易》谦卦"君子以哀多益寡，称物平施"，《周礼》："水之以视其平沈之均也。"用水之平来表达平等的观念。均平是古代政治常见的概念，如《周礼》"均守平则，以安邦国"，也算是中国古代政治的理想。《礼记·乐记》说："修身及家，平均天下。"

康有为的《大同书》是近代儒学士大夫倡言平等的极致之作，表达了非常激进的社会理想，正因为如此，康有为活着的时候，始终不发表他的那些激进的平等论，如去家庭等。但他的平等思想在19世纪90年代已经影响了梁启超、谭嗣同等人，特别是谭嗣同。

康有为说："仁之极，所谓平等者。"②他还说："至平无差等，乃太平之礼，至仁之义。"③可见，康有为把"平等"看成"仁"的最重要的含义。事实上，康有为已经初步有仁体论的思

---

① [印]阿马蒂亚·森：《正义的理念》，中国人民大学出版社，2012年，第133页。
② 《南海师承记》，《康有为全集》二，上海古籍出版社，1990年，第227页。
③ 《礼运注》《康有为全集》第五集，中国人民大学出版社，第554页。

想,他认为,仁是不忍之心,人人有之,"为万化之海,为一切根,为一切源,一核而成参天之树,一滴而成大海之水,人道之仁爱,人道之文明,人道之进化,至于太平大同,皆从此出"[1]。又说:"仁者,在天为生生之理,在人为博爱之德。……仁从二人,人道相偶,有吸引之意,即爱力也,实电力也。人具此爱力,故仁即人也;苟无此爱力,即不得为人矣。"[2]可见康有为已经具有仁学本体的意识了。

谭嗣同《仁学》六万余字,是近代仁学的名著,其中提出了若干重要的命题和思想,为儒学仁学的近代发展,特别是政治思想的发展,提供了一些方向。谭嗣同《仁学》一书,有梁启超《仁学序》,称:

> 仁学何为而作也?将以光大南海之宗旨,会通世界圣哲之心法,以救全世界之众生也。[3]

这个解释是一个仁学的普遍主义的解释,就是认为谭的仁学继承了康有为的眼界,要会通儒、佛、耶,不仅救中国,而且救世界,不仅救中国人,而且救全世界的人民。以梁启超与谭嗣同的密切关系而言,梁启超的解释应该是符合谭本人思想的。康有为的《大同书》,其核心思想即是平等,而这一平等思想以不忍之心为基础,故谭嗣同的仁学确实是继承、发展了康有为

---

[1] 《孟子微》,《康有为全集》第五集,中国人民大学出版社,第424页。
[2] 康有为:《中庸注》,中华书局,1987年,第208页。
[3] 《谭嗣同全集》增订本下册,中华书局,1981年,第373页。

强调平等的路向。《仁学》一开始就给出了一个"仁"的训诂学定义:

> 仁从二从人,相偶之义也。元从二从人,是亦仁也。①

在《仁学》的后面,谭嗣同再次提出:

> 汉儒训仁为相人偶,人与人不相偶,尚安有世界?不相人偶,见我切也,不仁矣。②

这个说法显然是受阮元的影响。康有为的《中庸注》中也以"仁从二人,人道相偶"论仁,但《中庸注》在戊戌之后,故还不能确定谭嗣同受康有为的影响。容易确定的是他们都受阮元的影响。如梁启超曾学于学海堂,故梁启超在《先秦政治思想史》中曾用阮元此训讲仁。谭嗣同的发明也应是由阮元的说法而来。不仅如此,他还以此种训诂方法进而至于论"元",把可以从人从二的字都拿来按照仁之义来讲,这就容易牵强附会了。上面说过,以"相人偶"解释仁字之说,是汉儒郑玄的说法,不是先秦的用例,不足为真实凭据,而且上古一字发明时的字义,与此字后来在使用中的意义可以很不同,故此种方法不足以为字源学凭据。其实,这是清代汉学流行的一种论证的方式,并不代表语言学的真理,这是我们看清代乾嘉学者之论必须注意的一点。后

---

① 《谭嗣同全集》增订本下册,中华书局,1981年,第289页。
② 同上,第298页。

来，梁漱溟的《孔家思想史》就不赞成这种训仁的讲法。他说："我们解释仁也没有字义上的根据，所谓仁就是慈爱之义。我们用这个意思来作个极浅的开端，以引出我们的理论。"[1]梁漱溟的解释虽然不以任何字义的说法为根据，只以思想为根据，但他的理解显然是对的。当然，我们在前面也指出过，阮元的这种解释在思想上也有其意义，即强调仁对于人际关系的意义。

谭嗣同在《仁学》开篇就列举其说大意，这里选出几条，以观其要点：

> 一、仁以通为第一义。以太也，电也，心力也，皆指出所以通之具。
>
> 三、通之义，以道通为一为最浑括。
>
> 四、通有四义，中外通，多取其义于春秋，以太平世远近大小若一故也；上下通，男女内外通，多取其义于易，以阳下阴吉，阴下阳吝，泰否之类故也；人我通，多取其义于佛经，以无人相、无我相故也。
>
> 七、通之象为平等。
>
> 十、智慧生于仁。
>
> 十一、仁为天地之源，故唯心，故唯识。
>
> 十二、仁者寂然不动，感而遂通天下之故。
>
> 十三、不生不灭，仁之体。[2]

---

[1]《梁漱溟全集》第七卷，山东人民出版社，1990年，第886页。
[2]《谭嗣同全集》增订本下册，第292页。

以通论仁，是谭嗣同的重要发明，也有其重要的意义。不过，就仁体本然而论，仍不得不以爱为第一义。仁以爱为第一义，通是爱的一种实现方式，若通而无爱，仍不得为仁，其显例即谭氏所举之通商，通商为通，但通商毕竟不是仁[①]。至于通之象，谭嗣同认为是平等，此说也确实有其重要意义，不过，就理而言，通之象不必仅为平等，通之象更当属自由，通即流通无碍，有碍即是不自由，盖谭嗣同的时代，包括后来的孙中山，人们多觉得自由不是最突出的要求，或自由并非最缺乏者，平等则指向君主专制制度，故以为平等是当世最缺乏者，成为当时政治变革最主要的要求。

至于以仁为天地之源，此是略见仁体，其说不生不灭仁之体，亦是略见得仁体意思，盖因其不生不灭仁之体的说法，似是指以太而言，非究竟之论也。他又说：

> 遍法界，虚空界，众生界，有至大，至精微，无所不胶粘，不贯洽，不莞路，而充满之一物焉……无以名之，名之曰以太。其显于用也，孔谓之仁，谓之元，谓之性；墨谓之兼爱，佛谓之性海，谓之慈悲，耶谓之灵魂，谓之爱人如己，视敌如友；格致家谓之爱力，吸力，咸是物也。法界由是生，虚空由是立，众生由是出。……学者第一当认明以太之体与用，始可与言仁。[②]

[①] 谭嗣同说："故通商者，相仁之道也，两利之道也，客故利，主尤利也。"见《谭嗣同全集》增订本下册，第327页。
[②] 《谭嗣同全集》增订本下册，第295页。

这里说遍法界虚空界，一切事物，都是有以太胶粘、贯洽，以太不仅胶粘一切事物，而且充满一切事物，这一"以太"的观念是来自近代物理学的假设，但与中国古代"气"的观念完全相合。如果这个以太的观念可以与仁结合一体，那么就没有理由说气和仁不可以结合一体，而生气与仁的结合正是我们在朱子学仁气论中看到过的。所不同的是，谭嗣同以以太为体，以仁为以太之用，以以太为仁之体，认为仁只是以太显于用，显示出他受科学的影响较大，未能从根本上树立仁体的观念和立场。在这一点上似不如康有为。谭嗣同说：

> 夫仁，以太之用，而天地万物由之以生，由之以通，星辰之远，鬼神之冥漠，犹将以仁通之，况同生此地球而同为人，岂一二人之私意所能塞之？①

照前面所说，法界虚空都是由以太而生，这里又说天地万物由仁以生，由仁以通，前后不一致。尽管如此，这里还是把仁作为以太之用，不能在根本上建立仁体的立场。

> 人知脑气筋通五官百骸为一身，即当知电气通天地万物人我为一身也。②

---

① 《谭嗣同全集》增订本下册，第297页。
② 同上，第295页。

这显示出，谭嗣同总是追求以一种物理介质作为万物一体的联结物，他找到的是电气，而电气即是以太之一种。脑气也好，电气也好，以太也好，谭嗣同的这种努力显示出，古代"气"的观念在近代仁学中仍有其可以发挥作用的地方。

不过，仁之境界谭嗣同还是明确的，这就是他在上面说的"通天地万物人我为一身也"。他又说：

> 不仁则一身如异域，是仁必异域如一身。……通天地万物人我为一身，而妄分彼此，妄见畛域，但求利己，不恤其他，疾痛生死，忽不加喜戚于心，反从而忌之，蚀之，屠杀之，齮齕之，而人不以为怪，不更怪乎！反而观之，可识仁体。①

这个说法与程明道万物一体说是一致的。他强调的重点是"人我通"，用佛教无人我相发挥之，如他说："虽然，此知分别，由于人我而人我之也。"②古代儒家讲万物一体，无人我之分，是要引导到博爱兼爱，而谭嗣同的万物一体无人我相，是要引向平等，这是时代的特色，故梁启超也很强调他的这一思想："……仁者，平等也，无差别相也，无拣择法也。"③关于通，他还谈到：

> 元，仁也，亨，通也。苟仁，自无不通，亦惟通，而仁

---

① 《谭嗣同全集》增订本下册，第296页。
② 同上，第298页。
③ 同上，第374页。

之量乃可完。①

宋明儒者亦以"通"为亨之义,以"仁"为元之义,但仁统四德,故仁贯四德。谭嗣同说仁自无不通,通可以最大程度实现仁,这都是对的,合乎宋儒之说。而谭嗣同与宋明理学最大的不同,是他又以通为仁的第一义,这无异于不以元之义为统,而以亨之义为统,以通之义贯通一切,在宋明理学的立场来看,这已不是论元论仁,属于不辨乎体用,而已落在第二着。但谭嗣同思想的政治意义是有清楚指向的,以通指向平等,故这一点亦不可全从理论本身来看。

> 仁之为道也凡四:曰上下通,天地交泰,不交否;损上益下,益反之孙损是也。曰中外通,子欲居九夷,春秋大黄池之会,是也。曰男女内外通,子见南子是也。终括其义,曰人我通,此三教之公理,仁民之所以为仁也。②

这认为通是仁之为道,通是三教之公理,其实,在我们的立场看来,不如说仁是三教之公理可能更为恰当,这仍是时代政治课题对他的引导和限制。难得的是他虽然说人我通是三教之公理,又十分强调儒学的普遍意义:"孔教何尝不可遍治地球哉!"③当然,他有时更推崇佛教:"佛能统儒耶,而孔与耶仁同,所以仁不

---

① 《谭嗣同全集》增订本下册,第296页。
② 同上,第364页。
③ 同上,第352页。

同。"①这是近代学者常见的重佛言论，就不能说是纯粹儒家的立场了。最后，应当指出，谭嗣同往往不是以博爱释仁，而是以慈悲释仁，虽然仁爱与慈悲相通，但可见谭嗣同受佛教影响之深，使他的仁学亦不能不染有佛教的色彩②。

应该说，仁在本质上是要求平等的，在实践上也是必然主张平等的，古语所谓"一视同仁"，已经充分显明了仁的平等取向。从康有为到谭嗣同，显示出近代儒学士大夫已经把平等作为仁之一义，吸收为儒学政治论的基本价值了。康、谭的例子证明，从儒家仁学思想来看，从不忍之心必能发为平等，必能发为自由，必能发为公正，亦必能趋向和谐。这就是以仁为基础、为依据而展开现代社会价值。康有为的大同思想，以全面平等为中心原则，他自己说明得很清楚，平等的各项要求都是由不忍之心发出来，《大同书·绪言》第一句即"人有不忍之心"。他认为大同之道至平、至公、至仁，亦即以平等、公正为大同之义。

无论如何，从儒家的仁学不忍之心或恻隐之心导出平等的要求与价值是毫不牵强的，也是自然的。故在儒学思想体系中，仁发为平等是顺畅的，在儒学的近代实践中也是有依据的。一般认为，古代儒家只提出了人性平等、人格平等。其实，即使是如此，古代儒家之所以只提出人性平等、人格平等，而未能提出政治权利平等，也是因为既有的社会制度体系约束着它，正如马克

---

① 《谭嗣同全集》增订本下册，第289页。
② 谭嗣同认为，心力之实体，莫大于慈悲；又认为东西古今之教，至为肴酷，有极精微者，亦有荒诞不可究诘者。然不论如何精微荒诞，皆用相同之公理：曰"慈悲"。《谭嗣同全集》增订本，第309页。

思所说,"权利永远不能超出社会的经济结构以及有经济结构所制约的文化发展"。因此,古代儒家的平等观大多只能内在于既有等级体系而加以调整。而实际上儒家文化不仅提出人性平等和人格平等,如科举制度的出现,明显表达出儒家文化重视机会平等的要求,儒家反对在任何个人努力之外求取成功的制度,反对对机会的垄断和压制,这些都已经超出了人性平等和人格平等的要求。中国近代思想家,如康有为、梁漱溟,都说中国古代社会阶级最不发达,这就显示了儒家文化发生的作用。而在19世纪末以来的改革与革命的环境下,儒家的平等思想便在社会结构的改变和外来思想的刺激下自然地向政治权利的平等观发展起来。当然,儒家的平等观即使是在现代社会也不与近代西方完全一致,它不是个人主义的平等,也不完全是基于权利的平等,它包含甚广,如民族平等。再者,与自由主义和社会主义相比较,它更突出的是经济的分配平等,其平等观接近于社会主义[1]。

当然,在历史上,儒家既属于统治阶级的一部分,也是知识分子,从而具有两重性。故其对既有的等级不平等抗议较少,而对社会关系的总要求则是减少等级压迫。这是实然的历史状况。但就儒家价值观而言,仁天然地倾向于平等要求是无可怀疑的。古代仁与礼的互动正是要用仁来调整既有的礼的等级体系,减少等级压迫,促进社会平等和谐[2]。这些历史的发展与制约,使我

---

[1] 高瑞泉《平等观念史论略》,上海人民出版社,2011年,第31页。提出儒家平等观念的四个特点。
[2] 钱穆即认为古代的礼是阶级性的,仁是平等性的,见《中国文化史导论》第四章第四节。

们不能简单地把儒家的平等观和洛克、卢梭的近代西方平等观加以比较。以赛亚·伯林说平等的古老思想，不比任何其他思想要素更不自然、更不理性，依照伯林此说，平等对儒家本来就是自然的，也是理性的。但伯林认为平等不能被哲学辩护。在这一点上，我们并不同意，把平等作为仁的一种展开而加以说明，就是一种辩护。因此，仁所内含的平等可能是属于"前民主的平等"，是属于古老的平等，但近代中国政治与社会进程表明，从以仁为首的古代平等价值观走向社会平等和政治平等，是被看作天经地义和完全自然的。

三、仁与自由

用宋明理学四德的"意思"的说法，我们可以说，仁字本身就有自由流动的意思。谢上蔡说仁是活，活就是自由的生命活动，妨碍自由活动，阻滞自由流动，压制自由活动，都不是仁，都为仁所反对。正如前面所说，谭嗣同以通为仁之象、仁之义，其实如果说仁之象为通，则通之象包含亲爱、包含平等，也包含自由，通即流通无碍，有碍即是不自由。仁的流行如大江大河，仁爱如春江水暖，自由是夏日的流泻通畅，平等是静若秋水的平静与平衡，公正是冬水的清澈与寒肃；仁爱的施发如春天般的温暖，自由的追求如夏天般的热烈，平等的安排如秋天般的平实，公正的实践如冬天般的严肃。按儒学的说法，这些都是生气流行的不同阶段，也是仁体的不同显现。

如果说，自由的根本意义是打破枷锁、挣脱囚禁、摆脱他人奴役[1]，如果自由是按自己的道路不受阻碍地追求[2]，那么这些都可以说是仁的内在的、应有的要求，如果压制人的正当权利，那就不是仁。密尔的《论自由》有一个理论前提，那就是认定在西方历史上人们认为统治者必然出于与其所统治者相敌对的地位，人们认为政府在利害上与人们相反对，所以他的《论自由》的主题是探讨社会所能合法施用于个人的权力的性质和限度。《论自由》的核心原则是："当一个人的行为并不影响自己以外的任何人的利益……在一切这类事情上，每人应当享有实行行动而承当其后果的法律上和社会上的完全自由。"[3]可见密尔强调的自由是私人生活应不受政府干涉。然而，中国历史上的理解并不如此，在中国文化中，统治者被认为是上天指定来照顾人民的，是为人民服务的，统治者与人民的利益并没有根本的不一致。如果统治者追求自己的私利而不理会人民利益，则人民有权利废黜他。事实上，古代中国社会的自由度相当大，以至于不仅谭嗣同，包括孙中山都认为自由的问题不是中国当时的重要问题。但现代中国社会，在社会结构上权力日趋集中，国家权力容易无所不管，于是密尔提出的问题就会突出起来。

其实，近代儒学士大夫不仅对平等，而且对自由的问题也关注过，讨论过。这里只举出比较有代表性的梁启超为例来说明[4]。1900年，梁启超和康有为曾就自由问题发生辩论，康有为关

---

[1] 以赛亚·伯林：《自由论》，译林出版社，2003年，第51页。
[2] 密尔：《论自由》，序言，商务印书馆，2007年，第4页。
[3] 同上，第90页。
[4] 冯契：《青年梁启超的自由学说》，《冯契文集》第八卷，华东师大出版社，1997年版，第312页。

注平等,但反对倡言自由,梁启超则主张平等的仁学,同时也倡言自由,梁启超在致康有为的信中明确表示:

> 来示于自由之义,深恶而痛绝之,而弟子始终不欲去此义。窃以为天地之公理与中国之时势,皆非发明此义不为功也。弟子之言自由者,非对于压力而言之,对于奴隶性而言之。压力属于施者,奴隶性属于受者(施者不足责亦不屑教诲,惟责教受者耳。)[①]

照这个说法,自由是解放,是对奴隶性的解放,这个意义上的自由也是一种内在的创造性,故自由必涵创造性,创造性必要求自由。自由的创造性当然近于积极的自由,但这符合仁的生生日新的创造性。

1902年,梁启超在《新民说》第九节"论自由"中,较为系统地表达了他对自由的看法。以下摘录若干:

> "不自由,毋宁死。"斯语也,实十八、十九两世纪中,欧美诸国民所以立国之本原也。自由之义,适用于今日之中国乎?曰,自由者,天下之公理,人生之要具,无往而不适用者也。虽然,有真自由,有伪自由。有全自由,有偏自由。有文明之自由,有野蛮之自由。今日自由云,自由云之语,已渐成青年辈之口头禅矣。新民子曰:"我或民如欲永

---

① 梁启超致南海夫子大人书,1900年4月29日。见丁文江、赵丰田《梁启超年谱长编》,上海人民出版社,2009年。

享完全文明真自由之福也，不可不先知自由之为物果何如矣。"请论自由！

自由者，奴隶之对待也。综观欧美日由发达史，其所争者不出四端：一曰政治上之自由；二曰宗教上之自由；三曰民族上之自由；四曰生计上之自由。（即日本所谓经济上自由。）政治上之自由者，人民对于政府，而保其自由也。宗教上之自由者，教徒对于教会，而保其自由也。民族上之自由者，本国对于外国，而保其自由也。生计上之自由者，资本家与劳力者，相互而保其自由也。而政治上之自由，复分为三：一曰平民对于贵族，而保其自由。二曰国民全体对于政府，而保其自由。三曰殖民地对于母国，而保其自由是也。自由之征诸实行者，不外是矣。

文明自由者，自由于法律之下。其一举一动，如机器之节奏。其一进一退，如军队之步武。自野蛮人视之，则以为天下之不自由，莫此甚也？夫其所以必若是者何也？天下未有内不自整而能与外为竞也。外界之竞争无已时，则内界之所以团其竞争之具者亦无已时。使滥用其自由，而侵他人之自由焉，而侵团体之自由焉。则其群固已不克自立，而将为他群之奴隶，夫复何自由之能几也？故真自由者，必能服从。服从者何？服法律也。法律者，我所制定之，以保护我自由，而亦以钳束我自由者也。

一身自由云者，我之自由也。虽然，人莫不有两我焉：其一，与众生对待之我，昂昂七尺，立于人间者是也。其二，则兴七尺对待之我，莹莹一点，存于灵台者是也。（孟子曰："物交物，则引之而已矣。"物者，我之对待也。上物指众生，下物指七尺（即耳目之官），要之，皆物而非我也。我者何？心之官是已。先立乎其大者，则有小者，不能夺也。惟我为大。而两界皆小也。小不夺大，则自由之极轨焉矣。）是故人之奴隶我，不足畏也，而莫痛于自奴隶于人。自奴隶于人，犹不足畏也，而莫惨于我奴隶于我。

若有欲求真自由者乎？其必自除心中之奴隶始。吾请言心奴隶之种类，而次论所以除之之道。一曰，勿为古人之奴隶也；二曰，勿为世俗之奴隶也；三曰，勿为境遇之奴隶也；四曰，勿为情欲之奴隶也。

日本维新之役，其倡之成之者，非有得于王学，即有得于禅宗，其在中国近世勋名赫赫在人耳目者，莫如曾文正，试一读其全，观其困知勉行，厉志克己之功何如？天下固未有无所养而能定大艰，成人业者。不然，日日恣言曰：吾自由，吾自由，而实为五贼（佛典亦以五贼名五官。）所驱遣，劳苦奔走以籍之兵而赍其粮耳。吾不知所谓自由者，何在也？孔子曰："克己复礼为仁。"己者，对于众生称为己。亦即对于本心而称为物者也。所克者己，而克之者又一己。以己克己谓之自胜。自胜之谓强。自胜焉，强焉，其自由何如也？[1]

冯契曾有《青年梁启超的自由观》一文，认为梁启超在新民说中表达的自由观的主旨"就在颂扬精神之自由，反对精神受奴

---

[1]《新民说》，辽宁人民出版社，1994年，第55—68页。

役"①,"在他看来自由是人的本性,是人生的一切活动的原动力,所以它是'天下之公理'"②。冯契还指出:

> 梁启超还说:"思想之自由,真理之所从出也。"(《近世文明初祖二大家之学说》)他身心,只要破除心中奴隶,让理性自由活动,真理就会源源不绝地涌出来。……而政治学、宗教学、伦理学等则进步最慢,原因"大率为古来圣贤经典所束缚,为现今政术所牵制",于是,"意识之自由,未能尽其用也"。(同上)
>
> 在《近世第一大儒康德之学说》一文中,他也强调说:"康氏以自由为一切学术人道之本。"又说,康德"以自由之发源全归于良心(即真我)"。梁启超以为,真我即解脱了一切束缚的我,亦即王阳明所谓"良知"。在他看来,世界第一原理是真我即良知(理性),而自由是真我的本性,一切有价值的学术文化都是理性自由活动的结果。③

由冯契所述可见,梁启超与谭嗣同有所不同的是,谭嗣同阐发平等,而梁启超注重阐发自由,从我们仁学本体论的立场放大来看,谭嗣同的《仁学》可以扩大为"大《仁学》",在此意义上,梁启超之自由论未必不可以作为康、谭、梁共有的"大《仁学》"的一部分,而"大《仁学》"也就是基于仁学本体论的大同说体

---

① 《冯契文集》八,华东师大出版社,1997年,第319页。
② 同上,第320页。
③ 同上,第324页。

系。于是自由也可以作为康门"大同"理想的一部分,因为平等与自由二者本来就是相通的。我们认为,康有为、谭嗣同、梁启超皆属于近代新儒学,故他们的思想都可以为现代儒学的价值论作参考,那就是,仁学通向大同,仁学包含平等和自由。

梁启超不仅在新民说时期主张自由,可以说他对独立精神、自由理想是始终肯定的,直到其晚期仍然如此。因此,我们可以说,梁启超的例子证明,近代儒家是可以接受自由为基本价值的。至于现代新儒家对自由的肯定则不用多举,只举出熊十力的例子:

> 古代封建社会之言礼也,以别尊卑,定上下为其中心思想,卑而下者以安分守志,绝对服从其尊上者,虽其思想行动等方面受无理之压制,亦以为分所当然,安之若素,而无所谓自由、独立。及人类进化,脱去封建之遗习,则其制礼也,一本诸独立、自由、平等诸原则,人人各尽其知能、才力,各得分愿。①

因此,儒家之仁不仅与自由、平等、公正是相容的,如果强势地肯定这种相容性,在儒家的立场上,便必然主张仁统四德或五德,仁爱统贯自由、平等、公正、和谐,由此来表达儒学对这些价值的结构性安置。这当然不是说,其他思想体系,如自由主义必须承认仁的这种价值的统领地位,自由主义自然可以按其本来立场阐述其自由观(自由主义的自由观也不是单一的)。儒家

---

① 见《十力语要》卷三,上海书店出版社,2007年。

在表达对这些价值都予肯定的同时,还要表达的是它对这些价值相互关系的看法,它对价值结构的看法。儒家认为这些价值对于一个社会整体的需要而言,都有其意义,但必当以仁为首出、为统领、为优先、为一贯,这是儒家仁体论、价值论的最根本的立场。当然,由于儒家从仁出发来看自由,因此儒家所理解的自由也就带有儒家的理解,那就是,个人自由不是孤立的,而是依赖于一个共生的社会关系。

四、仁与公正

历史上也有儒学家谈到仁与公正的关系。孔子曾说:"唯仁者能好人、能恶人。"(《论语·里仁》)程颐的解释是"得其公正也"[1]。这里就是以公正解仁。程颐一贯主张以公解释仁,照这里他自己的说法,公就是公正。我们来看程颐的仁说,其仁说大旨为:惟公近仁、爱人非仁、仁性爱情。其论公与仁:

> "唯仁者能好人,能恶人。"仁者用心以公,故能好恶人。公最近仁。人徇私欲则不忠,公理则忠矣。以公理施于人,所以恕也。[2]

以公解仁,看来起于对《论语》"唯仁者能好人、能恶人"的解释,因为在《论语》的这一章里,只有以"用心以公"解释"仁

---

[1]《论语解》,二程集第四册,中华书局,1980年,第1137页。朱子《四书集注》亦引之。
[2]《二程集》,第372页。

者"才能便当地说明能好人、能恶人的根由。伊川论仁,其主要的观点就是以公解仁。

> 仁者公也,人此者也。①
> 孔子曰:"仁者己欲立而立人,己欲达而达人,能近取譬,可谓仁之方也已。"尝谓孔子之语教人者,唯此为尽,要之不出于公也。②
> 又问:"如何是仁?"曰:"只是一个公字。学者问仁,则常教他将公字思量。"③

此说便与明道不同,就字义之气象而言,"公"有严肃、严明、严正的理性意义,也就是说,"公"带有公正的意思。而"仁"带有温和的、爱的感情色彩。不过,伊川虽然以公解仁,但他也强调公"只是最'近'于仁,还不能说公就是仁",如他又说:

> 仁道难名,惟公近之,非以公便为仁。④

看起来,程颐强调"公"是行仁的要法,即公是实践仁的主要方法。公的意义,一是突出普适意义,二是矫正偏私倾向。无论如何,这个思想为儒家思想中处理"仁爱"与"公正"的关系及理

---

① 《二程集》,第105页。
② 同上。
③ 同上,第285页。
④ 同上,第63页。

解提供了资源。如我们在前面曾指出的,从汉代的仁学可知,汉儒已经认识到没有中庸原则的指导,仁的实践有时会流于偏私,汉儒对此有所反思,以使对仁的理解更为全面。在这个意义上,伊川以公论仁,可以看作对人在行仁的具体实践的流弊的警惕,是有其意义的。在有关"公"与"仁"的关系方面,伊川往往有不同的说法。如果说伊川并不把公绝对等同于仁的话,那么伊川更不赞成以爱为仁:

> 仁之道,要之只消道一公字。公只是仁之理,不可将公便唤作仁。公而以人体之,故为仁。只为公,则物我兼照,故仁所以能恕,所以能爱。恕则仁之施,爱则仁之用也。[1]

在这里,伊川认为,"公只是仁之理""爱则仁之用"的说法要比其他的说法来得稳健。所谓"公只是仁之理",是说就公与仁的关系看,"公"是一种本质原理,而"仁"是此一原理在人的生活实践的全面体现。但他又说"公而以人体之,故为仁",这等于说"公"并非原理,而只是实践和体现"仁"的功夫。就仁与爱的关系说,"爱则仁之用"是说,仁是爱的所以根据,爱是仁的情感表达。伊川不仅以"爱则仁之用"为由反对以爱等同仁,而且明确以"仁性爱情"指出爱不同于仁的理由。"物我兼照"是古代儒家对公正的一种说明,强调不同的主体应受到同等的对待。伊川这个思想虽然不符合儒家仁学的传统,但也深抉其意义。

---

[1]《二程集》,第153页。

中国古代有对正义的关注，如墨子说："义者正也，何以知义之为正也？天下有义则治，无义则乱。"（《天志》）这就明确提出义是正义，正义就是正确正当的原则，这些原则对应于善恶，善有善报，恶有恶报，此即是义、正义。《周易》"义以方外"，也说明古人把义看作治理社会的原则。义的实践则要求公正，韩非子："义必公正，公心不偏党也。"王夫之更说："有一人之正义，有一时之大义，有古今之通义。……公者重，私者轻矣，权衡之所自定也。"（《读通鉴论·安帝十四》）可见义是正义，也是公正。

早在《尚书·洪范》中就提出"王道平平"，包含了把公平作为王道的内涵之义。《论语》说的"公则悦"，也是指公平能使大家高兴。古人把天作为公平的最高榜样，管子说："天公平而无私，故美恶莫不覆；地公平而无私，故小大莫不载。"（《形势解》）又说"公平而无所偏"（《明法解》）。《吕氏春秋》："公则天下平矣。……天下非一人之天下也，天下之天下也。阴阳之和不长一物类，甘露时雨，不私一物。"《新书》："兼覆无私谓之公。"古人认为妨碍公平的实现，主要是偏私，所以至公才能至平，不论是政策，还是执行政策的人，私利是阻碍公平实现的主要障碍。《庄子》中借仲尼之口说："平者，水停之盛也。其可以为法也。"（《德充符》）可见公平不仅是个人的德行，也是基本的价值原理。《贞观政要》在仁义、忠义、孝友之后特立"公平"一章，表现出古代君王对公平的重视。

公正可以说就是公平和正义的合称，其中包含了公平和正义两个方面。当然，现代社会所讲的公正来自罗尔斯的《正义论》

及《作为公平的正义》之说,就公平和正义二者的分别而言,正义强调不同主体应该受到不同的待遇(多劳多得),公平强调不同的主体应该受到相同的对待(法律面前人人平等)。就整体的意义而言,公正是促使社会利益各方的地位平等,以减小社会差距及其引起的冲突。

公平与正义在意义上的这种不同在实践上的区别是很明显的。公平往往注重利益的平衡,正义则强调原则的普遍性;正义关注正当的权力应用,公平有助于缩小差距,使社会趋向平衡;正义主张分配要使不同个人得到他们应得的物品,政府的政策制定则应注重公平。当然,公平与正义之间也不是根本不同、没有关联的。在分配正义受到广泛关注时,公正就成了现代社会利益分配的理想价值,其中公平和正义缺一不可。正义是公平的限制,没有正义的公平就不可能成为绝对平等,不能鼓励自由创新发展,而造成平面化的社会。公平是正义的补充,也代表了社会整体利益的平衡。罗尔斯从《正义论》到后来的发展,就是更强调了社会公平的意义,认为社会公平是正义的本质方面。

就儒家传统而言,义比较接近正义,而仁包含了公平。由于仁在宋代以后统领四德,仁可以包含义,故在儒家的角度看,仁与公正是相通的,不是矛盾的。由于公平与平等相通,所以"公正"应更突出正义的意义,而正义是强调善恶的分别以及善恶应该得到的不同对待。罗尔斯仅仅强调公平作为正义的意涵,是略为片面的。

以赛亚·伯林认为,首先,人所追求的价值不仅是多元的,更是互不相容的,认为这不仅适用于整个文化价值体系,也适用于一个特殊文化。他的立场是不赞成压制这些竞争中的价值的某一个。其次，在他看来，人的选择不可能使所有价值都获得满足，为了一些终极价值而牺牲另一些终极价值，是人类选择的必然结果和困境。如个人自由与公共参与，如自由与合作团结友爱，都是同等重要的价值，但他们互不相容。伯林的这种思想忽略了人的需要与社会需要的具体历史性，所以是抽象的、绝对的。事实上，价值实践中的先后次序，不是固定的，永久不变的，这显然要由历史条件及人对历史条件的认识和选择来确定。而价值的满足可以有不同的比例关系，任何社会都不可能有绝对的满足。

以上是我们对仁与自由、平等、公正关系的主张。最后，蔡元培对仁与博爱、自由、平等的解释值得一提："他虽然也和当时的名人一样，醉心于法国革命时代的三个口号：'自由，平等，博爱。'可是他解释这三个口号，是从克己方面出发的。博爱是什么？他说博爱就是孔子之所谓仁，'己欲立而立人，己欲达而达人'。平等是什么？就是孔子之所谓，'己所不欲，勿施于人'。自由是什么？自由就是义，孟子所谓'富贵不能淫，贫贱不能移，威武不能屈，此之谓大丈夫'。"[1]不管蔡元培是不是属于儒家，他显然认为，仁和孔孟之学是蕴含着自由、平等、博爱的，当然他说的自由更多是意志自由。但事实也是如此，仁学内在地蕴含着这些价值，虽然在历史上仁学并没有自身发展出这些口号，这并不奇怪，仁体的显现受到具体历史场景的限制，仁所

---

[1] 许寿裳：《蔡孑民先生的生活》，陈车原等编《追忆蔡元培》，生活·读书·新知三联书店，2009年，第30页。

富含的内涵在面对不同的历史场景时会发显为不同的呼吁,在这里境遇和条件是重要的,而没有人能否认,一个仁者在遭遇近代或现代的时代环境时会自然地拥抱自由、平等、博爱,只不过这三者对他来说,仁的博爱要放置在首位。